U0885978

管理会计

业财融合的桥梁

孙湛　编著

机械工业出版社
CHINA MACHINE PRESS

本书按照“计（计划）-财（财务管理）-决（决策）-核（核算）-析（分析）-控（内控）”的逻辑对管理会计在企业中的应用进行了详细阐述，充分说明了业财融合对提升企业效益的作用，并提供了大量实战案例及最大化企业价值的技能和技巧。本书适合企业管理者、财务工作者和财务管理相关人士阅读。

图书在版编目（CIP）数据

管理会计：业财融合的桥梁/孙湛编著．—北京：机械工业出版社，2020.10

ISBN 978-7-111-66807-7

Ⅰ.①管…　Ⅱ.①孙…　Ⅲ.①管理会计　Ⅳ.①F234.3

中国版本图书馆 CIP 数据核字（2020）第 201503 号

机械工业出版社（北京市西城区百万庄大街 22 号　邮政编码 100037）
策划编辑：李　鸿　责任编辑：李　鸿　李　前
责任校对：赵晓晨　责任印制：谢朝喜
封面设计：高鹏博
北京宝昌彩色印刷有限公司印刷
2020 年 10 月第 1 版·第 1 次印刷
170mm×242mm·15.75 印张·232 千字
标准书号：ISBN 978-7-111-66807-7
定价：69.00 元

电话服务	网络服务
客服电话：010-88361066	机　工　官　网：www.cmpbook.com
010-88379833	机　工　官　博：weibo.com/cmp1952
010-68326294	金　　书　　网：www.golden-book.com
封底无防伪标均为盗版	机工教育服务网：www.cmpedu.com

前言 Foreword

业财融合是企业管理的发展趋势，它要求企业中的业务人员需了解财务知识，财务人员也需熟悉业务知识。

企业为什么需要业财融合

企业的根本使命是追求投资者财富最大化且可持续，也就是要求企业应可持续地赚钱。谈到“钱”，就会涉及一些财务指标，如利润、利润率、每股收益率、经营现金流及权益回报率等。

企业要可持续地赚钱，就需运用一些财富创造的技能，如：生产环节的约束条件下利润最大化的产品组合、产品的自制与外包、适时生产制、设备的租赁与采购等；销售环节的利润最大化的客户组合、长期定价、赊账信用审批管理、临时订单决策等；运营管理中的平衡计分卡、并购决策等。因此，业务人员尤其是管理者，就必须熟知财务知识，精通企业运营对财务指标的影响，掌握财富创造的技能。况且，会计是通用的商业语言，管理人员必须掌握其相关知识。熟知生产、销售等业务知识也有利于财务人员更好地决策。财务人员尤其是财务管理人员，会经常参与企业重大业务决策，其中会涉及很多非财务要素，这就要求其须熟知业务运营的相关程序和要素。

熟知业务运营程序及要素有利于财务部门对业务部门进行支持，有助于其制订高效合理的财务制度。比如在制订差旅费报销制度时，只有充分了解销售工作的特殊性，才能避免制订让在外忙碌的销售人员回到企业还要花费很大精力才能完成的报销程序。

熟知业务运营程序及要素有利于财务部门和业务部门的沟通，从而加强合作、减少矛盾。会计人员如果只懂做账而不懂生产、销售等业务，沟通就不可能顺畅。

熟知业务运营程序及要素有利于财务人员进行经营分析。财务负责人经常参加董事会并对经营业绩进行分析汇报，如果不熟悉业务，就容易导致高管不满意。

熟知业务运营程序及要素有利于内部控制。财务部门一般负责建立公司的内部控制系统，如果不熟悉业务，就无法完成任务。

财务人员如果不熟悉业务运营程序及要素，就很难完成能给企业带来高附加值的工作及发挥财务部门的价值。

本书体系

本书按公司运营的基本顺序来安排内容。公司运营的基本顺序以及管理会计在其中的职能如下：

(1) 制订计划。企业需要制订战略规划和预算。管理会计在此的角色是计划制订的核心参与者，简称“计”。

(2) 运营实施。计划制订后，企业需要按照计划进行运营。运营包括资本运营和日常运营。管理会计在此承担两项职能：一是领导资本运营工作，简称“财”；二是在日常运营中参与重大决策，简称“决”。

(3) 记录运营业绩。企业需要定期核算运营成果，这是财务会计的职能。因为管理会计的信息大部分来自财务会计，所以管理会计需要了解财务会计的核算过程，简称“核”。

(4) 绩效评估与考核。期末，企业要将实际运营结果和计划对比，进行绩效评估与考核，并在此基础上制订下一期的战略规划和预算。管理会计在此需要进行财务及经营分析，为绩效评估提供依据，简称“析”。

(5) 风险控制。为实现企业可持续发展，管理会计需在整个经营过程中进行风险管理和内部控制，简称“控”。

本书特点

(1) 充分展示业财融合对提升企业效益的重要作用。本书将业务运营、财务运行及财富创造的技能整合融入企业的生产与销售流程。

业财融合下的生产运营流程为：利用约束原理决定产品组合—决定是采用自制还是外购生产模式—决定是采用适时生产制还是传统推动模式—规划产能—决定是采购还是租赁生产设备设施—生产过程决策—生产出市场需要的产品。传统的生产运营过多地在生产车间“做文章”，如高质量、快速、准时生产等，而忽视了约束原理、自制与外购、适时生产制、租赁与采购等决策，失去了很多财富创造的机会。

业财融合下的销售运营流程为：市场细分与定位—产品—定价—促销—分销。本书在该流程融入很多财务考虑以及财富创造的技能，如利润最大化的客户组合、利润最大化的产品组合、量本利分析、特殊订单定价等。

（2）将管理会计学条理化、精练化，并赋之以灵魂。本书的主线为：确立投资者财富最大化并可持续这一核心思想—战略规划与预算—运营实施—记录运营业绩—绩效考核—内部控制。管理会计师在其中穿针引线并贯彻关键的六门功课，即计、财、决、核、析、控，其中“财”字当头。

（3）特别强调平衡计分卡的作用。企业的年度预算除了运营预算和财务预算，还应包括一张至关重要的预算表格——平衡计分卡预算。平衡计分卡预算可以做到标本兼治，致力于企业的可持续发展。平衡计分卡也是企业绩效考核的核心工具。

（4）将企业运营分为资本运营和日常运营两部分。资本运营是对资产负债表的管理，日常运营是对损益表的管理。本书将复杂的公司理财学凝练为对资产负债表的管理，帮助读者快速抓住问题的关键。

（5）揭示企业成本控制要领。本书系统总结了企业成本控制的理念、路径和方法。

（6）提供财务分析技巧。本书将财务分析方法提炼为：赚钱（考察利润与现金）—高效赚钱（考察权益回报率、资产回报率等）—持续赚钱（考察财务风险）。

（7）将持续改进制度化、细则化，助力企业可持续发展。

（8）本书还介绍了一些前沿信息技术在财务管理中的应用，如区块链、人工智能、大数据、SaaS（软件即服务）等。

目录
Contents

第 1 章　管理会计概述

随着企业资源规划（ERP）、人工智能（AI）等对传统核算会计工作的逐步取代，财务人员转型至管理会计已是大势所趋。

1.1 管理会计的定义

顾名思义，管理会计就是“会计＋管理”，特指深入参与企业运营管理的会计人员。

在发达国家，管理会计是参与企业运营管理的核心成员。管理会计深入参与企业管理可以大幅提升企业效益，为企业创造财富，推动企业可持续发展。

会计人员是实现企业财富最大化的专家，因为：会计人员是制作损益表、现金流量表、资产负债表等反映公司财富报告的专业人员，精通企业各种运营活动对财务的影响；会计人员掌握财富最大化的专业技能；谨慎性原则使会计人员擅长风险管理和内部控制。

1.2 管理会计的六门功课

为实现可持续的财富最大化且可持续这一企业根本目标，管理会计需要做好以下六门功课：

功课一：计

计，是指管理会计要参与制订企业经营计划。在制订战略规划和预算时，需要使用平衡计分卡、零基预算、弹性预算、滚动预算等工具和方法。

功课二：财

财，是指管理会计要领导企业的财务管理工作，通过“融资—投资—以钱生钱”流程，进行财富最大化创造。

企业运营可分为日常运营和资本运营。日常运营是考虑企业如何挣钱，对应损益表的管理；资本运营也称财务管理，它考虑企业如何理财，对应资产负债表的管理。若企业仅重视日常运营，如销售、生产、采购等，而忽视资本运营，如有价证券投资、长期项目投资、流动性风险管理等，会对企业实现财富最大化目标非常不利。许多大公司为了强化财务管理，会专门设置财务管理部（也称“司库”），其主要职责是融资管理（对资产负债表右侧的管理）、长期投资管理（对资产负债表左下侧的管理）、运营资本投资管理（对资产负债表左上侧的管理）。财务管理本质上是对资产负债表的管理。财务管理的目标是以资产负债表右边的融资，通过资产负债表左边的投资来生钱，实现投资者财富最大化。

功课三：决

决，是指管理会计要和企业其他管理者一起做决策。企业的任何决策都必须衡量其财务影响，即能否为公司增加财富。重大决策如果没有管理会计的深入参与，就难以实现企业价值目标。

例 1-1 某汽车公司一直自制发动机而现欲外购。经考察，企业业务人员选择了一家供应商。该供应商制造的发动机报价为 10 000 元/台，而公司的自制成本为 12 000 元/台。企业每年生产汽车 50 万辆。表面上看，外购会为企业节省的成本为（12 000 − 10 000）× 500 000 = 10（亿元）。可管理会计并不这么看。这是因为 12 000 元的自制成本中有可避免成本（即外购后该成本会消失）8 000 元、不可避免成本 4 000 元（包括厂房、设备的折旧，生产管理人员工资等）。外购后单位产品成本为 10 000 + 4 000 = 14 000（元/台），比自制还贵 2 000 元/台。这里假设没有机会成本，如外购后闲置的生产设施可以生产其他产品或者将其租赁可收取的租金等。专业决策较为复杂，业务经理对此并不熟悉。

功课四：核

核，是指管理会计应以中立身份独立记录企业的运营业绩，完成会计核算及财务报告、平衡计分卡等工作。管理会计应熟知财务会计的内容，因为管理会计的很多信息来自财务会计。另外，管理会计有控制和监管职能，只有精通财务会计的知识和技能，履行该职能时才会更到位。

功课五：析

析，是指管理会计要客观、全面地进行企业的财务和企业分析，为绩效考核及决策提供信息和数据支持。

功课六：控

控，是指管理会计要领导企业的风险管理与内控工作，使企业长期可持续发展，其主要内容包括风险管理、内部控制、职业道德监管等。

管理会计的六门功课贯穿于企业经营的全过程。熟练掌握这六门功课的管理会计，会帮助企业大幅提升效益，为投资者创造财富。

第 2 章　计：战略规划与预算

管理计划一般分为战略规划、战术计划和运营计划。

战略规划由最高管理层制订，用于确定企业的使命及长期经营目标，涉及的时间跨度一般为5年或更长。战略规划一般是定性的、概括性的和指导性的。

战术计划受战略规划的指导，由中高层管理者制订，确定具体项目的实施计划，涉及时间段一般为1—5年。战术计划主要围绕生产、存货、销售和现金流等日常运营进行。战术规划是比较具体的、量化的。

运营计划受战术计划的指导，由中低层管理者制订。运营计划是总预算的基础，是支持总预算的细节性计划，涉及的时间段一般不超过1年，如固定资产需求计划、新产品的开发计划等。

2.1 战略规划

战略规划是指组织确定如何将自己的能力和外部的市场机遇有效地结合，以实现组织的目标。战略规划对企业至关重要，它决定着企业的未来。“人无远虑，必有近忧。”战略规划的好坏直接影响企业未来的成败。

战略规划的步骤：①确定企业使命、愿景、核心价值观及主要目标。②通过SWOT分析选择和确定企业战略，包括：分析企业外部的竞争环境，确定机会和威胁；分析企业内部的运营环境，确定优势和劣势；选择和确定企业战略。③实施战略，并定期对战略进行评估和调整。

战略规划的益处：定期分析企业内部优势、劣势和外部环境的机遇与威胁，可指导企业应对新形势、新情况；为制订有效的预算奠定基础；为制订财务和非财务绩效指标提供基础；为管理层提供一个良好的沟通渠道。

战略规划的局限：制订战略规划的过程会花费大量时间和精力；战略规划可能会流于形式。

2.1.1 企业宣言

企业宣言四要素：企业使命、企业愿景、企业核心价值观、企业目标。

1. 企业使命

企业使命确立企业在社会经济发展中所承担的角色，确定企业的根本性质、存在目的及理由，说明企业的经营领域、经营思想及如何为客户带来价值。企业使命一定要从客户角度考虑。如著名制药公司将其使命表述为“我们专注于救治和改善人类生命。”

企业使命的意义：保持企业经营目标的统一；为配置资源提供标准；为制订企业战略提供依据；营造统一的企业氛围；树立用户导向。

2. 企业愿景

企业愿景是企业使命的具体化，是对企业未来的规划。愿景为企业描绘了一幅宏伟蓝图，明确了企业的奋斗目标，对企业运营具有很强的指导和激励意义。广义的企业愿景还包括核心价值观、核心目的和对未来的展望。

企业使命和愿景的关系：使命是因，愿景是果；使命在前，愿景在后。

3. 企业的核心价值观

企业的核心价值观是指导员工的行为标准和价值观，如“我们要不断超越客户期望”“我们要以最高的职业道德标准运营业务”等。核心价值观是建立企业文化的基础。

4. 企业的主要目标

企业的主要目标是投资者财富最大化。企业的主要目标应具体、可衡量，如10年内净利润要达到120亿元、利润率达到15%、市场份额达到30%等。

2.1.2 SWOT分析

SWOT分析的要素：S（Strength）指企业的优势；W（Weakness）指企业的劣势；O（Opportunity）指企业面临的外部机遇；T（Threat）指企业面临的外部威胁。S与W属于主观因素，O与T属于客观因素。

1. 外部环境分析

分析企业外部环境的目的是明确机遇和威胁。企业外部环境分析包括行业分析和宏观环境分析，其中宏观环境分析包括对通货膨胀、人力市场、技术、环境、法律、政治等要素的分析。下面详述行业和技术分析。

（1）行业分析。迈克尔·波特创立的“五力模型”主要从行业的角度出发分析企业面临的机遇和威胁，帮助企业评估行业状况及吸引力。有吸引力的行业对企业来讲是发展机遇，如果行业进入门槛高，竞争对手很难轻易进入，就说明此行业有很好的发展机遇；没有吸引力的行业对企业来讲就是威胁和挑战，如果行业进入门槛低，客户和供应商都比较强势，就说明此行业会遇到很多威胁和挑战。通过“五力模型”分析，企业就可采取相应的对策，如退出或进入、削减或加大生产规模等。

1）进入门槛。进入门槛高对企业是机遇，否则为威胁。形成壁垒的要素：①品牌忠诚度。评估行业中是否有顾客对其品牌忠诚度非常高的企业。培育品牌需要花费很多时间和金钱，品牌忠诚度越高门槛越高。②现有企业成本优势。企业需要通过多年的积累才能取得成本优势。这个过程越长，对刚入行的企业就越有挑战。③投资规模。巨大的投资规模会让一些竞争对手望而却步，如飞机、高铁行业。④顾客转移成本。顾客转移成本越高，新企业就越不敢贸然进入此行业。⑤政府管制。政府管制越强，门槛越高，如高速公路。

2）产品替代程度。行业中近似产品越少对企业越是机遇，相反则为威胁。如电脑芯片行业的产品替代程度很小，而矿泉水行业的替代程度则非常大。

3）供应商的议价能力。供应商议价能力越弱对企业越是机遇，相反则是威胁。

4）客户的议价能力。客户议价能力越弱对企业越是机遇，相反则是威胁。

5）公司之间的竞争强度。竞争强度越低越是机遇，相反则是威胁。竞争强度也受退出壁垒的影响，退出壁垒越高，竞争会越激烈。

例 2-1 利用五力模型进行手机行业分析的过程见表 2-1。在表 2-1

中，对五力模型中的每种力量赋予满分20分（其中行业壁垒5个要素，每个要素满分为4分），总分值为100分。因素影响力越大，分值越高。最终分值为85分以上属于机遇，50分以下属于威胁。

表2-1 手机行业五力模型分析

五力模型中的五力要素		分值	分值确定原因
行业壁垒	品牌忠诚度	3.6	该行业中苹果手机的忠诚度很高
	成本优势	0.8	该行业没有哪家公司有显著的成本优势
	投资规模	3	该行业的投资规模较大
	顾客转移成本	2	手机的转移成本适中
	政府管制	0.8	该行业政府管制强度较低
产品替代程度		10	智能手机的替代程度中等
供应商的议价能力		15	目前供应商处于相对弱势
客户的议价能力		15	目前客户都是较小的经销商，相对弱势
行业内的竞争强度		15	竞争激烈程度不算太高，特别有国际影响力的企业就两三家

将表2-1的分值加总得65.2分，结论是智能手机行业不具有明显的机遇。

（2）技术分析。任何企业都会受到技术发展的影响。波特总结了技术分析的5个步骤：①确定影响组织的所有技术，包括产品、生产与服务过程及支持性部门（如财务、人事、信息管理等）使用的技术。技术可分为：基础技术，指行业里公司都普遍使用的技术，它不会给任何企业带来竞争性优势，如电动汽车行业普遍都在使用高性能电池技术；关键技术，它可以使企业拥有差异化竞争优势，如特斯拉电动汽车的续航里程优势；领跑技术，指能颠覆行业竞争力排名的重大技术变革，如21世纪初苹果公司推出的智能手机。领跑技术会替代原来的关键技术，成为新的关键技术。②评估潜在的技术变革。③分析技术对组织竞争力的影响。④分析企业现有技术的优势和劣势。⑤建立组织的技术优势。

通过分析，企业应制订购买、研发、使用相关技术的优先顺序计划。

2. 内部环境分析

分析内部环境的主要目的是确定企业的优势和劣势。

3. 选择与确定战略

SWOT 分析是制订企业战略的工具。SWOT 分析是指通过矩阵列出企业的内部优势及劣势，外部环境的机遇及挑战，然后将这些因素进行有机结合，从而产生一系列备选方案，最终选择最适合企业的战略。见图 2-1。战略分为总部层面战略、业务层面战略和职能层面战略。

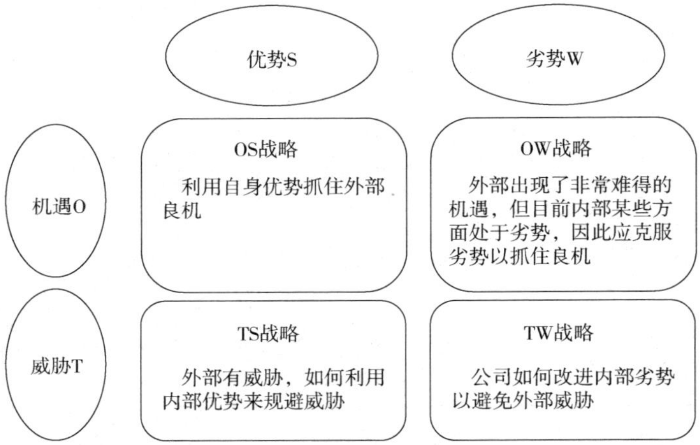

图 2-1　SWOT 矩阵

（1）总部层面战略。主要涉及集团长期的经营模式，包括并购及国际化等。

（2）业务层面战略。战略业务单元（SBU）是指企业中具有单独任务目标，可以单独制订计划而不受企业其他业务影响的单位，如通用电气的 SBU 包括发动机部、照明部、新闻部等。每个 SBU 独立开展会计核算，独立考核业绩，有很强的自主决策权。一般一条大的产品线就属于一个 SBU，如通用电气公司的照明部又经营公共照明、体育照明、家庭照明等系列产品。

企业要定期对各个战略业务单元进行评估。波士顿咨询集团（BCG）的业务组合模型是对业务组合进行评估的很好的工具，它将 SBU 分成 4 类，即问号、明星、金牛和瘦狗。针对 4 类业务单元可采取相应的策略：①建造，即企业全力增加市场份额，暂时牺牲短期利润和现金流。②保持，即企业要集中优势力量保持市场份额和竞争地位。③收获，即企业要将经营利润和现金流最大化。④退出，即企业通过清算或出售等手段去除该业务单元。

1）问号类-支持。问号类业务是指整体市场增长潜力大，但目前本公司市场占有率还较低的业务，公司未来的表现还不得而知。企业需要对问号类业务进行资金支持以提高市场占有率，因为该业务单元在未来有可能会成为明星或金牛类业务，如大众汽车公司的电动汽车业务。

2）明星类-保持。明星类业务是指整体市场增长率很快，目前本公司的市场占有率增长也很快的业务。企业应加大投资、集中优势力量（如在研发、生产、人力资源等方面）支持该业务快速增长，保持市场份额及竞争优势，如比亚迪公司的电动汽车业务。

3）金牛类-收获。金牛类业务是指整体市场已达到可观规模，增长率开始放缓或降低，进入成熟期，且本公司的市场占有率也很高的业务。这时企业应做到利润最大化，积极捍卫市场份额。由于规模效应，产品的单位成本较低，且企业处于市场领先地位，可收获利润和现金流，如惠普的打印机业务。

4）瘦狗类-退出。瘦狗类业务是指整体市场下滑厉害，且本公司的市场占有率也很低的业务。这时企业应该选择退出。

明确企业的核心业务后，公司应对每一个战略业务单元进行战略定位，业务竞争战略通常包括成本领先战略、产品差异化战略及成本领先与产品差异化并举战略。

（3）职能层面战略，是指在每个战略业务单元的子公司战略，涉及产品研发、生产、营销等职能。

2.1.3 平衡计分卡

平衡计分卡原来仅用于企业绩效评估，但近些年被延伸用于战略规划，所以被称为战略平衡计分卡。战略平衡计分卡综合反映了财务和非财务、短期和长期的企业关键要素，强调平衡、长期、可持续发展。

平衡计分卡示意见图 2-2。

图 2-2　平衡计分卡示意图

下面介绍如何将平衡计分卡用于战略规划。

（1）将企业使命、愿景转化为操作性强的战略。管理层可将公司的使命和愿景转换为具体战略，并设计出在运营层面可操作的一系列衡量指标。如某公司的愿景是成为世界最大的科技公司，管理层可将此愿景转换成企业每年招聘顶尖科技人才若干名，并将利润的一定比例用于新产品研发，衡量指标为新专利数量、新产品数量、新产品的销售收入等。

（2）逐级传达企业战略并分别制订平衡计分卡，界定部门及个人的责任。

（3）制订财务及业务计划，确定实施优先顺序，合理分配资源。

（4）反馈与学习。对比平衡计分卡各项指标的实际结果与计划数据，找出差异，剖析原因，持续改进。

平衡计分卡有助于战略在公司内的沟通，保持战略业务单元、个人目标与公司战略的一致性。将公司战略与预算连接在一起，有助于持续的监控绩效，促进运营改进。

2.1.4 战略规划的其他工具和技术

1. 5C 情景分析法

5C 情景分析法是一种有用的市场环境分析方法。它是针指对公司（Company）、竞争对手（Competitors）、客户（Customers）、合作者（Collaborators）及经营环境（Climate）的分析。分析的具体内容包括：①组织目标、战略和能力。②竞争对手在行业内的地位及可能带来的威胁。③客户特征，如购买动力、购买的数量和频率等。④可能帮助组织抓住更多业务机会的“中间人”，比如代理商、分销商等。⑤经营环境（PEST 分析），即政治和监管环境（Political and Regulatory Environment）、经济环境（Economic Environment）、社会与文化环境（Social and Cultural Environment）、技术（Technological Analysis）。

2. 应急规划

应急规划是指预测企业遭受严重不测的可能性，从而提出应对措施，将损失最小化。

企业可能出现的不测事件包括低于预期的销售收入及利润、核心管理人员离职、关键设施遭破坏、利率突变、银根紧缩、遭遇兼并等。企业无法对所有可能的不测事件进行立急规划，但应对几种最严重的事件制订应急规划。

应急规划的步骤：①预测可能发生的事件。②估计这些事件的潜在影响。③制订应对战略和战术计划。④制订预警信号或应急规划实施的触发点，即什么时候或者发生什么事件后应立即实施应急规划。⑤异地储备应急规划。⑥定期评估计划，必要时进行修改。

3. 情景规划

情景规划提供更为灵活、更有弹性的战略计划。常规的战略规划只是预测了一种情景，而情景规划可以提供多种可能的战略规划方案。

4. 竞争力分析

企业应非常详尽地进行调研，分析谁是真正的竞争对手，而不能简单地“拍脑门”，须了解竞争对手的历史、产品、财务状况、营销战略、人事状况等。

竞争力分析的步骤：①确定企业所在行业及行业的业务范围和性质。②确定竞争对手有哪些。③确定行业的关键绩效指标，如销售收入、产品质量、资产回报率等。④对关键绩效指标进行排序。⑤根据关键绩效指标对企业及竞争对手进行竞争力排序，可以按照综合竞争力排序，也可以就某项指标进行排序。

2.2 预算

2.2.1 预算概述

1. 预算的含义

预算是指企业在战略规划的指导下，对未来一段时间的资源获取和分配进行量化并据此实施控制的工具。预算一定是量化的而不是定性的。

2. 预算的目的

（1）迫使管理者主动对未来制订计划。

（2）有利于企业建立运营目标，以利于定期跟踪和控制。

（3）有利于绩效评估。预算完成情况为考核提供了依据。

（4）有利于公司内部交流。预算编制需要部门之间的协调与沟通，如生产预算来自销售预算、采购预算来自生产预算等。通过预算编制，企业可以将经营目标传达给所有员工。

（5）有利于制订计划和分配资源。

注意，预算可以促进企业更好地运营，但不能保证一定能实现运营目标。

3. 预算周期与组织

预算周期最常见的是1年，也有的企业会做5年或10年的预算。

预算需要董事会审批。大公司一般都会设立预算委员会。预算委员会由高级管理层组成，一般由总经理或副总经理领衔。预算委员会的职责包括：确定公司的整体目标；指导预算编制；协调分歧；审核预算，并交董事会审批；跟踪预算的执行，审核执行结果；批准预算调整等。

4. 预算编制步骤

（1）预算建议。公司战略确定后，各责任中心将以战略规划为指导编制预算建议。

（2）预算商议。预算建议送至高层经理审核，并汇总至预算委员会。期间，审核人会与预算编制者交流，并加以修改。此步骤比较耗时。

（3）预算审批。预算委员会审核后，预算交董事会最终审批。

（4）预算修正。经营若出现重大变化，如重大自然灾害、重大技术变革、经济危机等，就需要修正预算。经常修正预算会使预算失去权威性，因此公司不能在未发生重大变化的情况下轻易允许修正预算。若遇重大变化，运营须按照新预算执行，但在年度绩效考核时仍可按照最初预算寻找差异。不要过于僵硬地执行预算，在预算与企业长远目标发生矛盾时，应该重视后者。

5. 成功预算的主要特点

（1）预算和公司战略紧密联系，受战略规划指导。

（2）最高管理层支持预算，并对预算目标负责。

（3）预算详细，而且有业务支撑，如差旅费的根据是预计出差的次数、原因及每次出差的费用等。

（4）预算数据严谨、准确、合理。

（5）预算由企业高层审批，以确保预算和公司整体目标的一致性。

（6）预算应作为企业的一种计划和沟通的工具，而不是惩罚的手段。企业不应过分渲染达不到预算所带来惩罚，否则员工会失去做预算的积极性和创造性，而且会人为制造大量的预算松弛。

（7）预算是一种激励，可引领员工更加努力地实现组织目标。

（8）预算是一种很好的内部控制工具。企业根据预算来指导运营，通过对预算和实际执行效果对比来进行控制。员工的绩效评估一定要建立在预算基础上。

（9）预算可指导资源的合理分配，减少企业运营瓶颈的出现。

6. 预算松弛

预算松弛是指主观上为避免完不成预算而给自己留出余地，比如销售收入预算少做些、成本费用预算多做些等，这样可以容易地完成预算目标。

预算松弛的危害非常大：导致企业的成本费用过大，利润降低；可能导致总预算错误；扭曲绩效考核，如销售部门本来可以实现 5 亿元的销售额，但只做了 3 亿元的预算等。

为预防预算松弛，需要采取如下应对措施：高级管理层要制订有一定挑战性的预算目标；严格预算审批；做零基预算；做作业基础预算；管理层以身作则杜绝预算松弛，并对预算松弛恶性事件进行追责等。

7. 传统预算的不足与变革建议

预算的不足与应该采取的变革建议见表 2-2。

表 2-2　传统预算的不足与应该采取的变革建议

序号	不足	变革建议
1	过度依赖过去对趋势的预测	将预算和企业未来发展战略联系起来
2	如果初步预算未达到目标，一般简单地“一刀切”，降低一个固定的比率，如销售费用总体上再减少 15%	用作业基础预算法确定需要减少费用的区域
3	各部门各自做预算，互不交流	采用跨部门合作的方式做预算
4	过于强调预算周期，如 1 年，将完成年度目标作为主要任务，导致为了短期利益而牺牲公司的长远发展利益。如为了完成当期的预算，没有对机器进行及时维修，没有花精力和财力去发展新客户等	在评估和执行当期预算时要明确对未来的影响。长期创造价值是最重要的

（续）

序号	不足	变革建议
5	过度关注财务要素	平衡财务和非财务要素
6	直到预算期结束时才将实际效果与预算加以对比，并进行业绩评估	整个预算期间要及时、持续地将实际效果和预算加以对比，并进行评估和改进
7	过多采用增量预算	采用零基预算
8	在很大成本池的基础上做预算，并没有细分到作业成本中心，不便于预算审核，容易产生预算松弛	采用作业基础预算

2.2.2 预算编制的方式与方法

总预算（也称年预算或全面预算）是指在战略规划指导下，对1年或更短时间内完成固定目标产出的全面、量化的预算。

总预算是静态预算。尽管有弹性预算，滚动预算等其他预算形式，但静态预算是不可代替的。虽然企业会在未来面临诸多变化，但还是需要在1个年度内建立一个权威、挑战性的目标。

1. 编制预算的方式

按预算制订的方式，预算可分为权威式预算和参与式预算。

（1）权威式预算。权威式预算是由上而下编制预算，预算内容由高层少数人制订，员工只是执行预算。这种预算编制方式适合于经营较稳定或规模较小的企业。

权威式预算的优点：减少不同意见干扰，容易保持目标的一致性；快速省力；容易避免预算松弛。

权威式预算的缺点：由于高层管理者一般对基层具体信息缺乏了解，预算可能不够准确合理；由于基层员工不参与预算编制，可能会产生抵触情绪，导致预算不能很好地执行；缺乏交流；不利于对员工绩效进行考核。

（2）参与式预算。参与式预算是由下而上编制预算。高层管理者制订目标时参考员工意见，确定目标后再发布下去。参与式预算适合绝大多数企业，是目前较受推崇的一种预算编制方式。

参与式预算的优点：有助于员工与高层管理者的交流；由于了解具体信息的人参与预算编制，因此较准确、合理；有助于激励员工；有利于对员工的绩效考核。

参与式预算的缺点：较费时费力；容易造成预算松弛；可能出现公司上下目标不一致的情况。

2. 预算编制的方法

（1）静态预算编制。常见的预算编制方法有零基预算、作业基础预算、持续改进预算及增量预算。

1）零基预算与增量预算。零基预算是指预算编制从零开始，不参考过去的数据。传统的增量预算是在过去实际发生额的基础上，根据对未来的预测做出简单调整。

零基预算的目的：防止企业过去运营中不好的因素在未来继续存在；有效适应未来变化较大的经营环境；有利于应用最新成本节约技术或工具。

零基预算编制的步骤：①列出所有预算项目清单。②深入分析所有预算项目的备选方案。③选择最佳方案。

零基预算可以让企业发现很多节约成本的地方，避免增量预算可能导致的预算松弛。

零基预算适合于企业过去的运营有问题，未来经营环境变化较大或管理层发生变更等情形。零基预算在对支出要求严格的政府和非营利组织中很受欢迎。

零基预算的优点：更能贴近将来的实际情况；可发现企业经营不利的事项；一定程度上可防止预算松弛。

零基预算的缺点：编制成本较高，较为费时费力；可能忽略过去好的经验。

增量预算是指根据对未来经营情况的预测，对前期的实际发生额进行调整，从而形成本期预算额的预算。增量预算是比较传统的预算编制方法。

增量预算的优点：简单易操作；能充分利用过去的经验。

增量预算的缺点：会延续过去不好的因素；容易引起预算松弛。

增量预算适合规模不大或者经营环境稳定的企业。

2）作业基础预算。作业基础预算是以作业中心为对象编制预算。

作业基础预算的编制步骤：①划分作业中心。②确定作业中心的成本动因，即驱动成本变化的因素。因为作业中心成本具有同一属性，所以一般而言一个作业中心只有一个成本动因。如设备调试中心的成本动因是设备调试次数，调试次数越多，调试成本就越大。③确定每个成本动因的成本，如每次设备调试的成本。④预测未来发生的成本动因数量，如未来1年设备需要调试多少次。⑤计算作业中心的预算额。如每次设备调整成本为500元，1年需要600次调试，则设备调试作业中心的预算为500×600=300 000（元）。

在作业基础预算中，固定成本和变动成本一定要分开。在实际工作中，每个作业中心的成本属性很难做到完全同一，但比整个部门的成本属性要单纯很多。如生产部门可细分为制造车间、组装车间、工程师部、质检部等，对每个作业中心可按照常规费用科目，如工资、办公费、差旅费、折旧费等编制预算。随着ERP的日益成熟，其完全可以支持作业中心的预算编制及会计核算。

作业基础预算的优点：预算更准确；有利于对企业经营进行细致深入的分析；有利于预算审核，可一定程度上防止预算松弛。

作业基础预算的缺点：较复杂，费时间，成本较高；因为涉及的作业中心较多，不容易协调；缺乏相应的会计系统支持。

作业基础预算的核心理念是将大部门细分为作业中心，然后进行精细化预算和精细化成本管理。

3）持续改进预算。持续改进预算是指每年的预算需要体现对企业运营的持续改进，如每年要将成本降低一定的比例。持续改进预算一般多于成本预算。持续改进一定要建立在合理假设的基础上。

持续改进预算的优点：可持续改善企业经营；培育良好的企业文化。

持续改进预算的缺点：对持续改进比例的设定比较主观；持续改进可能会让员工压力偏大，有可能挫伤士气。

（2）其他预算形式。静态预算存在一定的问题，如：只编制1个年度的预算，随着时间推移，预算周期会越来越短；年终考核时，若实际运营结果与预算额不一致，会难以得出有效的结论，甚至会误导决策；对于以客户定制项目，静态预算不能完全满足需要；静态预算忽略了影响企业长期发展的非财务指标。因此，我们需要了解其他预算形式，包括弹性预算、滚动预算、项目预算及平衡计分卡预算。

1）弹性预算。弹性预算是按照事先设定的单位产品变动成本、特定产量范围的固定成本及销售单价，确定不同产量或销量下的预算。

例 2-2 某月预算产量 6 000 吨，实际产量 4 000 吨。预算单位变动成本 85 元/吨，其中直接材料 40 元/吨，直接人工 20 元/吨，制造费用 25 元/吨。预算销售单价 230 元/吨，单位销售管理费用 9 元/吨，固定成本 400 000 元。预算销量 5 000 吨，实际销量 3 900 吨。

弹性预算下，预算直接材料成本为 4 000 ×40 = 160 000（元）；预算直接人工成本为 4 000 ×20 = 80 000（元）；预算变动制造费用为 4 000 ×25 = 100 000（元）。预算变动生产成本合计 340 000 元。

因此，弹性预算损益情况如下：销售收入为 3 900 ×230 = 897 000（元）；直接材料成本为 3 900 ×40 = 156 000（元）；直接人工成本为 3 900 ×20 = 78 000（元）；变动制造费用为 3 900 ×25 = 97 500（元）。变动销货成本合计 331 500 元。变动销售及管理费用为 3900 ×9 = 35 100（元）。边际贡献 = 销售收入 − 变动销货成本 − 变动销售及管理费用 = 530 400（元）。息税前利润 = 边际贡献 − 预算固定费用 = 130 400（元）。

在弹性预算中，因为固定成本不变，所以增量成本变化源于产量变化。

例 2-3 某产品单位变动成本为 200 元/件，固定成本为 100 万元。若某月实际产出 1 万件产品，则弹性成本预算为 200 ×1 + 100 = 300（万元）；若某月实际产出 1.2 万件产品，则弹性成本预算为 200 ×1.2 + 100 = 340（万元）。两者之间的差额为 40 万元，此差额为边际成本（增量成本），即增加 2 000 件产出额外发生的成本。

弹性预算的作用：

①有利于更科学地进行绩效分析。在大多数情况下，每期的销量不同，将实际损益表和静态预算损益表直接对比难以得到客观准确的信息，需要通过弹性预算过渡。

例 2-4 某企业产品期末实际产品销量为 3 900 吨，实际售价 120 元/吨，实际销售成本 80 元/吨，则实际损益为 3 900 × 120 − 3 900 × 80 = 156 000（元）。而静态预算中的预算产品销量为 5 000 吨，预算售价 115 元/吨，预算单位成本 85 元/吨，即预算损益为 5 000 × 115 − 5 000 × 85 = 150 000（元）。若直接对比很难发现问题，如果中间放置一个弹性预算，就会很容易比较。见表 2-3。

表 2-3 实际损益表和预算损益表的对比

项目	实际损益计算	弹性预算计算	静态预算计算
销售收入	3 900 × 120	3 900 × 115	5 000 × 115
销售成本	3 900 × 80	3 900 × 85	5 000 × 85

表 2-3 显示，实际损益表和弹性预算损益表的实际销量是相同的，可看出售价和成本差异，而弹性预算表和静态预算表的单位售价和单位成本是相同的，从而可看出销量差异。

②可以帮助企业规划不同产出所需要的资源。如例 2-4，当生产量为 4 000吨时，企业需要的直接材料成本、直接人工成本和变动制造费用的计算如下：

直接材料成本为 4 000 × 40 = 160 000（元）；直接人工成本为 4 000 × 20 = 80 000（元）；变动制造费用为 4 000 × 25 = 100 000（元）。故变动生产成本合计为 340 000 元。

若产量变为 5 000 吨，则企业需要的直接材料成本、直接人工成本和变动制造费用的计算如下：直接材料成本为 5 000 × 40 = 200 000（元）；直接人工成本为 5 000 × 20 = 100 000（元）；变动制造费用为 5 000 × 25 = 125 000（元）。故变动生产成本合计为 425 000 元。

若产量变为 8 000 吨，则企业需要的直接材料成本、直接人工成本和变动制造费用的计算如下：直接材料成本为 8 000 × 40 = 320 000（元）；直接人工成本为 8 000 × 20 = 160 000（元）；变动制造费用为 8 000 × 25 = 200 000（元）。故变动生产成本合计为 680 000 元。

弹性预算缺点：没有为企业设定固定目标；有时候不好理解。

2）项目预算。项目是指一次性的活动，如新产品开发。项目一般不重复，有明确的起始和结束日期和时间进度表，强调时效性。它一般由跨部门人员组成，由项目经理进行协调，很多时候项目要临时抽调各部门的资源。项目经理一般不会出现在企业的组织结构图中，很少有企业设立专门的项目经理部。

项目预算一般非常重视成本预算和控制。

3）滚动预算。滚动预算也称连续预算，指定期地编制后期固定周期的预算。如 2011 年 3 月末做 2011 年 4 月到 2012 年 3 月的预算，2011 年 4 月末再做 2011 年 5 月到 2012 年 4 月的预算，滚动进行，但预算周期始终是 12 个月。

滚动预算的优点：可及时反映最新发生事项对未来的影响；每次预算都可以看到后 12 个月的情况，不像静态预算只能看未来 1 年中剩余月份的情况；每月编制只要在上次预算的基础上调整即可；预算周期灵活，可以为 12 个月、15 个月或更长时间。

滚动预算的缺点：每个月都要花费精力编制预算；难以像静态预算那样为企业设立一个固定目标。

4）平衡计分卡预算。传统的预算财务报表，包括损益表、资产负债表和现金流量表等，过分注重财务指标而忽视了如人才满意度、人才培训、新产品和新专利、客户满意度等非财务指标，而这些指标往往是企业可持续发展的动力。平衡计分卡预算包含了财务指标、市场及客户指标、内部运营指标、学习与成长指标。平衡计分卡的相关知识在第 6 章绩效评估与考核部分详述。

2.2.3 预算编制的内容与流程

1. 预算编制的内容

预算包括经营预算和财务预算，也有资料将预算分为经营预算、资本支出预算、财务预算3种，也就是将资本支出预算从财务预算中剥离出来。在实际工作中，预算还应包括平衡计分卡预算。平衡计分卡预算表既重视财务指标，又重视非财务指标，如新产品数量、新专利数量，客户满意度等。非财务指标是企业发展的原动力，是“本”；财务指标只是结果的体现，是“标”。

（1）经营预算。经营预算（损益表预算）包括销售预算、产量预算、材料采购预算、直接材料成本预算、直接人工成本预算、制造费用预算、生产成本预算、完工产品成本预算、销货成本预算、期间费用预算等，最终形成损益表预算。之所以损益表预算没有包含在财务预算中，是因为此损益表并不涉及利息费用。利息费用受资本结构影响，属于财务管理范畴而非经营范畴。

（2）财务预算。财务预算包括资本支出预算、现金预算、资产负债表预算和现金流量表预算。

资本支出预算是指投资金额大且投资期限大于1年的预算，如生产设备、厂房等固定资产投资预算。资本支出预算关系企业的可持续发展，因此受企业战略规划的指导。投资决策时需要对比初始投资与未来现金流收益的折现额。注意，一定要用现金流而不是利润额，以体现货币的时间价值。现金流涉及初始现金流（包括初始投资额、旧设备处理现金流、净运营资本的增加额等）及项目期间所产生的经营现金流，但不包括融资现金流及利息费用。现金流模型建好后，需计算净现值（NPV）、内部收益率（IRR）、折现回收期等，初步判断项目是否可以接受。注意，研发费用预算列在经营预算即损益表预算而非资本支出预算中，但研发需要的固定资产支出需列在资本支出预算中。

现金预算也叫现金收支预算，包括现金收入、现金支出、现金余缺、融资需求4项。做现金收支预算主要是为了及时发现融资需求（若现金短缺）或安排投资（若有现金富余）。

现金流量表预算和现金预算不太一样。现金流量表预算是将现金流细分为经营现金流、投资现金流和融资现金流3部分。一般来讲，现金流量表预算是最后一张预算表格。在确定了资产负债表预算后，企业需制订分红计划，分红计划要体现到现金流量表中。

2. 总预算编制的流程

预算编制流程见图 2-3。

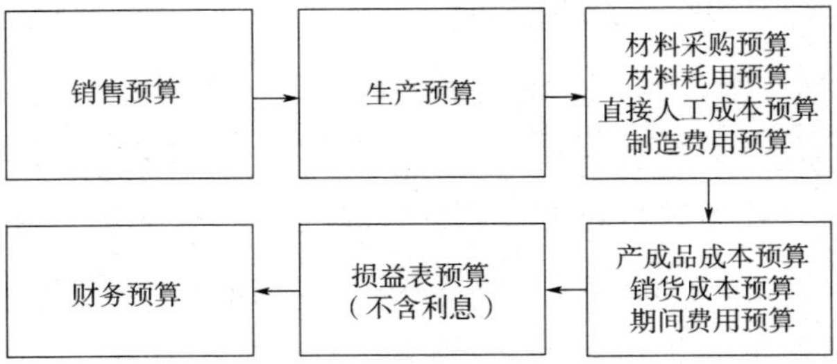

图 2-3　总预算编制的流程

3. 预算编制方法

编制预算有两种方法，即定期盘存制和永续盘存制。

（1）定期盘存制。定期盘存制是通过一系列计算“倒挤”出预算销货成本，包括直接材料耗用、完工产品成本及销售成本。定期盘存制通用的依据为下述等式

期初 + 购进/产出 = 耗用/售出 + 期末

根据上式可得

当期耗用直接材料成本 = 直接材料期初余额 + 直接材料当期采购额 − 直接材料期末余额

当期销售成本 = 产成品期初存货 + 当期完工产品成本 − 产成品期末存货

当期完工产品成本 = 当期总生产成本 + 在产品期初存货 − 在产品期末存货

当期总生产成本 = 当期耗用直接材料成本 + 当期直接人工成本 + 当期制造费用

当期毛利润 = 当期销售收入 − 当期销售成本

当期经营利润 = 当期毛利润 − 当期销售管理费用

注意，当期完工产品成本与当期总生产成本容易混淆，完工产品成本特指产成品的成本。

定期盘存制需要每月盘点产成品、在产品、直接材料等的库存数量，

通过公式“期初直接材料库存 + 当期采购 - 月末实际盘点的直接材料库存 = 当期直接材料消耗”倒挤出当期直接材料消耗，通过公式“产成品期初库存 + 当期完工产成品 - 月末实际盘点的期末产成品库存 = 销售成本”倒挤出销售成本。

例 2-5 节选M公司某年4月、5月、6月、7月的数据做总预算编制演示，其中7月数据是用来计算6月底的期末存货的。

①销售预算。销售预算由销售部负责编制。销售预算见表2-4。

表2-4 M公司销售预算表

月份	销量/件	单价/元	销售收入/万元
4月	20 000	1 000	2 000
5月	50 000	1 000	5 000
6月	30 000	1 000	3 000
7月	25 000	1 000	2 500

在实际工作中，销售预算可按客户及不同产品的具体销售情况编制。

②生产预算。销售预算编制完后，生产部根据销售预算编制生产预算。生产预算仅涉及实物量，不涉及金额。

预算产量 = 销量 + 期末产成品库存 - 期初产成品库存

M公司要求每月产成品的期末存货是下月销量的20%，因此，4月初库存为20 000 ×20% =4 000（件）。生产预算见表2-5。

表2-5 M公司生产预算 （单位：件）

项目	4月	5月	6月
预算销量	20 000	50 000	30 000
加：要求的期末库存	10 000	6 000	5 000
总需求量	30 000	56 000	35 000
减：期初库存	4 000	10 000	6 000
产量	26 000	46 000	29 000

如果计算连续几个月的总产量，考虑到有些本期期末库存与下期期初库存可以抵消，因此

$$\text{N 月的产量合计} = \frac{\text{N 月的}}{\text{销量合计}} + \frac{\text{最后月份的}}{\text{期末库存}} - \frac{\text{首月的}}{\text{期初库存}}$$

③材料采购预算。生产部编制完产量预算后，采购部根据产量预算编制材料采购预算。

需要采购的原材料数量 = 原材料总需求数量 − 原材料期初库存

其中

原材料总需求数量 = 生产需要的原材料数量 + 期末原材料库存

生产需要的原材料数量 = 生产量 × 单位产品需要的原材料数量

在实际工作中，一般产品都需要多种原材料，因此要分别计算每种材料的采购量。现在有了 MRP 或 ERP 管理系统，这些都很简单了。

假设产品只有一种材料，生产每件产品需要 5 千克原材料。M 公司要求原材料的期末库存是下个月生产需求的 10%。假设 3 月底的原材料库存为 13 000 千克，7 月份的预算产量为 23 000 件。材料采购预算见表 2-6。

表 2-6　M 公司材料采购预算

项目	4 月	5 月	6 月
产量/件	26 000	46 000	29 000
乘：每件产品的原材料量（千克/件）	5	5	5
生产原材料需求量/千克	130 000	230 000	145 000
加：要求的期末库存/千克	23 000	14 500	11 500
总原材料需求/千克	153 000	244 500	156 500
减：原材料期初存货/千克	13 000	23 000	14 500
需要采购的原材料量/千克	140 000	221 500	142 000

④总生产成本预算。材料采购预算编制完成后，接下来编制总生产成本预算，包括当期直接材料成本预算、当期直接人工成本预算和当期制造费用预算。见表 2-7、表 2-8、表 2-9。

表 2-7　当期直接材料成本预算

项目	4 月	5 月	6 月
直接材料采购量 A/千克	140 000	221 500	142 000

（续）

项目	4月	5月	6月
直接材料单位成本 B（元/千克）	80	80	80
直接材料采购成本 C/万元 （C = A × B）	1 120	1 772	1 136
期初直接材料数量 D/千克	13 000	23 000	14 500
期初直接材料成本 E/万元 （E = D × B）	104	184	116
期末直接材料数量 F/千克	23 000	14 500	11 500
期末直接材料成本 G/万元 （G = F × B）	184	116	92
直接材料耗用成本/万元 （H = E + C − G）	1 040	1 840	1 160

当期直接人工成本预算是曰生产部和人事部共同完成。当期直接人工成本的预算方法为：确定单位产品耗用的直接人工工时，乘以当期产量，得出当期总直接人工工时，再乘以直接人工单位成本。另外一种方法为：确定单位产品耗用的直接人工工时，乘以当期产量，得出当期总直接人工工时，然后除以单位直接人工的标准工作时间，得出需要的直接人工，再乘以单位直接人工成本，得出当期直接人工成本预算。当期直接人工成本预算见表2-8。

表2-8　当期直接人工成本预算

项目	4月	5月	6月
单位产品直接人工工时 A（小时/件）	0.2	0.2	0.2
当期生产量 B/件	26 000	46 000	29 000
总直接人工工时/小时 （C = A × B）	5 200	9 200	5 800
直接人工工时成本 D（元/小时）	5	5	5
直接人工成本 E/元 （E = C × D）	26 000	46 000	29 000

制造费用是指生产部除直接材料成本和直接人工成本以外的所有其他成本，包括间接材料、间接人工、能源费、办公费、折旧、租金、保险等变动制造费用和固定制造费用。制造费用预算见表2-9。

表2-9　制造费用预算　（单位：元）

项目	4月	5月	6月
变动制造费用	260 000	460 000	290 000
固定制造费用	700 000	700 000	700 000
总制造费用	960 000	1160 000	990 000

当期总生产成本预算见表2-10。

表2-10　当期总生产成本预算　（单位：元）

项目	4月	5月	6月
直接材料耗用成本 A	10 400	18 400	11 600
直接人工成本 B	26 000	46 000	29 000
变动制造费用 C	260 000	460 000	290 000
固定制造费用 D	700 000	700 000	700 000
总制造费用 E	960 000	1160 000	990 000
当期总生产成本预算 D（D＝A＋B＋E）	11 386 000	19 606 000	12 619 000

⑤产成品成本预算。为简单起见，假设在产成品成本各期期初存货分别为：4月10万元，5月15万元，6月12万元，7月14万元。利用“完工产品成本预算＝期初在产品存货＋当期生产成本－期末在产品存货”编制产成品成本预算，见表2-11。

表2-11　完工产品成本预算　（单位：万元）

项目	4月	5月	6月
期初在产品存货成本	10.0	15.0	12.0
当期总生产成本	1 138.6	1 960.6	1 261.9
期末在产品存货成本	15.0	12.0	14.0
完工产品成本	1 133.6	1 963.6	1 259.9

注意，虽然通过“完工产品成本 = 销货成本 + 期末产成品存货 − 期初产成品存货”也能推算出完工产品成本预算，但编制产成品成本预算时不能用此公式，因为先有生产后有销售，不能通过销售倒推完工产品成本。

⑥销货成本预算。假设产成品各期期初存货成本分别为：4 月 172 万元，5 月 430 万元，6 月 258 万元，7 月 215 万元，根据“销货成本 = 期初产成品存货 + 完工产品成本 − 期末产成品存货成本”可以做出销货成本预算，见表 2-12。

表 2-12　销货成本预算　　　　（单位：万元）

项目	4 月	5 月	6 月
期初产成品存货成本	172.0	430.0	258.0
完工产品成本	1 133.6	1 963.6	1 259.9
期末产成品存货成本	430.0	2 58.0	215.0
销货成本	875.6	2 135.6	1 302.9

⑦经营费用预算。经营费用包括销售费用、管理费用、研发费用等。销售费用主要是销售部门发生的费用，研发费用主要出自研发部门，管理费用主要是财务部门、人事部门、行政部门等管理部门发生的费用。这些费用预算要按具体的费用科目进行编制，如工资、差旅费、办公费、交际招待费、折旧等。经营费用预算见表 2-13。

表 2-13　经营费用预算表　　　　（单位：万元）

项目	4 月	5 月	6 月
变动销售费用	40	100	60
固定销售费用	200	200	200
销售费用合计	240	300	260
变动管理费用	0	0	0
固定管理费用	100	100	100
固定研发费用	400	400	400
经营费用合计	740	800	760

⑧损益表预算。损益表预算有完全成本法和变动成本法两种形式。按照完全成本法编制的损益表是传统损益表，是法律要求对外披露的格式。而现在许多企业一般都编制变动成本法下的预算损益表，为内部管理使用。关于完全成本法和变动成本法的定义和区别在第4章讲解。完全成本法损益表预算和变动成本法损益表预算见表2-14和表2-15。简单起见，假设变动销售成本为完全成本法的销售成本的90%。

表2-14　完全成本法损益表预算　　（单位：万元）

项目	4月	5月	6月
销售收入	2 000.0	5 000.0	3 000.0
减：销售成本	875.6	2 153.6	1 302.9
毛利润	1 124.4	2 846.4	1 697.1
减：销售及管理费用	340.0	400.0	360.0
减：研发费用	400.0	400.0	400.0
息税前利润	384.4	2 046.4	937.1

表2-15　变动成本法损益表预算　　（单位：万元）

项目	4月	5月	6月
销售收入	2 000.0	5 000.0	3 000.0
减：变动销售成本	788.0	1 938.2	1 172.6
减：变动销售及管理费用	40.0	1 00.0	60.0
边际贡献	1 172.0	2 961.8	1 767.4
减：固定制造费用	70.0	70.0	70.0
减：固定销售及管理费用	300.0	300.0	300.0
减：固定研发费用	40.0	400.0	400.0
息税前利润	402.0	2 191.8	997.4

经营预算编制完后，企业需要编制财务预算，即资本支出预算、现金预算、资产负债表预算、现金流量表预算，确定资产、资本需求。由于财务预算编制相对简单，不再赘述。

（2）永续盘存制。永续盘存制法是先确定单位产品生产成本，即标准成本，然后销量乘以单位产品成本计算出销售成本，从而编制出损益表。

永续盘存制和定期盘存制方法的主要区别是对销售成本、直接材料耗用和完工产品成本的计算，其他都一样。实际工作中一般使用永续盘存制法编制预算，很少使用定期盘存制。

2.2.4 财务预算分析

1. 财务预算分析的关键指标

预算财务报表预算编制完后，企业应提炼关键财务指标进行分析。常见的财务分析指标及其计算公式有：

流动比率 = 流动资产/流动负债

速动比率 = (流动资产 - 存货 - 待摊费用)/流动负债

资产负债率 = 总负债/总资产

利息保证倍数 = 息税前利润/利息费用

资产回报率 = 净利润/平均总资产

式中，平均总资产 = (年初总资产余额 + 年末总资余额产)/2。

权益回报率 = 净利润/平均普通股东权益

式中，平均普通股权益 = (年初权益余额 + 年末权益余额)/2。

毛利率 = 毛利/销售收入

运营利润率 = 运营利润/销售收入

净利润率 = 净利润/销售收入

2. 敏感性分析

预算编制完后，企业应该进行敏感性分析。敏感性分析的主要步骤：①确定影响预算的主要变量，比如售价、单位产品成本、销量、销售费用、管理费用等。②计算变量变动对预算额的影响，如售价降低 10% 损益表结果会怎样、若销量下降 10% 损益表结果会怎样等。③确定容易引起预算结果发生较大变动的变量，即敏感变量。④预测敏感变量发生的概率，评估企业实现预算目标的风险。假如售价是敏感变量，若预测其下行变化的概率大，则表明企业实现预算目标风险也大。⑤评估是否应修改预算。如果无法修改，则企业应制订应对措施。

敏感性分析的优点：管理层容易做出评估和判断；容易确定影响预算成功的因素并加以跟踪。

敏感性分析的缺点：假设每个参数的变化是独立的，即其变动不影响其他参数。这实际上不太可能，如原材料价格提高，很可能公司销售价格也会提高。

第 3 章　财：资本运营

3.1 公司理财概述

企业运营分为资本运营和日常运营。

公司的根本目标是投资者财富最大化，即运营现金流最大化，而非公司利润最大化。

$$运营现金流 = 净利润 \pm \begin{matrix}影响现金的\\收益和费用\end{matrix} + \begin{matrix}非人为融资的\\流动负债增加额\end{matrix} - \begin{matrix}非现金流动\\资产增加额\end{matrix}$$

运营现金流（公司财富）有两大来源：一是日常运营带来的利润；二是公司理财带来的财富。企业须同时重视日常运营和资本运营，不可偏废。

公司理财是对融资、短期投资及长期投资的管理，即对资产负债表的管理。

3.1.1 财务部门的组织结构

现代企业的财务部门的组织结构一般划分为：

（1）会计部。负责人为会计总监，工作人员分为财务会计和成本会计。财务会计又可分为总账会计、明细账会计、税务会计等。成本会计负责成本核算及控制。

（2）财务管理部。负责人为财务总监，负责对资产负债的管理。财务管理部下设如下部门：①现金管理部，职责是通过对现金、有价证券的管理，实现收益最大化。②运营资本管理部，职责是通过对应收账款、存货及应付账款的管理，实现运营资本最优化。③投资管理部，职责是通过对长期投资收益及风险的管理，实现长期投资最优化。④融资部，职责是通过股票、债券、银行借款等手段，在风险可控的前提下实现融资成本最小化及资金及时到位。⑤投资者关系管理部，职责是处理公司与投资者的关系。

（3）预算计划部。其职责是制订预算。

（4）内部控制部。其职责是开展内部控制建设。

（5）企业经营分析部。其职责是定期进行财务及经营分析。

规模较小的公司可适当合并相关职能。

3.1.2 公司理财十大定律

（1）风险和回报对等。增加风险相应地要增加回报，否则不会去冒险。

（2）货币的时间价值。今天的 1 元钱比将来的 1 元钱更值钱。因为早收钱可早投资赚取回报。制订超过 1 年的投资决策要特别考虑此定律。

（3）现金为王。现金比利润更有意义，因为现金可以用来投资，而利润只是个数字。不少企业利润不错，却因现金流断裂而出现了财务危机甚至倒闭。

（4）差额现金流是决策的重要依据。项目投资决策是比较选择与放弃项目所额外产生的现金流。

（5）很难发现特别赚钱的项目。当一个项目很赚钱时，会吸引其他企业涌入。企业需要不断寻找新市场，采取产品差异化、低成本等策略，提高市场竞争力。

（6）市场永远是对的。有效市场假说认为，股票价格会迅速反映市场的所有相关信息。资本市场一般分为强有效市场、半强有效市场和弱有效市场 3 种形式。

（7）关注委托代理问题。由于公司的管理者和所有者经常是分开的，因此管理者需要被监督，可以通过期权、奖金等方式使管理者和所有者利益一致。

（8）税收影响商业决定。很多情况下税收都是企业考虑的重要因素。

（9）风险性质需要区分。有些风险可以分散而有些风险无法分散。对于可分散风险，企业要通过多元化经营及资产组合等措施做好分散风险工作；对于不可分散的风险，企业应尽可能加以规避。

（10）要注重职业操守。市场竞争日趋激烈，企业若没有很好的职业道德规范，会很难在竞争中立足。

3.2 融资

3.2.1 融资概述

企业的资产都需要通过融资来支持。融资包括股东投资、未分配利润、负债及租赁等。

按照期限长短，融资分为长期融资和短期融资。长期融资包括长期负债、优先股、普通股、租赁等。短期融资包括人为的短期融资和自然融资。人为的短期融资来源有短期银行贷款、商业票据等。自然融资即日常经营自然产生的短期负债，如应付账款、预提费用等。

1. 对冲法融资

对冲法融资也称到期日配比法融资。每项资产都有一种与其到期日大致相同的融资工具：短期的流动资产通过短期负债融资；长期性流动资产和固定资产通过长期负债或权益资本融资。资产类型与融资方式的对应关系见表 3-1。

表 3-1 资产与融资类型的对应关系

资产类型	融资方式	风险和收益特征
短期/临时性资产	短期融资	适度风险和适度获利能力
	长期融资	低风险和低获利能力
长期/永久性资产	短期融资	高风险和高获利能力
	长期融资	适度风险和适度获利能力

2. 金融市场

金融市场是将有富余钱的人与缺钱的人连接起来，有富余钱的人可以通过投资获取回报，而缺钱的人得到钱后可以完成事业。金融中介机构包括商业银行、保险公司、养老金公司、基金公司、投资银行等。

金融市场分为资本市场和货币市场。资本市场是指到期日在 1 年以上的证券的交易市场，如长期债券、权益类证券等；货币市场是指到期日在

1 年及以下的证券的交易市场，如商业票据、中央银行票据等。

投资银行，简称投行，是指主要从事证券发行与承销、并购与企业重组顾问、投资分析等业务的非银行金融机构。企业在首次公开招股或增发股票时，投行会为其提供相关建议，帮助企业进行注册登记、股票定价、股票承销等。

投行的证券承销业务分包销和代销两种。包销是指投行购买发行公司所有新发行的股票，然后向投资者销售，承销商是否能将股票全部销售出去和发行公司没有关系。在包销方式下，股票发行公司可以较快地完成融资，但股票价格一般较低。代销是指投行只是代理发行公司进行推销，收取一定的代销费用，并不承诺会将股票全部销售出去。在代销方式下，股票发行公司完成融资的速度较慢，但不像包销那样股票发行价格较低。如果股票发行数量大，那么不同的承销商经常会联合起来，这时投行会分为主承销商和其他分销商。

3. 公募与私募

公募是公开向社会大众募集资金。私募是指向机构投资者或资金充裕的个人等少数投资者募集资金。不满足上市条件的中小企业会选择私募。私募综合成本较低。

公募的优点：资金募集范围广、金额大；股票初次公募后可申请上市，从而建立稳定的融资渠道，融资潜力大；可扩大公司的影响力；公募证券流通性好；资金使用成本相对于私募较低；募集资金用途相对于私募受投资者限制小。

公募的缺点：发行成本较高；融资速度慢，程序复杂；融资门槛高，小公司受限；容易暴露公司机密。

私募的优点：融资速度快，相对公募手续简单；融资成本低；融资条件灵活，资金供需双方可以协商相关条款；操作较保密，可更好地维护商业机密。

私募的缺点：募集资金有限；因投资者要求的回报率高，资金使用成本较高；资金使用限制条件较多。

私募股权投资（PE）包括风险投资（VC）和一般私募股权投资。风险投资是指投资有潜力的小企业，并帮助其改进经营，等企业上市增值后套现。私募股权投资是指投资成熟企业，投资后帮助其改进经营，然后考虑退出机制，从而达到获利目的。

3.2.2 长期权益类融资

权益类融资包括外部融资和内部融资。对于上市公司，外部融资工具包括普通股、优先股、优先认股权、认股权证、可转换优先股等；对于非上市公司，主要是指投资者投入的注册资本。内部融资来自于企业没有分配给股东的利润，即留存收益。内部资金不会产生融资成本。

1. 上市

上市指公司在一级市场发行股票。一级市场是指投资者购买公司新发行证券的市场。二级市场是指投资者买卖已发行证券的市场。新发行股票包括首次公开发行（IPO）和股票增发。

拟上市企业需先编制注册登记表并提交证监会审核批准。注册登记表的主要内容有公司的经营业务及特点介绍、证券的关键说明、最近被审计过的财务报表、管理层信息等。

企业上市的优点：增加融资渠道，可筹集更多资金；增加公司股份的流动性；可提高企业知名度；可引进优秀的战略投资者，帮助企业改善运营和管理；会更快地增加投资者财富。

企业上市的缺点：信息披露成本高；竞争对手可以查阅公司的经营数据；来自股东的压力大；财富会被别人分享；公司所有者可能会对公司失去控制；增加被恶意收购的风险。

2. 普通股

普通股是代表公司最终所有权的有价证券。普通股股东是公司的所有者，其承担的责任以股票面值为限，面值股本不能进行分红。在公司清算时，普通股股东在公司全部清偿债权人与优先股股东之后，才享有对公司剩余资产的追索权。普通股股票没有到期日，但持有者可以在二级市场买卖。

普通股股东的权利：①投票权。普通股股东有权对公司重大事项进行投票，如选举公司董事会等，也可以授权别人投票。②收益权。普通股股东有权享受普通股股利。注意，只有公司决定发放普通股股利时，普通股股东才可以享受收益权。③剩余资产分配权。如果公司进入清算程序，在清偿完所有债权人及优先股股东等之后，普通股股东有权获取剩余的资产。

$$公司市值 = 每股市价 \times 流通普通股数量$$

公司市值经常被用来进行市场排名。市值高的公司会定期发放股利，投资风险相对较低。而市值较小的公司发展机会大，但风险也大。

普通股类别：①蓝筹股，指大型且系统盈利强的公司的股票。②成长股，指有强劲的增长潜力、增长速度快的公司的股票。③周期性股票，指利润依赖于宏观经济状况的公司（如高科技公司）的股票。④防御型股票，指股价相对稳定、不易受宏观经济状况影响的公司（如农业、食品公司）的股票。⑤价值型股票，指相对公司业绩指标而言股价较便宜的股票。⑥收入型股票，指业绩一贯表现不错、稳定发放股利的公司的股票。⑦投机性股票，指还未证明其真正价值、风险较大的公司的股票。

3. 优先股

优先股是指有固定股利的股票，它是介于债券和普通股之间的一种证券。

优先股和债券的相似点：没有投票权；每年有固定的股息；在清算时其对剩余资产的索取权优先于普通股股东；其股息发放优先于普通股；可赎回，可转换。

优先股与普通股相似点：在公司财务困难期无须支付股利；在所得税之后利润支付股利，股利不能抵税；在清算时，在清偿了债权人之后才能分配剩余资产。

优先股的类别：①累积股利优先股和非累积股利优先股。累积优先股是指当年未支付的股利可以结转到下一年。如果公司根本不打算向普通股股东支付股利，那么它也就没有必要付清优先股的积欠股利，但公司若要发放普通股股利，则必须先发放累积的优先股股利。非累积优先股指当年如果没发股利，以后也不会累积本年股利再发放。②可赎回优先股。指公司可以根据情况回购的股票，赋予了企业财务上的灵活性。③可转换优先股。根据持有人的选择，优先股可转换为普通股。

4. 股票估值

股票估值有公允价值法、相对估值法、账面价值法、市场价值法及清算价值法等。股票估值在股票发行、股票买卖及公司并购等情况下经常使用。

(1) 公允价值法。公允价值法即折现法，即股票的价格是根据该公司未来产生的现金流折现得到。

$$\text{固定增长股利的普通股股票价格} = \text{下一期普通股股利}/(\text{要求回报率} - \text{股利增长率})$$

非固定增长股利是指 1—T 年的股利增长率与 T 年之后的股利增长率不同。这种情况下股价计算如下：

第一步：计算 1—T 年股利的现值 P_A。

$$P_A = \frac{C}{R - g_1}\left[1 - \frac{(1 + g_1)^T}{(1 + R)^T}\right]$$

式中，C 是第一年要发放的股利；R 是要求回报率；g_1 是 1—T 年的股利增长率。

若 T 较小，比如只有两三年，则分别计算每年的股利，将每年的股利折现后相加得到 P_A。

第二步：T 年后的折现值 P_B 计算公式为

$$P_B = \frac{\dfrac{Div_{T+1}}{R - g_2}}{(1 + R)^T}$$

式中，Div 是股利；g_2 为 T 年后的股利增长率。

第三步：计算总折现值 P。

$$P = P_A + P_B$$

例 3-1 某公司刚支付了普通股股利 2 元/股，未来 3 年股利预计每年增长 8%，3 年后每年增长 4%，市场要求回报率为 12%。计算该股票的价格 P。

第一种方法，利用上述三步骤公式：

$$P=\frac{2\times1.08}{0.12-0.08}\times\left[1-\frac{1.08^3}{1.12^3}\right]+\frac{\frac{2\times1.08^3\times1.04}{0.12-0.04}}{1.12^3}=5.58+23.31$$

$=28.89$（元）

第二种方法，用1—3年每年的股利折现然后相加：

$P_A=2\times1.08\times0.8929+2\times1.08\times1.08\times0.7972+2\times1.08\times1.08\times1.08\times0.7118=5.58$（元）

$$P_B=\frac{\frac{2\times1.08^3\times1.04}{0.12-0.04}}{1.12^3}=23.31\text{（元）}$$

$P=5.58+23.31=28.89$（元）

例 3-2 某公司5年内不发股利，5年以后股利增长率为8%，市场要求回报率为12%，预计6年末公司将按每股2元发放股利，计算目前可接受的股票价格。

这是一典型的不规则股利的股价计算题型，分两个阶段。第一阶段股利是0，第二阶段开始发放股利并有一个恒定的增长率。第一阶段股利是0，因此现值也为0。第二阶段需要计算第5年末的股价，然后折到零年。第5年末的股票价格为2/(12%－8%)=50（元）。将其折现到零年，则现值为50×0.5674=28.37（元），其中0.5674是折现系数。

优先股的股价计算比较简单，公式为

优先股股价＝规定的优先股股利/市场要求回报率

（2）相对估值法。

1）相对估值法的具体步骤：①寻找一个影响企业股价的关键变量(市场倍数)，如市盈率、市净率、市销率等，其中市盈率最常用。②寻找一个可比企业，获取其关键变量值；也可选择几个可比企业，列出变量的最低值和最高值。③利用市场倍数值求得每股市价。计算时，根据目标企业和可比企业风险的差异，调整可比企业的市场倍数指标从而反映目标企业的风险状况。确定目标企业的每股市价后，用其乘以目标企业的股票数量则可计算出目标企业的整体估值。注意，目标企业的相关财务数据应该是一段时期的财务报告的平均数而且要剔除非正常收入和支出。

2）市盈率法。市盈率（P/E）是股票估值最常用的市场倍数，因为盈利能力是决定股票价值的重要因素。

$$市盈率 = 每股市价/每股收益$$

$$目标公司的股价 = 目标公司的每股收益 \times 可比公司的市盈率$$

市盈率分为历史市盈率与预期市盈率。历史市盈率为每股市价除以其最近 12 个月的每股收益。预期市盈率为每股市价除以其后 12 个月的预计每股收益。

例 3-3 假设 F 公司现在有 1 000 万股流通股票，其可比公司 M 上年的每股收益（EPS）为 1 元，预计未来 12 个月的每股收益为 1.1 元，每股市价为 12 元，则历史市盈率为 12/1 = 12，预期市盈率为 12/1.1 = 10.9。若 F 公司选择历史市盈率，而其正常的每股收益为 0.5 元，则 F 公司每股股票的估值为 0.5 × 12 = 6（元），F 公司的整体估值为 1 000 × 6 = 6 000（万元）。

市盈率法的优点：在投资界很常用；研究表明，不同市盈率和股票的长期平均回报之间存在重大关联。

市盈率法的缺点：如果利润是负数，则市盈率法就不再适用；利润若经常变化，会使对市盈率的解读很困难；不同的会计处理方法会使利润不同。

3）市净率法。

$$市净率 = 每股市价/每股账面净资产$$

$$\begin{matrix}目标公司的\\每股市价\end{matrix} = \begin{matrix}目标公司的\\每股账面净资产\end{matrix} \times \begin{matrix}可比公司的\\市净率\end{matrix}$$

例 3-4 F 公司现有 1 000 万股流通股，可比公司 M 公司的市净率为 3.9，每股账面净资产为 1.4 元，则 F 公司每股股票的估值为 1.4 × 3.9 = 5.46（元），F 公司整体的估值为 1 000 × 5.46 = 5 460（万元）。

市净率法的优点：账面净资产比每股收益率更稳定，在每股收益率变化大时市净率法比市盈率法好；市净率法可用来评估将要进行清算的公司的价值。

市净率法的缺点：账面净资产忽略了客户的商誉、人力资本等非实物资产的价值；技术变革和通胀等原因可能会使得资产的账面价值和市场价值相差很大；如果公司间的资本结构不同造成净资产有较大差异，会导致每股净资产的不可比，影响股价估值的有效性；不同的会计方法会影响利润和净资产，从而影响估值。

账面净资产对于持有大部分流动资产的公司（如保险公司、银行等）来说，会更好地反映其净资产额，这是因为流动资产的账面价值和公允价值差异较小。

4）市销率法。

市销率 = 每股市价/每股销售收入

目标公司的每股市价 = 目标公司的每股销售收入 × 可比公司的市销率

例 3-5 假设F公司现在有1 000万股流通股票，可比公司M公司市销率为0.58，F公司正常每股销售收入是10.2元，则F公司的每股股票估值为10.2 × 0.58 = 5.92（元），F公司整体的估值为1 000 × 5.92 = 5 920（万元）。

市销率法的优点：销售收入比每股收益和账面净资产更可靠，因为销售收入的确认方法相对客观；市销率对于那些没有利润或利润为负的企业更有用。

市销率法的缺点：高销售收入并不一定意味着利润和现金流也多；销售收入和企业股票市价的关系不如利润直接。

5）相对估值法的优缺点。通过市盈率、市净率和市销率法的分别计算，可确定例3-5中F公司的股价估值为5.46～6元，公司的整体估值为0.546亿～0.6亿元。

相对估值法的优点：相对现金流折现法操作更简单；明确了企业每股收益、销售收入、净资产值等关键指标和企业整体价值的关系；同类企业比较可让企业更了解其他企业的运作。

相对估值法的缺点：可比企业不一定好找；计算的是相对价值而非企业的内在价值。

（3）其他股票估价方法：①会计估价法，又称账面价值调整法，是将账面净资产调整为公允价值，然后再加商誉，从而得出企业价值，最终定价取决于买卖双方的协商。②清算价值法，指假设企业要清算变卖资产从而计算其清算价值。此方法只适合运转有严重问题的企业。

实际工作中，股票估值一般联合使用以上多种方法。

5. 股利发放

普通股的股利发放是不受法律约束的，法律并不硬性规定企业必须发放股利及其具体金额。

（1）股利的形式：①现金股利，指以现金形式发放股利。现金股利经常是按季度发放。②股票股利，指以股票形式发放股利。发放股票股利后，流通在外的股票数量会增多。比方说配股比率为10%，发放后股票数量＝发放前股票数量×（1＋10%）。企业发放股票股利一般是为一些好项目保留现金，同时也起到给予股东回报的作用。股票股利不用缴税。股票股利不会影响所有者权益总额，只是权益结构的调整。③财产股利，指企业为了保存现金及保持分红的连续性，将财产作为股利分给股东，如固定资产、存货等。④清算股利，指股利超过了留存收益的余额，因此被迫减少资本公积。这种股利意味着资本的退回，而不是资本回报。清算股利不用缴税。公司的股本面值不能用来分红。

（2）影响股利政策的因素：①股利的稳定性。一般企业都希望保持较稳定的股利发放。如果企业实现利润不稳定，往往会在好的年份和不好的年份均衡发放股利。②企业发展状况。一般企业在快速增长时，不会发太多股利，因为企业发展需要资金。③债务协议的限制。很多债券契约会限制股利的发放。④法律限制，如股票面值的股本不能用于分红。⑤税务影响。股利和股票出售所得的缴税额一般不一样。⑥流动性状况。有留存收益但缺乏现金的企业就无法分发股利。⑦通胀因素。如果通胀率高，企业可能会将留存收益再投资，避免股利在股东手里迅速贬值。⑧借债能力。如果企业借债能力不足，会对留存收益进行再投资而不是分红。⑨破产因素。企业如果破产就不能分红。

（3）股利政策的基本类型：①固定股利政策。无论经营效果如何，企业都保持相对固定的股利发放。只有当企业发展较好且确定能在未来一段时间内维持较高的股利时，公司才会提高股利，并继续维持平稳的股利发放态势。②低股利加额外股利政策。企业平常保持稳定的低股利发放，发展好时会额外派发股利。③剩余股利政策。企业将留存收益在优先满足高回报的投资项目之后，才考虑股利发放额。这种股利政策有两个优点：一是可以利用低成本的内部融资来发展企业；二是资本利得机会多。其缺点是股利会较少或很不稳定。④固定股利支付比率政策。对税后利润按固定比例提取支付股利，股利金额随当期利润波动。这种股利政策容易给投资者造成公司经营不稳定、投资风险大的印象。

企业一般以稳定股利金额政策与低股利加额外股利政策为主，适当结合剩余股利政策和固定股利支付比率政策。

6. 股票分割

股票分割又称股票拆分，是指股票数量按照规定的比例增加。假设原来的股票数量是 100 万股，若股票分割比例为 2∶1，股票分割后就变为 200 万股。

股票分割会同时增加已批准的股票数量、已发行的股票数量、库存股股票数量和流通的股票数量。股票分割后其价格通常会降低。例如，股票分割比例为 2∶1，股票价格一般也随之减半，但因为股票数量翻倍，因此股票的整体市值是一样的。股票分割后，公司的资本结构、股东权益总额都保持不变，而且对税务没有影响。

公司进行股票分割的好处：①在股票价格太高时，降低股票的价格，可使股票价格更有吸引力，以刺激股票交易量。股票价格太高时，投资者一般不太愿意购买此类股票，一方面是因为支出太大，另一方面认为股票价格已经没有升值空间。②股票分割后，虽然整体市值不变，但股票价格上升可能性增加，投资者可以获利。

股票的反向分割又称并股。反向分割是减少股票数量而提高股票价格。若原来的股票数量为 100 万股，反向分割比例为 1∶2，则股票数量由原来的 100 万股变为 50 万股。在股票价格非常低的情况下，通过反向分割提高股票价格可以增强股票的吸引力。股价过低，被认为是公司的竞争力不够。股票反向分割也可能是为了满足股票市场要求的最低股价。股票反向分割对税务没有影响。

7. 股票回购

股票回购会形成企业的库存股。股票回购的目的：为实施员工持股计划、发行可转换证券，及通过置换股票为收购别的公司提供股票；减少流通在外的股票数量，使股票快速升值而抵御被恶意收购；当股票估值偏低时赚取回报；减少权益对负债的比例；暂时活跃市场，提高投资者对股票的信心；回购股票后，每股收益率随之提高，股票会升值，出售股票会有额外收益，这相当于额外发放了现金股利。

8. 证券市场效率

市场效率理论将证券市场分为强有效市场、半强有效市场和弱有效市场。

强有效市场是指股票的市场价格反映了市场的所有相关信息，无论是公开信息还是内部信息。在强有效市场上，股票都以公允价值交易，投资者无法购买到估值低的股票，也无法以高于公允价值的价格出售股票。股票回报是公司未来现金流的折现。

半强有效市场是指投资者可以迅速知晓过去股票交易的信息和所有公开的信息，因此持有内幕交易信息有可能获利。

弱有效市场是指投资者可以迅速知晓过去的股票交易信息。

3.2.3 长期债务融资

长期债务融资的主要形式是发行债券。债券是借款方向个人以及机构发行的一种债务类票据，到期日在 1 年以后，发行方定期向债券持有人支付利息，到期归还本金。

按发行方的不同，债券一般可分为：①公司债券。它由公司发行，用以支持公司运营及其他活动。②政府债券。它由国家信用担保，用以支持政府运营、为国债支付利息等。③国际债券。它同时在几个国家上市，通常由国际银行分支机构和券商发行。

1. 债券契约

债券契约又称信托契约，指债券发行方与债券持有人签订的法律文件。债券契约包含面值、票面利息、发行日、到期日、付息日等信息。票面利率和市场利率一般都是指年利率。

债券契约还包含如下条款：①约束性保护条款。大部分公司债券都包含偿债基金条款，要求公司定期向受托人支付偿债基金，以确保到期偿还本金。公司债券还可能有保护性契约，以限制企业的某些行为。保护性契约分为两类。一类是消极保护条款，它限制或禁止公司的一些行为，如不抵押资产、分红、债务融资额、出售资产及兼并等；另一类是积极保护条款，规定公司应承担哪些义务，如定期支付利息与本金、保持一定的负债率、维护好抵押资产的状况等。如果债券发行方不能遵守积极保护条款，会导致债券发行方违约。②赎回条款。即债券发行企业可以在债券到期之前回购债券。赎回条款赋予公司融资灵活性。如果利率大幅下降，企业可以赎回旧债券，并以更低的成本再筹资，而不必等到最后的到期日再重新筹资。③可转换条款。可转换债券是一种可让债券持有者把债券转换成固定数量的普通股股票的期权。④界定违约条件条款。⑤次级信用条款。次级信用条款是指债券持有人对公司清算资产的索取权低于其他优先级债权，但仍排在优先股和普通股股东前面。

债券融资的优点：利息费用可以税前抵扣；资金使用成本（利息费用）一般比优先股和普通股低；融资成本（与发行相关的成本）较低且手续简单，融资速度较快；不会丧失股东所有权；成本有限且已知；可赎回债券使企业能够在利息下降时通过收回债券并通过重新发行债券而减少利息支出。

债券融资的缺点：需要按约定的时间还本付息，可能造成现金流问题；发行方必须遵守债券的各种限制条款，如分红限制、公司兼并限制等。

2. 债券的风险类别

债券按风险从低到高排序，分别有抵押债券、信用债券、次级信用债券、收益债券。

抵押债券指以企业资产为担保的债券，风险较低，利率也较低。信用债券即无担保债券，以企业自身信用为基础，其利率一般比担保债券高。次级信用债券对企业清算资产的索取权低于优先级债券，但仍排在优先股和普通股股东前面，其风险比信用债券高。收益债券指企业有足够的利润时才支付利息的债券。

信用评级机构对发行债券的企业或者政府的信用进行评估，确定其信用级别。债券评级的考虑因素有发行方财务目前状况及未来展望、债券有无抵押等。标准普尔、穆迪是全球知名的两家美国债券信用评级机构。标准普尔和穆迪对债券的评级分类见表3-2。

表3-2 标准普尔和穆迪对债券的评级分类

标准普尔	穆迪	特征
AAA AA	Aaa Aa	投资级别债券，偿债能力非常强，违约的可能性非常低
A BBB	A Baa	投资级别债券，偿债能力强，违约风险小，收益较高，适宜投资
BB B CCC	Ba B Caa	风险适中
CC CD	Ca C D	垃圾债券，收益率很高，但违约风险也很大

债券评级越低，违约的风险越大，利率就越高。高级别的债券因其风险低，支付的利率也低；垃圾债券风险高，其利率也高。债券评级是对债券的评级，而不是对发行方的综合评级。在债券的有效期内，评级会根据现实情况进行调整。评级调低意味着未来发行的债券要给投资者更高的利率回报。

3. 债券管理

债券一般由合格的信托机构管理。信托机构的责任：核实债券发行的合法性；保证合同的履行；保证偿债基金和利息支付准确及时；如果债券发行方未能履行义务，负责采取相关行动；代表债券持有人参与法律诉讼；管理债券赎回事项。

债券发行方须支付信托机构信托费用，这些费用包含在债券发行方的融资成本里。

4. 债券利率

债券利率分为固定利率、浮动利率和零利率。绝大部分债券都是固定利率债券。在二级市场上，债券价格与市场利率反向变动，即当市场利率提高时，债券价格下降；当市场利率下降时，债券价格提高。

利率的期限结构是指不同期限资金的收益率和到期期限的关系。一般来讲，到期日越长，债券收益率越高。

5. 债券收益率

（1）债券的当期收益率。当期收益率的计算公式为

$$当期收益率 = 票面利息额/债券的市场价格$$

例 3-6 10 年期债券，年利息为 50 元，若现在债券价格为 1 250 元，则其当期收益率为 50/1 250 = 4%。

（2）债券的到期收益率。到期收益率是指债券从购买日至到期日的实际收益率。其计算方法很像资本预算里对内部回报率（IRR）的计算，即起始购买价（初始现金流出额）等于债券至到期日所产生的现金流（利息和本金）折现时的折现率。

例 3-7 30 年期债券，面值 1 000 元，票面利率为 8%，半年付息，现在卖 1 276. 76 元，则

$$1\,276.76 = 8\%/2 \times 1\,000 \times (P/A,\ r,\ 60) + 1\,000 \times (P/F,\ r,\ 60)$$

借助财务计算器或其他软件，可得到期收益率 r = 3%。

实际上到期收益率就是有效市场利率。到期收益率是债券定价的变异形式。债券发行价是正推，即通过市场利率对未来现金流进行折现计算出发行价，而到期收益率是倒推。

在通胀情形下，债券回报率减去通胀率得出债券的真实回报率。比如债券的回报率是 8%，而通胀率是 3%，则债券的真实回报率为 5%。如债券的回报率是 6%，而通胀率是 9%，则债券的真实回报率为 -3%。

6. 久期

久期又称债券存续期，是用来量化债券的风险。久期越大，债券价格对利率越敏感，债券的风险越大。

（1）麦考利久期。麦考利法仅适用于有固定现金流的债券。麦考利久期的计算步骤：①先计算债券的发行价。将每期现金流（利息或利息加本金）按照市场利率折现，每期现金流的现值之和即为债券的发行价。②用

每期现金流折现值除以市场发行价计算得出权重，将权重乘以现金流发生的期数，然后相加得出久期。

例 3-8 某2年期债券，债券面值100元，票面利率5%，每年付息1次，市场利率6%。计算债券的久期。

根据市场利率6%，得第一期的折现率为0.943，第二期的折现率为0.889，得第一期现金流为100×5%＝5（元），第二期支付的现金流为100×5%＋100＝105（元），因此债券发行价为5×0.943＋105×0.889＝98.06（元）。故久期为（5×0.943/98.06）×1＋(105×0.889/98.06）×2＝0.048＋1.904＝1.95。

如果此例中的债券是每半年付息一次，则重新计算发行价，而且现金流也变成了4期，期数由1、2变为0.5、1、1.5、2。

久期表示债券的平均还款期限，相当于投资债券的实际回收期。久期在0与债券的到期日之间。

（2）修正久期。修正久期表示年利率1%的变动带来债券价格变化的百分比。它既适用于固定现金流的债券，也适用于非固定现金流的债券。

修正久期＝麦考利久期/(1＋市场年利率/年付息次数)

修正久期的计算过程复杂，需使用专业软件。

例 3-9 某2年期债券，债券面值100元，票面利率5%，每年付息一次，市场利率6%，请计算债券的修正久期。

例3-8已计算出债权的久期为1.95，则修正久期为1.95/(1＋6%/1)＝1.84，即市场利率每发生1%的变化，比如从6%降到5%，债券的价格将上升1.84%，增加的金额为98.06×1.84%＝1.8（元）。

久期越大，因利率变化而引起的债券价格变动的幅度就越大。

（3）久期的特点。债券期限越长，久期越大，风险也越大。债券票面利率越大，久期越小，风险越小。市场利率越大，久期越小，风险也越小。零息债券的久期等于该债券的到期期限，带息债券的久期短于债券期限。在实际工作中，债券久期能帮助债券投资者了解债券品种的价格波动风险。

例 3-10 A、B 两个债券都是面值 1 000 元，票面利率 12%，A 还有 3 年到期，B 还有 10 年到期，如果市场利率提升，请选择 A 的价值变化情况：A）比 B 增加得多；B）比 B 增加得少；C）比 B 减少得多；D）比 B 减少得少。

选 D。债券的价值和市场利率变化相反，因此两个债券价值都会减少，只是看哪个减少得多。根据债券久期的规律，到期日越长的债券价其久期越大，其价值变化也越大。

7. 债券估值

债券估值即债券定价。债券是先注册后发行。注册审批需要一段时间，这就可能会出现发行时的市场利率和注册时制订的利率发生变化。如果票面利率和发行时的市场利率有区别，发行价则和债券的面值会有区别。

债券发行价 = 每期利息的折现值 + 债券面值的折现值

市场利率也叫投资者要求的回报率。发行方发行债券时确定的市场利率是通过对比市场上同等风险证券的利率而得出。

例 3-11 某公司 2015 年 7 月 1 日发行 800 份债券，面值为 1 000 元，债券期限 10 年，票面利率 6%，每年 7 月 1 日付息，市场利率 8%。债券发行价为 $1\,000 \times 6\% \times 6.7101 + 1\,000 \times 0.4632 = 865.8$（元）。若债券是每半年付息一次，则计算发行价时，市场利率及票面利率都除以 2，而折现期要随之乘以 2，即债券发行价为 $1\,000 \times 3\% \times 13.5903 + 1\,000 \times 0.4564 = 407.7 + 456.4 = 864.1$（元）。

如果票面利率大于市场利率，说明公司给的回报比市场回报多，则债券会溢价发行；若票面利率小于市场利率，说明公司给的回报比市场回报少，则债券会折价发行。

零息债券发行价的计算公式和普通债券一样，但因为利息费用是零，因此发行价等于面值按市场回报率折现的现值。

例 3-12 某公司 2018 年 7 月 1 日发行 800 份零息债券，面值为 1 000 元，债券期 5 年，市场利率 8%，则债券发行价为 $1\,000 \times 0.6806 = 680.6$（元）。

债券价格除了受债券面值、债券期限、票面利率、利息支付周期、市场利率等影响外，还受以下因素影响：①供求关系。如果债券供大于求，则债券价格会下降，反之债券价格会提高。②债券发行公司的信用。发行方信用程度高，其债券的风险小，其价格就高；信用程度低的公司发行的债券价格会较低。一般国债的价格高于金融债券，金融债券的价格高于企业债券。③投机因素。在债券交易中，一些实力雄厚的公司可能会利用手中的资金人为地拉升或打压债券价格，从而引起债券价格变动。④对市场利率的预期。如票面利率6%，发行时市场利率7%，应该折价发行，但预期7%的市场利率已经见顶，宏观经济低迷，市场利率预期很快会跌至5%，则债券价格会出现一定的博弈。

另外，债券的二级市场价格在理论上也遵守现金流折现法则，但具体价格一样受诸多因素的影响。

不规则本金和利息支付的债券估值见例3-13。

例 3-13 债券面值1 000元，票面利率10%，年付利息，10年期。因企业目前在破产重组，支付条件改为前5年不付息，从第6年开始正常付息，第10年支付本金及拖欠的利息，市场利率为16%。问债券现在的价格。

$$\text{债券价格}=\text{第6年开始正常付息的现金流现值}+\text{第10年支付的拖欠的利息及本金的现值}$$

$$=1\,000\times10\%\times3.274\times0.476\,1+(1\,000+1\,000\times10\%\times6.105\,1)\times0.226\,7$$

$$=520.98\text{（元）}$$

式中，3.274利率为16%、5年（第6年至第10年）的利息的年金现值系数；0.476 1是利率为16%、第5年年末的年金现值系数；0.226 7是利率为16%、第10期的复利现值系数。

若拖欠利息按单利计算，则只是简单每年的利息相加，则债券价格为 $1\,000\times10\%\times3.274\times0.4761+(1\,000+1\,000\times10\%\times5)\times0.226\,7=495.93$（元）。

债券估值规律：①债券价格和市场利率呈反方向变化，即市场利率下降，债券价格提高；市场利率上升，债券价格降低。②债券的期限越长，债券价格对市场利率的敏感性越强，即债券价格波动越大，风险也就越大；债券的期限越短，债券价格对市场利率的敏感性越弱，风险也就越小。③债券票面利率越大，债券价格受市场利率变化的影响越小，债券风险越小。④市场利率越大，债券价格受市场利率变化的影响越小，债券风险越小。⑤市场利率变化幅度越大，债券的价格变化的幅度也越大。⑥无论债券溢价发行还是折价发行，到期时价值都会变为面值，最终债券发行方在债券到期时以面值支付投资者本金。⑦在市场利率不变的条件下，若债券折价发行，则在二级市场上债券价格会不断提高，高出部分为前期折价的已摊销额；若债券溢价发行，则二级市场债券价格会不断降低。

8. 可转换债券

（1）含义。可转换债券简称可转债，是指在未来一段时间内持有者可以将债券按最初约定的价格转换为普通股的债券。可转债就是普通债券加可转换成普通股的期权。此处的期权一般被称为认股权证，期权的价值等于可转债价格减去不可转换债券的价格。

例 3-14 *债券面值为 1 000 元，如果没有可转化条件，债券价格为 990 元，可转债的价格为 1 100 元，则期权价值就为二者之差 110 元。*

可转债约定的股票价格按规定不能比可转债发行时的股票价格低，一般会高出 15% ~30%。可转债一般是信用债券。

（2）可转债的优点。因为有潜在的期权好处，一般利率相对普通债券要低。可转债增加了融资的灵活性。如果公司欲发行股票融资，若当时股票发行价较低，可考虑发行可转债。随着股票价格的上涨，一般可转债很快就转换成股票，这样就增加了融资金额。因为转换价格比可转债发行时的股票价格高，因此可转债通常也被称为递延股票融资或递延权益融资。可转债比股票发行成本低。融资速度更快，相对于普通债券更具吸引力，相对于发行股票手续更简单。

（3）可转债的转换溢价。可转债券持有者可以将债券按当初约定的股票价格转换成普通股。转换价格为发行可转换债券时确定的所交换的每股普通股的价格。转换比率即每份可转换证券能转换的普通股的数量，其在债券发行时就已确定。

转换比率 = 债券面值/转换价格

转换价值 = 转换比率 × 普通股市价

普通股市价是指当前的普通股每股市价，而非可转债转换成普通股时的普通股每股市价。转换价值可以在可转债转换成普通股之前的任何时间点计算。

转换溢价 = 可转换债券市价 − 转换价值

转换溢价率 = 转换溢价/转换价值

转换溢价与转换溢价率在判断是否该转换成普通股时具有重要的分析意义。转换溢价如果是负数，暗示投资者将可转债转换成普通股会取得收益，因为股票价值大于“牺牲”的可转债的价值；如果转换溢价是正数，投资者应继续观望。

注意，可转债价格可能会高于债券面值，发生纯债溢价很正常。因此，不能只用目前普通股的市价和转换价格对比来分析转换的可能性，除非可转债的市价等于或小于面值。因为有可能目前股价高于最初发行可转债时规定的转换价格，但整体的转换溢价是正数，那样投资者就不合算了。

例 3-15 可转债面值为 1 000 元，市价为 1 100 元，发行时普通股的股价为 30 元，现在股价为 40 元，约定的可转换价格为 50 元。可转债的转换溢价为 1 100 − 1 000/50 × 40 = 300（元），转换溢价率为 300/800 = 37.5%。此时如果投资者将可转债转换成普通股不会取得溢价收益。

若例 3-15 中的其他条件相同，但现在股价为 60 元，投资者看是否可以将可转债转换成普通股。此时，转换溢价为 1 100 − 1 000/50 × 60 = −100（元），转换溢价率为 −100/800 = −12.5%。此时可转债转换成普通股会合算。

关注转换溢价及转换溢价率的意义：①可转债的价值受转换溢价率影响。转换溢价率越高，越会对可转换债的价值产生不利影响。如目前股票的价格为 20 元，可转债 A 转换价格为 50 元，可转债 B 转换价格为 30 元，可转债 B 的吸引力就更高。②转换溢价或转换溢价率越高，说明可转债价格相对于当前股票价格虚高成分越大，可转债后市的不确定性越大。③转换溢价或转换溢价率越低，投资者将可转债转换成普通股的可能性一般越大。④转换溢价为负值时，无险套利机会大，可转债转换成普通股的可能性就大。

例 3-16 面值为 1 000 元、利率为 9.75% 的可转换债券的转换价格为 43.75 元，1 000/43.75 = 22.86，意味着每份可转换债券可换成 22.86 股普通股。转换时若可转换债券的市值为 900 元，普通股的市价为 50 元，则转换价值为 22.86 × 50 = 1 143（元），转换溢价为 900 − 1 143 = −243（元），转换溢价率为 −243/1 143 = −21.3%。

例 3-17 面值为 1 000 万元、利率为 6% 的可转换债券，每份债券面值为 1 000 元，每份债券可以转换成 30 股普通股，现在债券市价是 1 000 元，每股市价 28 元，则转换溢价率为（1 000 − 1 000/1 000 × 30 × 28）/（1 000/1 000 × 30 × 28）= 19.05%。注意债券价值要用市价。

3.2.4 中期融资

中期融资是指到期期限为 1—10 年的融资。中期融资主要有定期贷款、租赁等。

1. 定期贷款

相对于短期贷款，定期贷款的金额比较大，但比债券及权益类融资金额小。定期贷款提供者一般是保险公司、养老金公司及商业银行等。

定期贷款因为金额较大，贷款提供者为了防控风险，一般要求借款方采取分期等额本息的还款方式，从而避免到到期日一次偿还贷款的风险。等额本息还款期可以是年、季度或月。

假设还款发生在期末，在等额本息还款方式下

$$每期还款额 = 贷款总额/[年还款次数 \times (P/A, r, n)]$$

上式中，r 是贷款利率，n 为还款期数，（P/A，r，n）为年金现值系数。

例 3-18 定期贷款总额为 15 000 万元，年利率为 8%，期限为 5 年，每年等额还款，则每期还款额为 15 000/3.992 5 = 3 757（万元），3.992 5 是利率为 8%、期数为 5 的年金现值系数。每期还款中既包含利息及本金，

利息等于上期期末的贷款余额乘以利率，每期还款额减去利息就是每期要偿还的本金。每期偿还本金及利息的计算见表 3-3。

表 3-3 每期偿还本金及利息费用计算 （单位：万元）

期数	利息费用 a （a = 上期 d × 8%）	偿还本金 b （b = c − a）	每期偿还额 c	期末本金净额 d （本期 d = 上期 d − c）
				15 000
1	1 200	2 557	3 757	12 443
2	995	2 762	3 757	9 681
3	774	2 983	3 757	6 698
4	536	3 221	3 757	3 477
5	278	3 479	3 757	−2①
合计	3 783	15 002①	18 785	

① 数据出入是小数点四舍五入的原因。

从表 3-3 可以看出：利息费用随着贷款余额递减而递减。因为每期等额偿还贷款额不变，所以本金额不断递增。如果还款频率是每月一次，则：月还款额 = 贷款总额/A。A 是年利率/12、周期为 12 的年金现值系数。如果是按季度还款，则 A 为年利率/4、周期为 4 的年金现值系数，以此类推。

$$年金现值系数 = 1/R - 1/[R \times (1+R)^n]$$

其中 R 代表利率，$(1+R)^n$中 n 代表还款次数。如果是按月等额本息还款，则 R = 年利率/12，n = 按年还款的次数 × 12，以此类推。

例 3-19 张某房贷为 80 万元，年利率为 6.5%，20 年还清，请计算每月等额本息还款额。月利率为 6.5%/12 = 0.5417%，还款次数为 20 × 12 = 240（次），年金现值系数为 $1/0.005\,417 - [1/[0.005\,417 \times (1+0.005\,417)^{240}]] = 131.12$，则月还款额为 1 000 000/131.12 = 7 626.6（元）。

定期贷款除一般需要抵押担保外，还可能会规定一系列的约束条件。

2. 租赁

（1）融资租赁与经营租赁。符合以下任意一个条件应被认定为融资租赁：①资产所有权在租赁期末转移给承租方。②租赁协议中有廉价购置权条款。③租赁期不低于资产预估经济寿命期的 75%。④最低租赁费用的现值等于或超过资产公允价值的 90%。

融资租赁是不可撤销合约，如果合约可撤销，就属于经营租赁。融资租赁实质上是一种采购行为，类似于分期付款采购，支付款包含利息和本金。

廉价购置权指在租赁协议中约定承租方可以在租赁期结束时以比资产的预估剩余价值更低廉的价格购置资产。

租赁期等于不可撤销的租赁期加上承租方的续约期。承租方如果想避开融资租赁的界定而签订短期租赁合同是危险的，若租赁期到，出租方将设备收回，承租方就麻烦了。

最低总租赁支付款是指租赁费支出（不包括履约成本）加上保证残值。履约成本是指资产的日常维护费、税金和保险等。保证残值指有的租赁协议规定承租方在协议结束时资产要具有一定市场价值，如果低于此价值，承租方要补齐。

最低总租赁支付款的现值是用利率去折现租赁费。如租赁费每年 65 000元，其中履约成本是 5 000 元，5 年后保证残值是 10 000 元，折现率 12%，5 年期年金现值系数 2.402，5 年期复利现值系数 0.712，则最低总租赁支付款的现值为（65 000 − 5 000）× 2.402 + 10 000 × 0.712 = 151 240（元）。如果资产的现在价值为 160 000 元，此租赁可界定为融资租赁，因为 151 240/160 000 = 94.5% > 90%。折现率选择租赁方和承租方的融资利率较低者。若租赁方的融资利率是 12% 而承租方是 14%，应该用 12%。一般出租方的利率较低，因为出租方在融资方面具有优势。

（2）租赁的优缺点。租赁的优点：经营租赁可避免资产过时、跌价的风险；经营租赁可节省固定资产的审批手续及拥有资产相关的麻烦，如记账、盘点等；经营租赁可实现表外融资；相对于购买而言节省成本；相对于发行债券、贷款等融资形式，融资手续更加简单，融资更快速，融资周期更加灵活，限制较少；相对于购买而言能更好地将资金用于其他用途；能提供全额融资，不像银行贷款要求补充性余额。

租赁的缺点：出租方可能不允许承租方改变租赁资产用途，提前结束租赁可能要面临罚款等；相对于购买而言综合成本偏高；资产可能不是全新的。

（3）租金的确定。先计算租赁资产的回收价值。回收价值 = 资产的公允价值 - 租赁期折旧费的税盾现值 - 租赁期结束时设备市值的现值。该式是针对经营租赁而言，对于融资租赁，出租方不提折旧费。然后计算期望投资回报率的年度税后租金。最后将税后租金税前化，得出税前租金。

税前租金 = 税后租金/(1 - 所得税税率)

例 3-20 M 公司租出一台价值 100 000 元的设备给 P 公司，租期 5 年，每年年初收取租金。该设备预计使用寿命 8 年，5 年后预计市值为 20 000 元。使用直线折旧法，每年年底提取折旧。此设备 8 年后的残值为 10 000 元，M 公司期望投资回报率为 11%，所得税税率为 40%。利率 11%、5 期的年金现值系数为 3.696，利率 11%、5 期的复利现值系数为 0.593。请问 M 公司应该向 P 公司收取的年租金是多少？

此设备每年折旧费为（100 000 - 10 000）/8 = 11 250（元），前 5 年折旧费的税盾现值为 11 250 × 40% × 3.696 = 16 632（元），设备在 5 年后的账面价值为 100 000 - 11 250 × 5 = 43 750（元），5 年后设备残值的税后现金流现值为 20 000 -（20 000 - 43 750）× 40% × 0.593 = 17 493.5（元），则设备回收价值为 100 000 - 16 632 - 17 493.5 = 65 874.5（元）。

假设 M 公司每年的税后的租金为 A。因为是年初支付租金，利率 11%、4 期（即 5 期减 1 期）的年金现值系数为 3.102，根据 A + A × 3.102 = 65 874.5，得 A = 16 059.12 元。如果是年末支付租金，根据 A × 3.696 = 65 874.5（元），得 A = 17 823.19 元。最后，计算的税前租金为 6 059.12/(1 - 40%) = 26 765.2（元）。

如果承租方进行数据倒推，则回收价值为 26 765.2 ×（1 - 40%）+ 26 765.2 ×（1 - 40%）× 3.102 = 65 874.5（元），和出租方一致。

（4）经营租赁决策。采购与租赁及决策需要对比采购成本和租赁成本来进行。采购成本减去租赁成本，差额称为租赁净收益（NAL）。如果 NAL > 0，则租赁；若 NAL < 0，则选择采购。

采购成本包括购置设备的支出及从购买至使设备达到可使用状态所发生的运费、安装费、培训费等。

租赁成本包括显性成本和机会成本。显性成本包括租赁支出减去因租赁可能节省的经营费用，如维修费、财产税、保险费等。机会成本是指相对于采购而言失去的收益，如折旧的税盾、残值收入等。

决策时须采用税后现金流，现金流比利润更客观，但折旧产生的税盾除外，税盾已经考虑了税务影响。决策时也要考虑货币的时间价值。

当设备的使用寿命和租赁期限不一致时，应以租赁期限为基础，租赁期限为企业使用设备的期限。如设备的经济寿命为10年，而企业只需使用6年。若租赁设备，应以6年为基础计算。若采购设备，对设备6年后的处理应有明确的说明。因为企业6年后将卖掉设备，会涉及设备残值的计算，并需对折旧方法及折旧年限有明确提示。

例 3-21 公司正在考虑是购买还是租赁一台设备。设备的经济寿命为8年，公司对其使用期限仅为5年。新设备的价值为15 000 000元。如果采购该设备，折旧期为8年，采用直线法折旧，8年后预计残值为1 000 000元，若5年后将机器出售，预计可售2 100 000元。未来5年内每年可为企业带来税前现金流5 000 000元（不含折旧）。如果采购，每年的经营费用为1 000 000元。如果租赁，每年年末租赁费支出为4 200 000元，公司加权平均资本成本为12%，所得税率为40%。请问公司应该采购还是租赁该设备？

计算现值时，除了最后一年的残值收入，其他现金流（如租赁费、折旧费等）一般采用较低的折现率（税后利率），因为其要么有合同保证，要么根据会计法计算，风险很小，不像残值有那么大的不确定性。税后利率为10%×(1－40%)=6%。残值要用12%去折现。5年、利率为6%的年金现值系数为4.212，5年、利率为12%的复利现值系数为0.567。如果计算采购设备项目的净现值，则要用12%折现，因为其涉及的销售收入、成本、残值等不确定性较大。

$$租赁成本=\begin{matrix}税后租赁\\费的现值\end{matrix}-\begin{matrix}节省的税后\\经营费用的现值\end{matrix}+\begin{matrix}折旧费的\\税盾的现值\end{matrix}+\begin{matrix}设备残值的\\现值\end{matrix}$$

税后租赁费的现值为 4 200 000 ×（1 －40%）×4. 212 = 10 614 240（元），节省的税后经营费用的现值为 1 000 000 ×（1 －40%）×4. 212 = 2 527 200（元），折旧费的税盾的现值为（15 000 000 －1000 000）/8 ×40% ×4. 212 =2 948 400（元），设备残值为 15 000 000 －（15 000 000 －1 000 000）/8 ×5 =6 250 000（元），设备残值的现值为 [2 100 000 －（2 100 000 －6 250 000）×40%] ×0. 567 =2 131 920（元），则租赁成本为 10 614 240 －2 527 200 +2 948 400 + 2 131 920 = 1316 360（元）。租赁净收益 NAL 为 15 000 000 －13 167 360 =1 832 640 >0。采购的成本大于租赁的成本，因此选择租赁。

下述例 3-22 分析期初交纳租赁费的情形。

例 3-22 公司正在考虑是购买还是租赁一台设备。设备的经济寿命为 8 年，公司对该设备的使用期限仅为 5 年。新设备价值为 15 000 000 元。如果采购该设备，折旧期为 8 年，采用直线法折旧，8 年后预计残值为 1 000 000 元，若 5 年后将机器出售，预计可售 2 100 000 元。在未来 5 年每年可为企业带来税前现金流 4 000 000 元（不含折旧）。如果采购，每年的经营费用为 1 000 000 元。如果租赁，每年年初租赁费支出为 3 000 000 元，公司加权平均资本成本是 12%，所得税率是 40%。请问公司应该采购还是租赁该设备？

税后租赁费现值为 3 000 000 ×（1 －40%）+3 000 000 ×（1 －40%）×3. 465 =8 037 000（元），其中 3. 465 是 4 年、利率 6% 的年金现值。此处假设租赁费支付和享受税盾都发生在年初。若年初支付，则：税后租赁费现值 = 税后支付额 + 税后支付额 × 少一期的年金现值。节省的税后经营费用的现值为 1 000 000 ×（1 －40%）×4. 212 =2 527 200（元）。假设经营费用均发生在年末，则折旧费的税盾的现值为（15 000 000 －1000 000）/8 ×40% ×4. 212 =700 000 ×4. 212 =2948 400（元），其中，4. 212 是 5 年、利率 6% 的年金现值系数。设备残值为 15 000 000 －（15 000 000 －1 000 000）/8 ×5 = 6 250 000（元），设备残值的现值为 [2 100 000 －（2 100 000 －6 250 000）×40%] ×0. 567 =3 760 000 ×0. 567 =2 131 920（元），则租赁成本为8 037 000 －2 527 200 +2 948 400 +2 131 920 =10 590 120（元）。租赁净

收益 NAL 为 15 000 000 - 10 590 120 = 4 409 880 > 0。结论是应租赁设备。

假设租赁费的税盾发生在年末，则租赁费支出的计算需将租赁费支出和税盾分别计算，然后减税盾。因为租赁费的税盾在期末发生，因此计算税盾总额时用了 5 年的年金现值，即 4.212，而租赁费是期初支付，因此使用 4 年的年金现值 3.465。

（5）融资租赁决策。严格意义上来讲，融资租赁中的采购与租赁决策和经营租赁不完全一样。其决策计算公式为：

$$\text{采购成本} = \text{设备成本} + \text{经营费用} - \text{折旧费的税盾} - \text{残值}$$

$$\text{融资租赁成本} = \begin{matrix}\text{税前租赁费}\\\text{开支}\end{matrix} - \begin{matrix}\text{利息费用的}\\\text{税盾}\end{matrix} + \text{经营费用} - \begin{matrix}\text{折旧费的}\\\text{税盾}\end{matrix} - \text{残值}$$

$$\text{租赁净收益} = \text{采购成本} - \text{融资租赁成本}$$

融资租赁费用包括租赁负债和利息费用，其中租赁负债不能抵税，利息费用可抵税，租赁负债金额为最低租赁支付额的现值。若此现值超过资产的公允价值，则以资产公允价值入账。如果符合所有权转移或廉价购置权，那么折旧年限用资产的经济寿命，否则用租赁期。残值在租赁期末所有权转移给承租方时发生。

例 3-23 M 公司正在考虑购买还是租赁一台设备，设备价值 15 000 000 元，预计经济使用寿命 5 年，公司计划使用 4 年。采用直线法折旧，不考虑残值。第 4 年年底预计机器可售 2 100 000 元。若采购，采购后每年的经营费用为 1 000 000 元；若租赁，租赁期 4 年，每年年初支付租赁费 3 000 000 元，但每年可节省 1 000 000 元的经营费用，租赁期结束后，租赁方收回设备。设借款利率为 10%，公司加权平均资本成本为 12%，所得税率为 40%。请问此租赁属于经营租赁还是融资租赁？计算租赁净收益。

设备租赁期/设备使用寿命 = 4/5 = 80% > 75%，租赁费用的现值为 3 000 000 + 3 000 000 × 2.487 = 10 461 000（元），2.487 是 3 年、利率为 10% 的年金现值系数。租赁费现值/设备的公允价值 = 1 046 000/15 000 000 = 69.7% < 90%，所以此租赁属于融资租赁。

下面计算租赁净收益。由于租赁期为 4 年，以下按 4 年计算。

首先计算采购成本。

采购成本 = 固定资产支出 + 经营费用 − 折旧费用的税盾 − 残值的现值

固定资产支出为 15 000 000 元；经营费用为 1 000 000 ×（1 − 40%）× 3.465 −（15 000 000/5）×40% ×3.465 = 2 079 000（元），3.465 是 4 年、利率为 6% 的年金现值系数，6% = 10% ×（1 − 40%）；折旧费用的税盾为（15 000 000/5）×40% ×3.465 = 4 158 000（元）；租赁结束时设备的账面价值为 15 000 000 −（15 000 000/5）×4 = 3 000 000（元）；残值的现值为[2 100 000 −（2 100 000 − 3 000 000）×40%] ×0.636 = 1 564 560（元），0.636 是 4 年、利率为 12% 的复利现值系数。最后得采购成本为 11 356 440 元。

下面计算租赁成本。

$$租赁成本 = \begin{matrix}税前租赁费\\的现值\end{matrix} + 经营费用 - \begin{matrix}折旧费用\\的税盾\end{matrix} - \begin{matrix}残值\\的现值\end{matrix}$$

税前租赁费的现值为 3 000 000 + 3 000 000 ×2.673 = 11 019 000（元），其中 2.673 为 3 年、利率为 6% 的年金现值系数；经营费用为 0，因为融资租赁下承租方不会发生修理费等经营费用，这些成本由租赁方负责；折旧费用的税盾为 261 250 ×40% ×3.465 = 3 624 736.5（元），其中 3.465 为 4 期、利率为 6% 的年金现值系数；残值为 0，因为租赁期结束后，租赁方将设备收回。最后得租赁成本为 7 394 263.5 元。

租赁净收益为 11 356 440 − 7 394 263.5 = 3 962 176.5 > 0。因为采购成本比租赁成本更大，因此应选择租赁。

如果不考虑货币的时间价值，融资租赁和经营租赁的计算结果相差无几。

（6）自然决策法。所谓自然决策法，就是顺其自然地考虑决策中的各种因素。针对采购与租赁的自然决策法则具体如下：

$$\begin{matrix}采购\\净支出\end{matrix} = \begin{matrix}采购设备\\支出\end{matrix} - \begin{matrix}设备采购\\后的折旧费\\的税盾\end{matrix} - \begin{matrix}期末设\\备残值\end{matrix} - \begin{matrix}为采购设备\\而融资带来的\\利息费用的税盾\end{matrix} + \begin{matrix}经营\\费用\end{matrix}$$

$$租赁净成本 = 租赁费支出 + 经营费用$$

$$租赁净收益 = 采购净支出 - 采购净支出$$

若采购净支出大于 0，说明采购净成本更大，选择租赁；若采购净支出小于0，则选择采购。自然决策法的决策结果与机会成本法完全一样，但更好理解。

3.2.5 短期融资

短期融资主要包括抵押贷款和无抵押贷款。

1. 抵押贷款

抵押贷款指以资产作为抵押的一种银行贷款形式，抵押物一般为存货、应收账款、固定资产等。抵押贷款包括应收账款抵押贷款、应收账款保理、存货保理等。

（1）应收账款抵押贷款。银行先考察借款企业的应收账款、预期收款及坏账情况，然后以应收账款的一定比例作为贷款额。企业一般会将应收账款直接支付给银行。

（2）应收账款保理。应收账款保理属于一种特殊的抵押贷款。企业将应收账款出售给保理商并立即拿到现金，而不用等应收账款到期。保理是外包公司信用和收款责任的有效途径。

（3）存货保理。公司以特定的存货作为担保，承诺以存货销售收入还贷，银行或保理机构会随时查验存货。此类借款协议被汽车、设备和家庭耐用品经销商广为使用。

2. 无抵押融资

（1）商业信用。商业信用属于自发性融资。只要供应商授予了信用期，就产生了商业信用。最常见的商业信用形式是赊账。

（2）应计费用。应计费用又称预提费用，是指债务已形成，但还未支付现金，比如应付工资、应付税金、应付利息、应付股利等。应计费用也属于自发性融资。

（3）预收账款。预收账款又称未实现收入，是指预收客户一定金额的款项。

（4）无抵押短期银行贷款。此种贷款是基于借款人的良好财务状况及信誉。无抵押短期银行贷款主要有两种形式：①信用额度。它规定企业可以得到银行贷款的最高限额，企业可根据需要提取贷款，不需要的时候可以不提取。利息按实际提取贷款的金额计算，时间一般在 1 年以内。②循环信用额度。指企业归还借款之后，若需要可以再借，银行有可能要求借款者对借款额度中未使用的部分支付承诺费。如循环信用额度是 100 万元，而该年的平均借款是 40 万元，则银行要求对未使用的 60 万元按照 0.5% 支付承诺费 3 000 元。循环信用额度可短期，也可长达 1—5 年。

（5）商业票据。商业票据融资的利率一般低于银行贷款利率，但银行会收取中介费，无须补偿性余额。相对于银行贷款适用范围广，机构和个人都可以直接购买，无须担保抵押。

3. 短期融资工具的融资成本

（1）普通银行贷款。在贷款时得到全额本金，利息在规定付息日支付，本金在到期日一次性支付。

（2）附有补偿性存款余额的银行贷款。银行要求借款者在银行保持所借资金一定比例的存款余额，该余额会减少实际的贷款金额，这会加大公司的融资成本。

$$\text{实际利息费用}=\left[\left(\text{贷款利息费用}-\text{补偿性余额的利息收入}\right)\Big/\text{去除补偿性余额的净贷款额}\right]\times\left(365\Big/\text{贷款天数}\right)$$

有时银行会对授信额度收取授信总额或未使用额度一定比例的承诺费，则

$$\text{实际利息费用}=\left[\left(\text{贷款利息费用}+\text{贷款期间的承诺费}-\text{补偿性余额的利息收入}\right)\Big/\text{去除补偿性余额的净贷款额}\right]\times\left(365\Big/\text{贷款天数}\right)$$

$$\text{贷款利息费用}=\text{贷款总额}\times\text{贷款利率}$$

若企业在补偿性余额之前已经有一部分资金在银行，则上式补偿性余额的利息收入为额外增加的存款部分的利息收入。如果已有存款比要求的补偿性余额还大，则补偿性余额净额为 0。

例 3-24 贷款 100 万元，期限 1 年，贷款年利率为 12%，补偿余额为 15%，存款账户的年利率为 4%，银行现在有 10 万元存款，则实际利率为 [100 × 12% −（100 × 15% − 10）× 4%]/[100 −（100 × 15% − 10）] × 365/365 = 12.42%。

（3）应收账款保理。应收账款保理成本包括佣金和利息费用。佣金也称承购费，由保理商收取，因应收账款金额和质量的不同而不同。应收账款出售给保理商后，保理商会立即支付现金，这相当于保理商给企业的贷款，故保理商需要收取贷款利息。

有些保理商还会向企业收取保证金，若最终没有坏账产生，保证金会退还企业。有些保理商不收取保证金，但贷款额会低于应收账款，这种方式俗称“剪发”。如应收账款金额为800万元，“剪发率”为15%，则保理商贷款额为800×（1－15%）=680（万元）。“剪发”金额也是为了保障保理商的利益，若有些款项收不回来，可一定程度上得到弥补。如果贷款额已经减去了佣金，则：利息费用＝应收账款－佣金－保证金。计息时间为应收账款售卖日至应收账款到期日。

例 3-25 如果出售10 000元的应收账款，承购费率为2%，贷款利率为18%，应收账款到期日在1个月以后，预留保证金为500元，则：利息费用为（10 000－10 000×2%－500）×18%/12＝139.5（元），企业收到的现金为10 000－200－500－139.5＝9 160.5（元）。

若放贷金额并不减去佣金，即佣金单独收取，则：利息费用＝应收账款－保证金。就例3-25而言，利息费用为（10 000－500）×18%/12＝142.5（元）。

可见，企业的保理成本＝佣金＋“剪发费”＋利息费用。若企业因出售应收账款而节省了应收账款的管理费用，此管理费用应从保理成本中扣除。承购费、“剪发费”、利息费等可能因情况不同而变化，可根据实际计算保理成本。

（4）应付账款。一般来讲应付账款的资本成本为0。

3.2.6 资本成本

相对来讲，短期融资的资本成本很低，应付账款等自发性融资没有资本成本，短期人为融资比如商业票据与短期贷款就其期限和利率而言成本都较小，因此一般情况下资本成本是指长期融资成本。

资本成本常用加权平均资本成本（WACC）表达。企业一般是计算边际加权平均资本成本，即未来额外产生的融资成本，而不能使用现在或者过去的融资成本。决策是面对未来的，对已成为事实的现在或者过去进行决策没有任何意义。

企业必须从风险管控的角度建立合理的资本结构，即负债和权益的比例。债务过多容易失控，届时债权人会诉诸法律，从而使企业遭遇财务危机。

影响资本结构的因素有：①税收。债务利息费用可抵税，对公司有利。②风险。如果债务较多，企业倒闭的风险也较大。③公司资产构成。公司的长期资产应用权益类、长期负债类等长期融资来支持，而流动资产用短期融资来支持。④融资成本。融资成本要合理最小化，相对而言债务类的融资成本因有抵税效应而较低。⑤企业前景。一般发展前景好的公司的资产负债率较低。

普通股的资本成本的计算有股利增长模型、资本资产定价模型和历史报酬率 3 种方法。

（1）普通股股利增长模型。股利增长模型适用于企业股利持续增长的情况。

$$普通股资本成本 = 股利收益率 + 股利增长率 = (D_1/P_n) + G$$

式中，D_1为第一期（零期过后的下一期）的股利；P_n为新发行普通股价格，股价要减掉相关的发行成本，如审计费、律师费、抑价损失等；G 为股利增长率。

例 3-26 某公司现在的普通股每股市价为 100 元，该公司计划用普通股融资。公司预计明年的股利为 7 元，且预计保持不变，股票发行费为 5 元/股，发行抑价损失为 3 元/股，则该公司普通股的资本成本为 $7/(100-5-3)+0=7.6\%$。

留存收益资本成本的计算和普通股几乎一样，只是没有发行成本。另外，留存收益计算只用现行股票价格，而不用新发行的股票价格。留存收益虽然没有直接的现金支出，但其成本为机会成本，即因没有分红而使股东丧失了拿股利投资其他项目获取收益的机会。一般来讲，公司进行权益融资时应先考虑留存收益，然后再考虑新发行普通股股价，因为留存收益成本相对较低。

（2）普通股资本资产定价模型。资本资产定价模型（CAPM）可用来计算普通股股票或留存收益的回报率，尤其在股利贴现模型不适用的情形下，比如不发放股利、发放股利不规则等。

资本资产定价模型为

$$R_j = R_f + \beta \times (R_m - R_f)$$

式中，R_j为普通股的预期报酬率；R_f为无风险利率，一般选择国库券的回报率或长期国债的回报率；R_m为整体市场的期望收益率；β 为风险系数；$R_m - R_f$等于市场风险溢价；$\beta \times (R_m - R_f)$ 为股票的风险溢价。

例 3-27 某企业的风险系数β为1.25，市场回报率R_m为14%，无风险利率 R_f为 6%，则该企业的预期回报率 R_j为 $6\% + 1.25 \times (14\% - 6\%) = 16\%$。

当 $\beta > 1$ 时，无风险率 R_f下降会增大预期报酬率 R_j。如果无风险利率下降 N%，则 $R_j = R_f \times (1 - N\%) + \beta \times [R_m - R_f \times (1 - N\%)] = R_f + \beta \times (R_m - R_f) + \beta \times R_f \times N\% - R_f \times N\%$。因为 $\beta > 1$，所以 $\beta \times R_f \times N\% - R_f \times N\% > 0$，因此 R_j会加大。同理，若 $\beta > 1$，若无风险利率 R_f增加，预期回报率 R_j会降低。

当 $\beta < 1$ 时，无风险率 R_f下降会降低预期报酬率 R_j，无风险率 R_f增加会增大预期报酬率 R_j。

资本资产定价模型的假设：影响投资决策的主要因素为期望收益率和风险两项；买卖证券时没有税负及交易成本；在竞争市场里，风险溢价和风险系数成正比关系且仅受风险系数的影响。

资本资产定价模型的优点：很好地诠释了证券风险和证券回报的关系，即风险与回报对等；用来计算投资的要求回报率，即资本成本；资产定价依赖于回报率，而 CAPM 提供了回报率数据。

β 值是对系统性风险的度量。若 $\beta = 0$，则证券的要求回报率等于无风险回报率；若 $\beta = 1$，则证券的要求回报率等于市场整体的回报率。β 值越大，在经济向好时会更大地推动证券的回报率，但在经济非常不好的时候，β 值越大回报率则越小。

一般来讲，在一个较好的投资组合里，非系统风险较小，甚至完全去除，证券的风险绝大多数是系统风险β，因此系统风险更值得重视。

回报率评估的具体规则为：如果通过 CAPM 预测的证券的回报率高于其实际回报率，则说明该证券的回报率被高估了，反之则被低估。

例 3-28 市场无风险报酬率为 6%，市场平均报酬率为 11%，股票 A、股票 B 和股票 C 的实际报酬率分别为 11%，12.5% 和 8.5%，β 值分别为 1、1.2 和 0.86，请问这 3 只股票的回报率是被低估还是高估了？

股票 A 的预计报酬率为 $6\% + 1 \times (11\% - 6\%) = 11\%$，等于实际报酬率 11%。股票 B 的预计报酬率为 $6\% + 1.2 \times (11\% - 6\%) = 12\%$，小于实际报酬率 12.5%。股票 C 的预计报酬率为 $6\% + 0.86 \times (11\% - 6\%) = 10.3\%$，大于实际报酬率 8.5%。因此，A 股票的回报率既不高估也不低估，B 股票的回报率被低估，C 股票的回报率被高估。

证券市场线 SML 是资本资产定价模型 CAPM 的图示形式。SML 描述单个证券或证券组合的期望收益率与由 β 值衡量的系统风险之间线性关系的斜线，又叫特征线，代表市场风险溢价。见图 3-1。

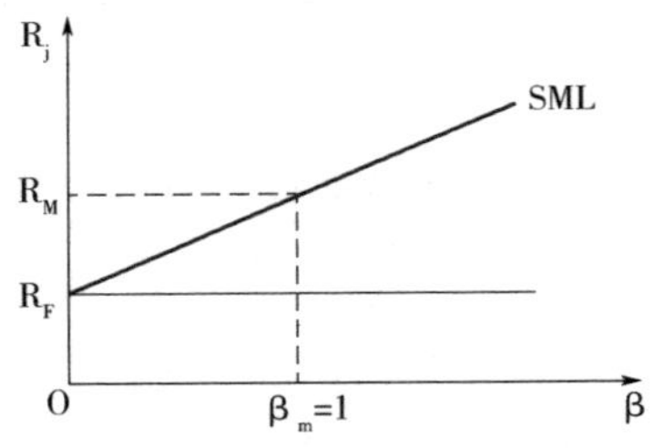

图 3-1　证券市场线

这里假设市场是有效率的，所有正确定价的证券一定都会在 SML 线上。所有 SML 线以上的证券的价值暂时被低估了，但随着时间的推移，随着投资市场上对此证券的需求加大，随着证券价格增长造成证券的回报率下降又回落到 SML 线上。竞争市场证券的风险溢价仅受 β 值影响，且二者呈正比关系。投资者越厌恶风险，SML 线越陡峭，同样的回报率风险更小。

（3）优先股和长期负债的资本成本。

优先股的资本成本 = 优先股股利/优先股发行净收入

$$优先股股利 = 优先股面值 \times 股利率$$

$$优先股发行净收入 = 售价 - 发行成本$$

例 3-29 A公司发行了2 500万元累积优先股。优先股的面值为65元，股利率为6%，股票发行价格为68元，发行成本为4元/股。则A公司优先股的成本为 $(6\% \times 65)/(68-4)=6.09\%$。

$$长期负债的资本成本 = 实际利率 \times (1 - 边际所得税税率)$$

$$债券的实际利率 = (债券面值 \times 票面利率)/债券融资净额$$

$$债券融资净额 = 债券发行价 - 发行成本$$

例 3-30 M公司欲发行面值为1 000元的长期债券，票面利率为12%，合计5 000万元。债券折价销售，每份债券实际发行价为985元，所得税率为40%，则第1年债券的实际利率为 $(1\ 000 \times 12\%/985) \times (1-40\%) = 7.31\%$。

融资的资本成本要用边际概念，而不能用过去实际发生的成本，因此债券的资本成本应该用将来要发生的实际利率，即现在新发行债券的实际利率。

（4）加权平均资本成本。

$$加权平均资本成本 = \sum（每种融资方式的资本成本 \times 权重）$$

权重要按照各融资方式的市值计算，不能用资产负债表上的账面价值。

加权平均资本成本（WACC）最小化是公司融资及建立资本结构的重要目标之一。比较而言，长期融资中长期负债的融资成本是最低的，因为其有税收抵扣。

例 3-31 M公司的资产负债表显示其长期负债为7 000 000元，优先股（100 000股）为1 000 000元，普通股（200 000股）为7 000 000元。债券以面值80%的价格销售，目前收益率为9%。公司的所得税率为40%。优先股是面值发行，股利率为6%。普通股当前股价为40元，明年预计每股支付1.2元的现金股利，股利增长率为10%。计算M公司的加权平均成本。

债券市值为 $7\,000\,000 \times 0.8 = 5\,600\,000$（元），优先股市值为 1 000 000 元，普通股市值为 $200\,000 \times 40 = 8\,000\,000$（元），市值合计 14 600 000 元。债券税后实际利率为 $9\% \times 60\% = 5.4\%$。优先股因为没有发行成本且市价和面值一样，因此，优先股的资本成本为 6%，普通股的资本成本为 $1.2/40 + 10\% = 13\%$。因此 WACC 为 $5.4\% \times 5\,600\,000/14\,600\,000 + 6\% \times 1\,000\,000/14\,600\,000 + 13 \times 8\,000\,000/14\,600\,000 = 9.6\%$。

例 3-32 M 公司目前没有负债，其普通股的 β 值为 0.95。管理层正在考虑将其资本结构调整为 30% 的债权和 70% 的股权，这一调整会引发普通股的 β 值上升至 1.05，公司的税后债券成本为 7.5%，股权的期望回报率为 16%，无风险利率为 6%。M 公司是否应调整其资本结构?

目前的加权资本成本 WACC 为 $0 + 6\% + 0.95 \times (16\% - 6\%) = 15.5\%$，而调整后的加权资本成本为 $7.5\% \times 30\% + [6\% + 1.05 \times (16\% - 6\%)] \times 70\% = 13.8\%$。融资成本最低化是建立资本结构的一个重要考虑，因此应该调整资本结构，因为资本的加权平均成本降低了。

3.3 投资

企业投资主要有流动资产投资和非流动资产投资两大方向。

3.3.1 流动资产投资

现在国际上流行“流动资产投资管理”的说法，而非传统的“流动资产管理”强调投资就要有回报。

1. 运营资本

运营资本 = 流动资产 – 流动负债

运营资本衡量企业的短期偿债能力。运营资本管理主要包括现金管理、有价证券管理、应收账款管理、存货管理、短期负债管理等，其目标是以最小的成本来保持充足的流动性，以偿还即将到期的负债。

运营资本管理的政策可以分为进取型、保守型和温和型 3 种。

（1）进取型运营资本政策。运营资本规模很小，甚至是零或负数，流动比率很低。企业虽有一定的现金流风险，但其资产回报率、投资回报率及利润率会提高，因为此时会节省如存货保管、坏账费用等流动资产相关的成本。

（2）保守型运营资本政策。运营资本规模较大，流动比率较高。企业的短期流动性虽然不错，但会产生很多存货、应收账款等相关费用，由于有较多的存货、应收账款等流动资产占压资金，资金可能会较紧张，对企业的利润率、资产回报率及投资回报率产生不利影响。

（3）温和型运营资本政策。企业尽可能利用对冲法（到期日配比法）寻求流动资产和流动负债的平衡。对冲法是指对每项资产都选择与它的到期日大致相同的融资工具的一种融资方法，如短期流动资产通过短期负债融资，固定资产通过长期负债或权益资本融资。

流动性和获利能力呈反向关系，即流动性越强，流动资产规模越大，由于其会产生相关的成本费用，因而获利能力会越低。流动性和风险也呈反向关系，即流动性越强，流动资产相对于流动负债的比率越大，负债违约的风险会越小。获利能力与风险呈正向关系，即获利能力越强，流动资产相对于流动负债的比率越小，会增加获利能力，但此时风险也越大。

运营资本可以划分为永久性运营资本和临时性运营资本。永久性运营资本是指满足企业长期最低需求的那部分资产，如安全现金库存、最低应收账款、安全库存等。临时性运营资本是指随季节性需求变化而变化的流动资产。

2. 运营周期

$$运营周期 = 存货周转天数 + 应收账款周转天数$$

$$现金周期 = 运营周期 - 应付账款周转天数$$

运营周期体现资金占压在运营资本中的总天数，现金周期体现企业从用现金购买存货到收到现金的总天数。为了缩短现金周期，提高盈利能力，企业可以在合理的范围内加快应收账款回收并延迟支付货款。

例 3-33 A 公司存货平均周转天数为 60 天，平均应付账款周转天数为 60 天，平均应收账款周转天数为 45 天，则运营周期为 60 + 45 = 105

（天），现金周转天数为 105 - 60 = 45（天）。

3. 现金管理

这里的现金是指库存现金与银行存款。企业短期持有现金的理由：现金是交换媒介，可购买企业日常运营所需，如购买存货、差旅费等；持有现金可防范不可预测的支出；进行短期投资赚取收益；满足补偿性余额，当企业贷款时，银行通常要求企业在其账户中保留一定的现金余额。

现金管理的目标：加速现金流入；延缓现金流出；闲置现金最小化；现金流管理成本最小化；与供应商及客户保持良好关系；安全现金库存管理成本最小化；财务相关信息价值最大化。

（1）加速现金流入，即降低收款浮差。收款浮差指从对方付款到企业收到现金为止的时间，包括邮寄浮差、处理浮差、变现浮差（取款浮差）。邮寄浮差指从对方邮寄支票到企业收到支票的时间。处理浮差指企业收到支票到企业存入支票的时间。变现浮差指企业存入支票到银行将款项存入公司账户的时间。

加速现金回流的方法包括设定付款条件、电子银行转账、信用卡转账、锁箱法等。

1）鼓励买方尽快支付货款的付款条件。这里重点讲解现金折扣政策。现金折扣指若客户提前支付货款会给予现金折扣。比如信用条件为“3/10，n/30”，指若客户在 10 天内付款，可享受 3% 的折扣，若 30 天内付款，需全额付款。客户会对比使用现金折扣带来的收益和将钱保留在银行的利息收益，若前者大则会提前付款。具体的计算方法分绝对值法和百分比法。

绝对值法是计算客户提前付款的绝对收益，该收益是指客户提前付款所享受的现金折扣额。

例 3-34 A 公司购买了 M 公司 100 万元的产品，M 公司给 A 公司提供的信用条款为“2/10，n/40”。A 公司的存款利率为 8%。假设一年按 360 天计。A 公司如果提前 30 天付款，可享受 2% 的现金折扣，支付额为 100 ×（1 - 2%）= 98（万元），会节省 2 万元的开支。A 公司若不提前付款，而是将 98 万元资金存在银行 30 天，利息额为 98 × 8% × 30/360 =

6 533（元），显然提前付款好。

百分比法是将客户提前付款的年收益率与不提前付款的年收益率进行比较。客户提前付款所享受折扣的年收益率是客户不提前付款的机会成本。

$$\text{客户提前付款的年收益率} = \text{现金折扣率} \Big/ \left(1 - \text{现金折扣率}\right) \times 360 \Big/ \left(\text{正常信用期天数} - \text{可享受折扣的天数}\right)$$

例3-34 中 A 公司提前付款的年收益率为 2%/(1 − 2%) × 360/(40 − 10) = 24.49% > 8%，因此提前付款的年收益率更高。

例 3-35 M 公司的借款成本为 12%，公司供应商给出的新的信用条款为“2/10, n/40”。公司应该在前 10 天内付款吗？此例相当于企业是否应该借钱去提前支付供应商的货款，属于成本收益分析。享受现金折扣的收益为 2% /(1 − 2%) × 360 /(45 − 10) ≈21% > 12%，故应接受提前付款。

2）电子银行转账。通过银行电子转账的方式支付款项，速度很快，对距离较远的企业尤为有利。

3）信用卡转账。客户刷卡后，银行就立即将相应的款项支付给销售方，货款回收的责任和风险就转移至发卡行。发卡行一般会向销售方收取一定比例的费用。

4）锁箱法。企业将特制的信箱安置在不同地区，方便客户就近支付货款。企业授权银行收取款项后直接将其存入企业的银行账户。采用锁箱法的条件是现金加快回收后所产生的利息要大于银行收取的费用。

例 3-36 某零售企业应收账款回收周期平均为 8 天，通过锁箱法可使回收周期减少至 5 天。该收款系统的年成本为 10 万元，银行日利率为 0.025%。企业每天通过邮箱收到的款项为 1 000 笔，平均每笔金额为 400 元。每年按 365 天计。企业每天收款 400 000 元。由于使用锁箱法收款比原来提前 3 天，每天增加的金额为 400 000 × 3 = 1 200 000（元），每天利息收入为 1 200 000 × 0.025% = 300（元），每年利息收入为 300 × 365 = 109 500（元），净收益为 109 500 − 100 000 = 9 500（元）。方案可行。

例 3-37 某企业每天的交易额为10万元，应收账款回收周期平均为5天，使用锁箱法后收款周期会降至3天，即加快了2天。假设企业本年5月1日开始在某偏远地区开展销售业务。如果不使用锁箱法，则5月1日的10万元销售款只能在5月6日到账，5月2日的销售款在5月7日到账，以此类推。至5月9日，银行账户有40万元存款。如果企业5月1日开始使用锁箱法，5月1日的10万元销售款在5月4日就会到账，5月2日的销售在5月5日到账，以此类推到5月7日时，银行账户就有40万元存款。可见使用锁箱法相对于不使用锁箱法，自5月5日起，银行每天的存款余额都相差20万元。即：使用锁箱法多挣的利息＝回收期减少的天数×每天的款项×年利率。

实际上，其他能缩短款项到账时间的决策方法都和锁箱法一样。

（2）延缓现金支出。如果延期支付款项，企业也会受益，其决策计算方法和锁箱法相同。

例 3-38 B方案比A方案延迟付款2天，假设每天的支付款项为10万元，A方案从5月5日开始每天上午10时付款，5月5日企业的银行存款为1 000万元。对A方案而言，5月5日10时后企业银行存款有990万元，6日10时后有980万元，7日有970万元，8日有960万元，以此类推。对B方案而言，5月5日10时后企业有1 000万元银行存款，6日10时后有1 000万元，7日10时后有990万元，8日10时后有980万元，以此类推。相对于A方案，B方案开始付款当天的存款多20万元，即等于延迟付款天数2天乘以每天付款额10万元。B方案年增加利息收入为10万元/天×2天×年利率。

延缓现金支出的具体方法有零余额账户、通过支票或汇票付款、通过集中付款系统等。

1）零余额账户是银行为企业提供的一种特殊账户，这种账户不需有余额，企业通过支票或汇票付款时，透支金额会立即从企业的主账户上划入，从而恢复为零余额。这种账户一般是收费的。企业经常会有多个零余额账户，可以同时付款，但每天都要清零。一些企业会在多地设办事处，每个办事处都可使用零余额账户，平常不用在这些账户里放钱，大额资金可以集中在一个账户里，便于管理。

2）通过支票或汇票付款。付款方开出支票或汇票，持票方存入银行，银行通过一定时间的结算才可以将钱转到持票人的账户中，中间的时间差叫支票浮差或汇票浮差。

3）集中付款系统。很多企业将分公司的钱集中管理，统一在某地集中进行货款支付，这样付款可能会慢些。

4. 有价证券投资管理

有价证券流动性很高，一般期限在 1 年以内，企业需要现金时能快速地以合理的价格变现。

债券一般不属于有价证券，其期限一般在 1 年以上。股票也不属于有价证券，因为其没有到期日，而且风险大。

企业应保持一定量的现金以满足交易需求，但现金不会产生收益。企业投资有价证券，既可以得到回报，又可以保持流动性。投资有价证券时，安全性和流动性是首要考虑因素，回报率其次。

（1）持有有价证券的目的：①保持流动性。有价证券相当于备用现金，需要时可随时变现。②支付企业未来的确定支出。一些重要的现金支出，如股利、利息、税费等，需要提前准备资金。③获取收益。将自由现金投资于有价证券可获取收益。

（2）选择有价证券考虑的因素：①安全性，它是投资有价证券最基本的考虑。②流动性。证券短期内是否容易在二级市场变现，且变现时有无大的损失，是流动性强弱的标志。③收益性。一般而言，流动性越高的有价证券回报率越低。④到期日。到期日越长，收益率也就越高，但风险也越大。⑤税收。考虑有价证券的利息所得是否免税或减税等。

（3）有价证券的类型：①国库券。由政府信用担保，国家财政部门发行，其利率一般是其他证券的参考基点。国库券是最安全而且流动性最强的货币市场工具，但收益率较低。②回购协议，是购买证券后并在一定时期后可按较高价格再出售给对方的协议。融资者先卖出协议得到一笔资金，一定时期后以更高的价格回购。这相当于一笔有担保的短期贷款。回购协议一般以政府证券为原生证券，被认为是相对安全的投资。政府证券流动性好，最短只有一夜。③银行承兑汇票，由企业发行，由银行承诺在票据到期日向持票人支付票面金额的一种短期商业票据。相比商业票据，银行承总汇票风险小且流动性高，有活跃的二级市场，而且可以贴现。银行承兑汇票经常用于国际贸易。我国目前的银行承兑汇票不带利息，只是一种货款支付的工具，当然对支付方而言是一种免利息的融资工具。④商业票据，一种由企业发行、企业承兑的无担保的短期票据，一般由知名度高、信誉好的大公司发行，发行金额较大，主要由大公司或机构投资者购买，而且一般会持有到期。因为商业票据的二级市场较弱，其回报率也相对较高。商业票据和短期国库券一样是以折价方式出售，到期日一般最多为270天。我国目前的商业票据是不带利息的，只是一种支付工具，相对于银行承兑汇票风险较大。

5. 应收账款管理

（1）赊账的考虑因素：①客户的付款意愿及习惯。②客户的付款能力，即客户的运营现金及其他流动性指标情况。③客户实力，即客户的资产、注册资本等。④客户有无抵押品及抵押品的质量。⑤外部环境。宏观经济形势越不好，信用控制应越收紧；有的行业赊账期普遍较长，但有的行业没有赊账习惯。

（2）信用政策决策。审批信用前，公司需得到真实的客户资料，主要有财务报表、信用评级等。

在实际工作中，对客户信用的审批不应由销售部门负责，而一般应由财务部门下设的信用控制部门负责，以防止利益冲突。这是因为销售部门由于考核压力可能会有意放松信用标准。最佳的信用政策目标是利润最大化。

现金折扣政策是为鼓励客户尽快支付货款而提供一定的现金折扣。在实际工作中，企业采用现金折扣政策往往是因为竞争对手在采用现金折扣政策，或者企业急需资金但无法通过其他途径以低于现金折扣成本的方式得到。

放宽信用政策的收益是因为增加了销售收入，从而增加了利润，提高了公司在信用政策方面的竞争力。放宽信用政策的成本包括：增加坏账；

增加催账费用；增加应收账款的机会成本（资金占压成本）；增加应收账款的管理成本，如记账、分类、分析等费用；增加存货的管理成本；增加存货的机会成本；增加应付账款的资金成本；增加现金折扣成本等。为了可比，进行成本和收益分析计算时都要用税前金额。

应收账款的机会成本 = 应收账款 × 变动成本率 × 税前要求回报率

变动成本率 = 变动成本/销售收入

应收账款的边际贡献 = 赊销收入 × (1 - 变动成本率)

因为应收账款的边际贡献已经由本年利润支持，所以只有应收账款的变动成本需要额外的资金支持，而资金是有成本的。如果没有这部分应收账款，企业则无须借钱或用其他的融资手段支持。

应收账款增加额 = 新期间赊账天数 × 新期间每天的赊销额

例 3-39 企业目前的年赊销额为 2 400 万元，应收账款平均周转天数为 30 天，收账费用为 1 万元，坏账比例为 5%，变动成本率为 60%，公司的税前资金成本为 10%，目前的信用条件为“n/30”。为了增强竞争能力，企业考虑将信用政策改为“2/30，n/60”，估计有一半客户会享受到现金折扣优惠。实行此信用政策后，预计年赊账额会增至 2 800 万元，收账费用增至 1.5 万元，坏账比例达到 6%。由于销量增加，平均存货水平从 3 000万元增加至 3 200 万元，应付账款同时增加了 100 万元。每年按 360 天计。分析该不该改变信用条款。

增加的收益 = (2 800 - 2 400) × (1 - 60%) = 160（万元）

增加的成本包括：

应收账款增加额 = 2 800/360 × (60 × 50% + 30 × 50%) - 2 400/360 × 30 = 350 - 200 = 150（万元）

增加的应收账款的机会成本 = 150 × 60% × 10% = 9（万元）

增加的存货成本的机会成本 = (3 200 - 3 000) × 10% = 20（万元）

增加的应付账款所释放的资金成本 = 100 × 10% = 10（万元）

增加的现金折扣成本 = 2 800 × 50% × 2% - 2 400 × 100% × 0% = 28（万元）

增加的收账费用 = 1.5 - 1 = 0.5（万元）

增加的坏账费用 = 2 800 × 6% - 2 400 × 5% = 48（万元）

增加成本合计 = 48 + 0.5 + 28 - 10 + 20 + 9 = 95.5（万元）

净收益 = 160 - 95.5 = 64.5（万元）

因此原信用条款应该调整。

（3）应收账款保理。企业将应收账款让售给专业保理商，以立即得到现金。但应收账款要付出相应的成本，比如利息费用、佣金等。企业应综合考虑以做出正确的决策。

（4）应收账款管理的其他指标。

$$\text{应收账款周转天数} = \text{年均应收账款} \Big/ \text{日赊销销售收入} = 365 \Big/ \text{应收账款周转率}$$

$$\text{应收账款周转率} = \text{年赊销收入} / \text{年均应收账款}$$

应收账款周转率越大，则应收账款周转天数越少，反之亦然。注意，上式中的应收账款额应该使用未减去坏账准备的应收账款额，否则通过提取坏账准备就可以提高应收账款周转率。坏账准备也是应收账款的一部分。应收账款周转天数不一定越小越好，太小意味着给客户的赊账天数太少，企业可能会失去市场竞争力。

应收账款账龄分析也是一个非常有用的应收账款分析工具。企业一般每月都会编制所有客户的应收账款账龄分析表，根据逾期账龄计提坏账准备。

6. 存货管理

企业持有存货主要是为销售提供缓冲，保证生产和销售顺畅进行。

（1）经济订货量。经济订货量（EOQ）是指使存货成本（储存成本 + 采购成本）最低的订货量。它的基本假设是：不考虑采购物品本身的成本；订货周期已知且固定；没批量购买折扣；需求已知且固定；订单采购成本已知且固定；单位储存成本已知且固定；存货可立即补充，没有缺货成本；每次采购数量相等。

$$EOQ = \sqrt{2 \times D \times P / C}$$

式中，D 为年需求量，P 为单位订单采购成本，C 为单位存货的年储存成本。

例 3-40 M 公司每年需要采购 100 万件某部件 A，每个订单的成本是75元，每件A的储存成本是1.5元，则A的经济订购批量=$\sqrt{2\times100\times75/1.5}=100$（万件）。

例 3-41 A公司采用经济订货模式管理存货，当年存货订货总量和上年相同，但提高了经济订货批量，问公司存货的单位订货成本变化情况为：A）单位订货成本占存货持有成本的比重增加；B）单位订货成本占存货持有成本的比重下降；C）存货持有成本保持不变；D）存货持有成本上升。

答案为A。持有成本与订货量呈反比例关系，订货成本与订货量成同向关系。当企业订货量不变，同时增加每次的订货数量时，表明存货的单位订货成本上升或单位持有成本下降，因此单位订货成本占存货持有成本的比重增加。

存货成本分为两个部分。第一部分为从订单准备、下订单到存货入库之前发生的采购成本，包括订单成本、运输成本及装卸成本等。注意，采购成本不包含人工工资等固定成本与货物本身的成本。总采购成本=年需求量/订购量×单位订单的采购成本。第二部分为从存货入库到出库发生的储存成本，包括存货占压的机会成本、保险费、相关税费、租金、折旧、相关人工成本、仓库内整理搬运成本、损耗、过时跌价等。总储存成本=年需求量/2×单位储存成本。如果公司有安全存货量，总储存成本=(年需求量/2+安全存货量)×单位存货成本。单位存货成本经常用其占购置成本的百分比表示，比如单位存货成本是购置成本的15%，某期间平均存货量=订购量/2，是假设每次订购的存货可以一直使用到数量为0，然后新采购的存货可以马上补充上来。计算期间指从采购库到该存货物品用完的时间段。

例 3-42 假设5月1日订购了A商品900件，5月26日A商品库存为0，当天马上采购A商品900件补充到仓库中。A商品在5月1日—5月26日的平均存货即为（900+0）/2=450（件）。

经济订货量的缺点：EOQ的假设有时候是不现实、不准确的，需求量、订货周期、相关成本等已知且固定的情形很罕见；EOQ的计算是基于预测而非实际的成本和需求；EOQ 可能会导致过多的存货量及存货成本；EOQ 忽略了批量打折及运费优惠等因素。

在实际工作中，公司可对 EOQ 进行修正，比方说考虑批量打折、运费优惠等。

（2）订货周期及再订货水平。订货周期是指从下订单到货物入库达到可使用状态之间的时间间隔。有效的存货管理应减少订货周期，方法有：①减少订单准备时间。订单准备是指搜集相关订单信息、填写订单等。②减少订单传递给供应商的时间。③减少供应商的订单处理时间。④减少供应商送货时间。⑤减少货物检验、存货整理等时间。

再订货水平又称订货点，是指存货到达多大数量时需要订货。

再订货水平 = 订货周期 × 该订货周期内货物的耗用量

上式中订货周期可以是月、周或天。

例 3-43 某企业预期一年需要 360 万件 A 商品，一年假设为 360 天，交货期为 5 天，则：日订货点为 5 × 360/360 = 5（万件），若交货期变为 6 周，一年有 52 周，则：周订货点为 6 × 360 /52 = 41. 538 5（万件）。

考虑到货物迟到或需求量过大都有可能带来缺货问题，一般公司都会设定一个安全库存。安全存货数量取决于如下几个因素：①存货需求的不确定性越大，安全存货应越多。②交货期的不确定性越大，安全存货应越多。③存货短缺成本越大，安全存货应越多。④存货持有成本越大，安全存货应越少。

缺货成本是指由于缺货导致的无法销售而产生的成本。缺货造成公司在客户中的信誉下降，损失很大。

若有安全库存，则：再订货水平 = 订货周期 × 每订货周期的销售 + 安全库存量。

例 3-44 某企业 A 商品的安全存货量为 1 000 件，预期一年需要 360 万件 A 商品，一年假设是 360 天，交货期为 5 天，则订货点为 5 × 360/360 + 1 000 = 5. 1（万件）。

决定最佳存货水平的因素有 EOQ、订货周期、生产用量、销量、安全库存、生产模式等。

（3）适时生产制。适时生产制（JIT）是一种综合的生产和存货控制机制。适时生产制是以订单为驱动，只在有实际销售需求时才进行材料采购和生产，平时不备或少备存货，又称为需求牵引式系统。JIT 的目的就是追求精益生产，减少浪费。

JIT 的基本流程：接到订单—安排生产计划—采购原料—生产—发货交付订单。

JIT 生产模式需具备以下条件：车间布置紧凑，高度自动化，可以同时生产不同的产品，必要时设置仓库，由 U 型制造单元组成，工人是熟练的多面手；产品批次间的设备调整时间短，生产周期短；有可靠的供应商关系；可进行产品定制；可快速利用新技术；有最高管理层的强力支持，因为这是一项跨部门的较复杂的工作；制造费用可转变为可追溯的直接成本，如间接人工成本、折旧费等，因为特定制造单元的成本需要直接追溯到某个订单。

JIT 的优点：提高存货周转率，降低存货成本；质量控制改善；消除生产量过多的现象；减少库房和生产空间的投资；节约生产成本；改善运营资本和现金流状况；减少销售预测、销售计划等日常文书工作；减少次品对生产速度的延误；以市场需求为主导，可适应产品变化；产品个性化；可以用最新技术吸引客户。

JIT 的缺点：没有安全存货，容易造成存货断档；过度依赖供应商，风险大；紧急订单可能需要经常加班，影响员工满意度；会失去大批量生产的优势。

并非所有的企业都能完全使用 JIT 系统，但应有 JIT 理念，比如在销售方面采用推动式，但在生产工序和材料采购方面，在有生产需求时才进行备料。

看板系统是 JIT 的一种初级形式，其机制为：除非下游部门通过看板卡片提出要求，上游部门不进行任何采购或生产行动，车间及采购部门完全根据下游的需求安排工作。

（4）适时生产制和经济订货量。适时生产制和经济订货量有相似的地方：都是跟踪存货水平，需要时及时补充存货；都是为了使存货水平更经济，降低存货相关成本；都忽略了大批量采购的折扣优惠因素等。

适时生产制和经济订货量的主要区别：适时生产制在只有实际需求时才进行采购，而经济订货量根据需求预测采购量；适时生产制涉及整个生产运营过程，而经济订货量只涉及采购环节；适时生产制不强调将订购成本与储存成本之和最小化，而经济订货量强调成本最小化。

适时生产制和经济订货量可以相互补充。比如采用适时生产制，在有实际需求时，在采购数量比较大时，可以考虑使用经济订货量的模型，采购时可以经济订货分批采购；经济订货量可以借鉴适时生产制，尽可能使预测接近实际，而不是完全凭经验确定需求量，同时采购要更多地考虑下游的实际需求。

（5）存货管理相关指标。

$$存货周转天数 = 平均存货/每天销货成本$$

存货周转天数应和过去、同行业或公司的标准比较。存货周转天数不一定越小越好，太小会产生缺货风险，影响生产与销售。

$$存货周转率 = 年销售成本/平均存货$$

$$存货周转率 = 365/存货周转天数$$

存货周转天数和存货周转率呈反向变化。存货周转率越大，则存货周转天数越小；相反，存货周转率越小，则存货周转天数越大。

（6）存货控制。存货控制应由采购部门以外的其他部门控制，一般由财务部门参与控制。采购部门控制存货存在一定的利益冲突，采购标准越宽松，采购部门的工作就越轻松。财务人员应该积极参与存货控制与管理，确保存货处于合理水平。

3.3.2 长期资产投资

长期资产一般包括固定资产、无形资产、长期投资等。

长期投资决策是指对超过 1 年且金额较大的投资的决策。长期投资项目包括并购、采购生产设备、建设厂房、研发投资等。

长期投资主要着眼于未来的可持续发展，企业运营主要依靠长期资产。长期投资的金额一般非常大，因此对企业的影响也大。

1. 货币的时间价值

今天的1元钱比未来的1元钱更值钱，因为今天收到的1元钱可以以复利形式存于银行或投资其他资产赚取回报，这就是货币的时间价值。假设复利为6%，在第6年年底，这1元钱就会变为$1\times(1+6\%)^{6}=1.419$（元）。投资越早，回报就越多。

例 3-45 某产品市场总量为200万件，企业的产品售价为75元，目前市场份额为10%。分析师认为之后3年的产品价格与市场份额会出现以下两种情况：一是价格每年上涨5%，而市场份额按复合增长率10%增长；二是每年价格下降5%，份额按复合增长率25%增长。那么，企业第3年营业收入是多少？第一种情况的营业收入为$75\times1.05\times1.05\times1.05\times10\%\times1.1\times1.1\times1.1\times200=2\,311$（万元）；第二种情况的营业收入为$75\times0.95\times0.95\times0.95\times10\%\times1.25\times1.25\times1.25\times200=2\,511$（万元）。

2. 永续年金

永续年金是指无限期等额收付的特种年金。它是普通年金的特殊形式，即期限趋于无穷。永续年金现值计算公式为

$$V_0=A/i$$

式中，A指年金，i是利率或回报率。

例 3-46 若每年年底的收入为800元，利率为8%，则永续年金的现值为$800/0.08=10\,000$（元）。

例 3-47 本杰明为他的女儿杰西投资了10 000美元的终身年金，该年金每年产生400美元的收益。则该年金的预期内部回报率为$i=A/V_0=400/10\,000=0.04$，即回报率为4%。

3. 资本预算

资本预算分为6个步骤：①确认投资需求，如并购、增加产能等。②寻找项目。从某种意义上来讲这是一个最难的阶段，尤其对并购项目的资本预算而言。③获取资料，如项目总投资额、额外流动资本需求、项目期间净现金流等。④项目选择及确定。⑤项目融资。⑥项目实施和控制。

项目实施后，应进行项目后审计。项目后审计是资本预算的一个重要且不可分割的部分，它是指将实际情况和资本预算加以对比，如有重大差异，需寻找原因并问责。通过项目后审计可以促进项目的成功，及时发现问题并改进问题，提高绩效。如果发现项目实在无法继续下去，应及时停止，以避免更大的损失。通过项目后审计，可为将来更好地制订资本预算积累经验。

（1）现金流确认。资本预算一定要使用现金流而非利润，而且现金流一定要用增量现金流，即项目产生的增量现金流。

例 3-48 某公司扩建生产线需投资 2 亿元，预计 10 年扩建完成后，每年的现金流分别为 1 亿元，2 亿元，3 亿元，…，10 亿元。资本预算时不能直接用这些现金流数据。因为企业如果不扩建该生产线，这 10 年的现金流分别为 0.5 亿元，1 亿元，1.5 亿元，…，5 亿元，增量现金流分别为 0.5 亿元，1 亿元，1.5 亿元，…，5 亿元，所以只有使用增量现金流才能与增量投资配比。

另外，项目现金流指此项目直接产生的现金流，不包括本金的借入和偿还、融资的利息费用等融资现金流，因为折现率里已考虑利息费用。同时，融资现金流是未来发生的现金流，如果目前已发生，即使该现金流和项目有关，也不能计入资本预算的现金流。如公司为新产品花费了 60 万元的市场调查费用，这笔费用属于沉没成本，资本预算不予考虑。因为项目批不批准，此项支出都无法改变了。

项目现金流一般可分为项目初始现金流和项目运营现金流两部分。

1）项目初始现金流。项目初始现金流即项目零年现金流，所谓零年是指项目启动运营前的初始建设阶段。零年现金流主要包括：①设备投资，包括设备款及相应的安装、运费等使设备达到使用条件的所有必要费用，以及后期增加的和此项目有关的其他固定资产投资，如项目期为 10 年，有些固定资产的使用寿命只有 5 年，因此在 5 年后仍需投资来更换设备，这些投资也计入项目现金流。②流动资金或运营资本需求，即流动资产减流动负债。流动资金在项目开始后可能还要增加，增加部分体现在当期现金流中，但最终要在期末回收。③其他相关费用，如培训费、营销费用等。该费用一定要用税后的，所有资本预算都用税后现金流。④旧设备变卖后的税后现金流。⑤机会成本，是指新项目占用其他设施的费用。因为这些设施本来可以卖掉或用作其他用途。该机会成本等于其现在的市值。例如，新项目没花钱占用了公司的仓库，仓库目前价值 150 万元，这 150 万元要作为一项现金流出。

2）项目期间现金流。项目期间现金流包括项目产生的增量运营现金流和与项目直接相关的后补投资现金流。

$$\text{项目产生的增量运营现金流}=\text{净利润}+\text{税后利息费用}\pm\text{非付现费用或收益}+\text{流动负债的增加额}-\text{非现金流动资产的增加额}$$

式中，税后利息费用即利息费用乘以所得税税率。之所以加上税后利息费用，是因为在折现的资本成本里已考虑了利息费用，如果现金流里再减利息费用，则属重复计算；非付现费用或收益包括折旧费用、摊销费用、固定资产处理损益、递延所得税费用或收益等，如果是费用要加回来，如果是收益则减去；流动负债的增加额等于期末数减期初数，其中不包括短期贷款等人为融资；非现金流动资产的增加额也等于期末数减期初数。

净运营资本一般会随着项目的推进而变化。比如销售额增加，应收账款一般会增加，存货也增加，应付账款也跟着增加。每期运营资本增加额 = 期末运营资本余额 – 期初运营资本余额。到项目最后一期，之前每期的运营资本增加额都要收回作为现金流入，运营资本余额必然为 0。实际上，最后一期之前的每期运营资本增加额相加，等于倒数第二期的期末运营资本余额。因此，最后一期运营资本的回收额等于最后一期之前每年运营资本的增加额的累计额。

在项目过程中，还会发生后续固定资产投资，比如设备增补与更新等。这些直接作为项目现金流出。但注意，与项目无关的固定资产支出不能计入项目现金流。在资本预算中，没有必要编制完整的资产负债表，只需预测运营资本相关的数据即可。

项目现金流中包含一种特殊的现金流，即项目期末剩余价值现金流（项目期末处理现金流），主要包括相关设施、设备处理现金流和运营资金的回收。在计算项目期间运营现金流时不包括项目最后一期的运营资本变化额，否则会重复计算。资产变卖现金流 = 资产变卖现金收入 −（资产变卖现金收入 − 资产账面价值）× 所得税率。

注意，项目现金流不包括融资本金及利息现金流。另外，资本预算都用税后净现金流。

3）税盾法与全额折旧加回法。运营现金流计算有税盾法与全额折旧加回法两种方法。

①税盾法。

$$净现金流 = 净利润 + 折旧费用 \times 税率$$

如果是税前运营现金流，应该先算出税后运营现金流，然后再加税盾。

例 3-49 某公司收入 100 万元，经营费用 30 万元，折旧费用 20 万元，税率 30%，则净现金流为（100 − 30）×（1 − 30%）+ 20 × 30% = 55（万元）。

②全额折旧加回法。在实际工作中，净利润都考虑了折旧费，是减去折旧费用后的净利润。此时

$$净现金流 = 净利润 + 折旧费用$$

如例 3-49，收入 100 万元，经营费用 30 万元（不包括折旧费用），折旧费用 20 万元，税率 30%，则净现金流为（100 − 30 − 20）×（1 − 30%）+ 20 = 55（万元），结果同上。

例 3-50 某公司已发生市场测试费用 10 万元，预计构建一条生产线的成本为 10 000 万元，采用加速折旧法，4 年的折旧率分别为 33%、45%、15%、7%，预计第 5 年设备的残值收入为 218 万元。在零年会发生 60 万元的培训费及一些营销费用，另外增加净运营资本 1 000 万元。新设备购进的同时卖掉旧设备，预计该设备变卖收入为 20 万元，折旧已提完，账面价值为 0。假设该公司加权平均资本成本为 10%，税率为 35%，每年净运营资本为年销售收入的 10%。假设所有现金流都发生在年底。

A）项目期初现金流。期初现金流支出包括：市场测试费用 10 万元；

购置机器成本10 000万元；培训费及营销费用为60×(1-35%)=39（万元）；增加净运营资本1000万元；卖掉旧设备的税后现金流为20-(20-0)×35%=13（万元）。

项目期初的现金流支出=10 000+39+10 00-13=11 026（万元）

B）项目期间现金流。具体计算过程见表3-4。

表3-4　项目期间现金流计算　　（单位：万元）

项目	期初	第1年	第2年	第3年	第4年	第5年
销售收入A		10 000	16 320	24 970	21 224	12 989
销售成本B		4 000	6 528	9 988	8 496	5 196
毛利润C（C=A-B）		6 000	9 792	14 990	12 728	7 793
经营费用D		1 000	2 272	4 532	4 814	992
折旧费用E		3 300	4 500	1 500	700	0
税前利润F（F=C-D-E）		1 700	3 020	8 958	7 214	6 801
净利润G［G=F×(1-35%)］		1 105	1 963	5 823	4 689	4 421
折旧费用E		3 300	4 500	1 500	700	0
期末净运营资本H（H=A×10%）	1 000	1 000	1 632	2 497	2 122	0
净运营资本增加额I（期末减期初金额）	1 000	0	632	865	-375	-2 122
运营现金流J（J=G+E-I）		4 405	5 831	6 458	5 764	6 543
项目后续固定资产投资额K		0	0	0	0	0
期末设备残值L						142
总现金流M（M=J-K+L）		4 405	5 831	6 458	5 674	6 685

第1—4年的年末运营资本余额为销售收入的10%，但最后一年是项

目清算年，净运营资本要归为0。从期初到第4年，每年增加的净运营资本总额都要在最后一年收回，即第5年收回的净运营资本总额为1 000 + 632 + 865 − 375 = 2 122（万元），每期运营资本增加额相加实际上就是项目最后一年的前一年末的运营资本余额，最后一年回收的净运营资本就等于前一年年底的净运营资本额，即第4年年底的2 122万元。设备残值收入为218 − （218 − 0）× 35% = 142（万元）。经营费用在有些年份增幅比较大，是因为经营费用里包括了变动成本，如销售佣金、销售运费、技术转让费等。

假设期初预计发生净运营资本后，其他年份没有净运营资本的增加，为什么期初净运营资本会在最后一年全额回收呢？期初的净运营资本不会过期吗？实际上，最后一年只是回收了期初净运营资本的金额，并不是实物，实物回收的是最后一年年初近期的净运营资本。如果项目期间并没有再增加净运营资本，则期初的净运营资本消耗后，第一年年底又有期初同样金额的新净运营资本出现，第一年消耗后又在第二年年底出现了同样金额的新的净运营资本，年复一年，项目最后一年回收的净运营资本是最近期的，而不是真正期初的净运营资本的实物。

在计算现金流时，一般是净利润加非现金费用，实际工作中也使用另外一种计算方法，即在计算净利润时不考虑折旧等相关项目，而是用净利润加折旧等的税盾（折旧等乘以税率），计算公式为

税后现金流 =（毛利润 − 经营费用）×（1 − 税率）+ 折旧费用 × 税率

结果是一样的。

项目期末现金流 = 最后一年运营现金流（除运营资本）+ 运营资本 + 残值收入 =（6 543 − 2 122）+ 2 122 + 142 = 6 685（万元）。

注意，在以新换旧的项目里现金流一定要用差额现金流。运营现金流是新设备对收入和成本带来的影响减去旧设备现在对收入和成本的影响，如新设备安装后可实现销售收入5 000万元，旧设备能产生3 000万元的销售收入，差额现金流为5 000 − 3 000 = 2 000（万元）。又如上新设备后可节省人力50万元，但增加设备维护费30万元，差额现金流为50 − 30 = 20（万元）。折旧费用也要用差额现金流。如买了新设备，旧设备在项目期初

会卖掉，这时折旧带来的税收抵扣优惠一定也是新旧设备折旧费用的差额乘以税率，即使通常旧设备在项目之初就卖掉了。整个项目所有现金流的计算都要用新方案和旧方案的差额现金流。此情况也可以理解为用了新机器后会丧失旧机器原有的折旧税收抵扣优惠。假设旧设备在期初变卖时折旧还未提完，如果没有该资本预算项目，折旧还有2年未提完，最后2年每年的折旧额为5万元，预计残值为0，这意味着在期初旧设备的账面价值为10万元，则期初旧设备现金流为20 -（20 - 10）×35% = 16.5（万元）。另外，项目前2年的折旧费用分变为3 300万元减0.5万元以及4 500万元减0.5万元。A方案指没有新的资本预算项目，旧设备继续使用，则旧设备会在第一年和第二年分别产生折旧费用0.5万元。B方案考虑资本预算新项目，则新项目在前两年产生的折旧费用分别为3 300万元和4 500万元，因此差额现金流分别为3 300万元减0.5万元以及4 500万元减0.5万元。

（2）资本预算的决策方法。资本预算决策的方法有回收期法（PB）、折现回收期法（DPB）、净现值法（NPV）和内部回报率法（IRR）。

要求回报率是用于对项目的现金流进行折现或用于作为标杆和IRR进行比较。要求回报率代表项目所期望的最低回报率。

一般而言，要求回报率是从投资者角度来讲的，即投资者在投资某项目时的期望回报率，也就是投资资金的机会成本或机会收益；而加权平均资本成本（WACC）是从公司筹资角度来讲的，因为资金都是有成本的。

对于上市公司而言，计算WACC时所需要的数据更容易取得，而非上市公司由于权益部分数据较难获得，可寻找可比的上市公司相关数据。大公司都有多个战略业务单元（SBU），一般来说，不同的SBU会有不同的折现率，公司有一个平均的折现率。另外，针对新项目的折现率可能要进行调整。

1）回收期法。回收期是指要花多长时间才能将项目初始投资额收回，即达到盈亏平衡点所需的时间。如果项目的回收期小于或等于公司要求的标准回收期，则接受该项目，否则拒绝。回收期越短，风险越小。

回收期的计算步骤：①从第一年开始依次累加每年的现金流，直到累加的现金流超过初始投资额时停止，停止年份的前一年即为回收期的年数的整数部分。②用初始投资额减回收期整年数的累加现金流总额的差额，除以停止年前累加的现金流，即为回收期年数的小数部分。

例3-51 项目初始投资额为100 000元，第1—4年的净现金流分别为34 432元、39 530元、39 359元、32 219元，计算该项目投资的回收期。

①从第1年开始依次将净现金流累加，至第3年累加额为113 321元，超过了初始投资额，停止累加。②停止年的前1年是第2年，则2作为回收期年数的整数。③初始投资额减前2年的累加现金流总额，即：100 000－73 962＝26 038（元），26 038/39 359＝0.66，则回收期为2＋0.66＝2.66（年）。

如果每年的现金流都是均等的，则：

回收期＝初始投资额/年现金流

回收期法优点：由于使用项目初期的现金流，数据相对可靠；简单、直观、容易理解；在有多个投资方案时便于初步筛选；直观体现项目的流动性，即投入的资本多长时间能回收。

回收期法缺点：忽略了回收期以后的现金流，不利于长期项目评估；没有考虑货币时间价值；对期望回收期的选择较主观；不能反映整个项目的回报率。

2）折现回收期法。折现回收期法是对回收期法的改进，即考虑了货币的时间价值和资本成本，避免有的项目虽然回收期达到了要求，但整个项目的NPV却小于零的情况。但折现回收期法同样不能作为项目接受与否的直接依据，仅用于对项目作初步筛选。

3）净现值法。净现值（NPV）是指用项目每年净现金流的现值合计减去项目初期的现金流出额。若NPV＞0，则该项目可接受；若NPV＜0，则放弃。项目期间现金流用企业的要求回报率或者WACC进行折现。若NPV＞0，则意味着此项目带来的收益高于要求回报率。

若整个项目期中间有多年是等额现金流，这些年份用年金现值计算，这样比每年用复利现值系数要简单一些。

例3-52 项目期为5年，第1年的净现金流为20万元，第2—4年的净现金流都是 30 万元，第 5 年为 15 万元，项目初始投资额为 60 万元，假设折现率为 12%，求项目的 NPV。查表得，当折现率为 12% 时，1 年期的复利现值系数为 0.893，3 年期的年金现值系数为 2.402，5 年期的复利现值系数为 0.567。因此，NPV = 20 × 0.893 + 30 × 2.402 × 0.893 + 15 × 0.567 - 60 = 307 146（万元）。最好不要分别计算第 2—4 年的现值，那样太麻烦。

还有一种情况是项目在最初几年都有投资。如期初投资额是 900 万元，第 1 年又投资 600 万元，第 2—5 年的税后净现金流入依次为 600 万元、700 万元、800 万元、900 万元。资本成本为 12%。则计算 NPV 时，将第 1 年的项目投资额作为现金流出额即可。因此：NPV = -600 × 0.893 + 600 × 0.797 + 700 × 0.712 + 800 × 0.636 + 900 × 0.567 - 900 = 559.9（万元）。另外一个项目，期初投资额是 900 万元，第 1 年投资 600 万元，第 2 年投资 300 万元，第 3—7 年的现金流都是 950 万元，资本成本 12%，则：NPV = 950 × 2.402 × 0.797 - 300 × 0.797 - 600 × 0.893 - 900 = = 143.8（万元）。

NPV 法的优点：NPV 为绝对金额，比较直观，而且和股东财富最大化的目标相一致；适合项目投资额相差不多的情况；不同年份可选用不同的折现率；多个项目之间的 NPV 可相互累加；适合某个期间有负的净现金流的情况；使用 WACC 更合理，它是假设每年赚取的现金流并没有分配给股东，而是再投入企业开展运营，WACC 为项目期间收到的现金流再投资到以后年度能得到的回报率。

NPV 法的缺点：不同投资额的项目之间不太好比较，如有的项目 NPV 很大，但投资额也大，项目投资回报率可能会很小；选择折现率比较主观；需要预测整个项目期的现金流，比较复杂。

例 3-53 投资 50 万元购置新设备，预计经济寿命 8 年，每年的税前经营净现金流为 10 万元，采用直线折旧法，预计残值 5 万元。项目期结束，预计设备变卖收入为 5 万元。同时预计项目期初有 12 000 元的流动资金需求，旧设备现在账面价值为 20 000 元，还有 4 年需每年计提折旧 5 000 元，旧设备将在项目期初卖掉，预计收入为 5 000 元。资本成本是 12%，税率为 40%，请计算项目的 NPV。

期初现金流支出为 500 000 + 12 000 - [5 000 - (5 000 - 20 000) ×

40%]=501 000（元）

项目期间现金流现值：经营（不包含折旧）现金流为100 000×(1－40%)×4.968＝298 056（元）；折旧税盾为［(500 000－50 000)/8］×40%×4.968－5 000×40%×3.037＝105 695（元）；项目结束的剩余现金流为［50 000－(50 000－50 000)×40%＋12 000］×0.404＝25 042（元）；现金流合计为298 056＋105 695＋25 042＝428 793（元）。

NPV＝428 793－501 000＝－72 207（元）

4）内部收益率法。内部收益率（IRR）是使得项目期间发生的净现金流的现值等于项目初始投资额的折现率。一般通过财务专业计算器或EXCEL等软件计算，但如果每年的净现金流相同，也可以手工计算。

例 3-54 项目期初投资50 000 000元，项目期为6年，每年净现金流为15 000 000元，50 000 000/15 000 000＝3.3，在年金现值表上找6年、年金现值系数为3.3的利率值，得：IRR＝20%。

如果每年现金流不是等额的，在计算IRR时用试算法，即先试算一个回报率，用该回报率去计算NPV。如果NPV＞0，则再试算较大的回报率；若NPV＜0，则试算较小的回报率；直至NPV＝0，该回报率即为IRR。

一般来讲，若IRR大于等于要求报酬率，则项目可以接受；反之，项目不可接受。

IRR的优点：相对NPV法，不同初始投资额的项目之间容易进行比较；考虑了货币的时间价值。

IRR的缺点：有时候项目的IRR很大，但因为初始投资额很小，结果NPV微不足道；如果项目期间每年的净现金流出现负数，则会出现多个IRR，此时不可用，应该用NPV法；几个项目的IRR是不可累加的；如果项目期初是现金流入，项目期间是现金流出，IRR可能会产生误导；IRR用于再投资有一定的问题，这意味着在项目期间收到的现金流进行再投资时有等同的回报率，可能太高了，不现实。

例 3-55 某项目初始投资额为11 176万元，第1—5年的净现金流入依次为3 405万元、3 801万元、4 458万元、4 764万元、2 693万元。利用

等式 $11\ 176 = 3\ 405/(1+IRR) + 3\ 801/(1+IRR)^2 + 4\ 458/(1+IRR)^3 + 4\ 764/(1+IRR)^4 + 2\ 693/(1+IRR)^5$，经 EXCEL 计算，IRR = 21.1%。

本例 IRR 的计算结果并不是初始投资额的回报率。精确的解释为：初始投资额 11 176 万元中的 2 810 万元在第 1 年的回报率为 21.1%，然后本金收回；初始投资额 11 176 万元中的 2 620 万元在前 2 年的回报率为 21.1%，然后本金收回；初始投资额 11 176 万元中的 2 510 万元在前 3 年的回报率为 21.1%；依次类推。IRR 有些像定期贷款或租赁费，通过等额分期偿还贷款形式，每年将部分本金收回。也可以理解为同时存了 5 笔款，金额为 11 176 万元，其中 2 810 万元是 1 年期，2 620 万元是 2 年期，2 510 万元是 3 年期，以此类推。

如果将 IRR 定义成初始投资额的回报率，必须有一个假设，即每年回收的资金又继续投资。因此将 IRR 和要求回报率对比来决定项目是否应该被接受有一定问题。要求回报率一般是指资金总的回报率，而 IRR 代表资金分批的回报率。但不同项目之间可比是 IRR 法的优势。

5）盈利指数法。盈利指数（PI）＝项目未来现金流的现值/初始投资。最低接受条件为 PI ≥ 1。对于独立项目而言，PI 和 NPV 的决策是相似的。

盈利指数法的优点：当资本预算有限额时可对 PI 排序作为项目选择参考；相对于 NPV，PI 更能体现不同投资规模的项目之间的效率，如 NPV 为 3 000 万元的项目并不一定比 NPV 为 2 000 万元的项目好，因为其初始投资额可能较大；PI 法可用来决定独立项目是否应接受。

盈利指数法的缺点：PI 值很大的项目可能因为初始投资额很小而创造的 NPV 很小；不能准确完整地体现整个项目的回报率；当资本预算有限额时最终应选择 NPV 最大的组合，不能仅看 PI 值。

6）应计制会计收益率法。应计制会计收益率（AARR）简称会计收益率，是指项目期间的年平均会计利润除以投资额得到的比率。

例 3-56 某医院购买了一台新的 X 光机，预计年平均税后营业成本节省额为 98 200 元，这一金额是总营业成本节省额 491 000 元（前 4 年均为 400 000 元，第 5 年为 91 000 元）的 5 年平均数额。新设备会产生额外的年折旧金额 70 000 元，初始净投资为 379 100 元，则：AARR =（98 200 − 70 000）/379 100 = 28 200/379 100 = 7.4%。

与内部收益率法和净现值法相比，应计制会计收益率法考虑了应计项目（即按责权发生制考虑的收益）和税收问题，并使用营业利润来计算收益，但是忽略了现金流和货币的时间价值。但由于应计制会计收益率法没有考虑货币的时间价值，基本上很少用了。

目前资本预算决策方法使用较多的依次是 IRR、NPV 和折现回收期，而且一般是同时使用、相互补充。

另外，投资项目期限的设定很重要，它关系到净现金流计算及最后决策，一般参考主要固定资产的经济寿命。

到目前为止，在资本预算中都是假设设备是通过购买得到的，实际上还应该比较设备是采购还是租赁合适。租赁决策有可能让原采取采购决策且 NPV 为负数的项目起死回生。如 NPV 为 −100 万元，而租赁净收益为 160 万元，项目也可以接受。

7）资本决策中的一些特殊情况。若项目不同期间的资本成本不同，只能使用 NPV 法。对于独立项目，IRR 法与 NPV 法的结论相同；对于相互依存项目或互斥项目，IRR 法与 NPV 法的结论可能会不一样。

相互依存项目是指接受一个项目，其他项目也要同时被接受。如添置一台大型机器，就可能需要建造新的厂房。此时，需要整体计算 NPV 或者 IRR。注意，单个项目的 IRR 不能直接相加。

互斥项目是指接受该项目就必须放弃其他项目，两个项目不可能同时被接受。具体有以下情形：①项目投资额不同。这种情形下，IRR 与 NPV 可能会有不同的结论。比如 IRR 很大，但投资规模小，NPV 就较小；NPV 很大，但投资规模也大，IRR 不理想。此时，NPV 可能是更好的决策工具，因为最终要看哪个项目赚的钱多。②项目投资额相同，但现金流的分布不同。比如 A 项目的现金流是先高后低，而 B 项目的现金流是先低后高，这时 IRR 和 NPV 可能会得出不同的结论。③项目期不一样。此时要使用 NPV 法，同时不能简单地认为哪个项目的 NPV 大就接受哪个项目，可以选择等期法，即让两个项目等期，然后计算 NPV，接受 NPV 大的项目。

例 3-57 X项目的初始投资额为1 000万元，项目期为3年，每年净现金流入依次为100万元、200万元、2 000万元。Y项目的初始投资额为1 000万元，项目期为3年，每年的净现金流均为650万元。可计算出X项目的NPV为758万元，Y项目的NPV为617万元，X项目的NPV大于Y项目的NPV。而X项目的IRR为35%，Y项目的IRR为43%，Y项目的IRR大于X项目的IRR。此时应该选择X项目，因为其赚钱更多。

8）资本限额下如何选择资本预算项目。资本限额是指某一时期内的资本支出有预算总量限制。在当期存在资本限额时，可以先按盈利指数排序，看排名靠前的项目是否用足了资本限额，如果没能用足，再看其他项目组合产生的NPV，选择其中最大的。此时，PI是一个辅助工具。

（4）资本预算风险分析。因为项目期间的现金流是一种主观预测，不确定性较大，因此必须进一步对项目作风险分析。资本预算的风险分析方法主要包括敏感性分析法、情景分析法、模拟分析法、确定等值法、风险调整贴现率法、资本资产定价模型（CAPM）法等。实际工作中用得比较多的是敏感性分析和情境分析。对于特大型项目，很多企业还使用模拟分析法。

1）敏感性分析法。敏感性分析的步骤：①先预测项目的现金流，计算NPV、IRR等。②确定可能影响现金流的主要变量，比如售价、销量、产品单位变动成本、总固定成本、初始投资额、设备残值、折现率等。③确定哪些变量容易引起NPV或IRR的变动，按敏感程度对这些变量进行排序。④如果有必要，重新审查资本预算模型是否需要修正。⑤进行风险评估。若发现有一个或多个变量较容易引起项目失败，则此项目风险很大。较容易导致项目失败的变量是关键变量。

例 3-58 若销售价格下降20%，项目就不能被接受。经评估，售价在未来5年下降20%的可能性较大，则此项目风险较大。若未来5年竞争不太激烈，价格下降20%的可能性基本不存在，此项目的风险就较小。

敏感性分析的倒推法见例3-59。

例 3-59 某公司正在考虑投资500 000元购买设备生产一种新型产

品，产品可销售 3 年，在第 3 年年底将设备卖掉后可得到税后残值 80 000 元。设备投资后预计每年可增加税后销售收入 600 000 元，相应税后变动成本是 350 000 元，每年税后固定成本增加 40 000 元。假设资本成本率是 15%。3 年的年金现值系数是 2. 283，第 3 年复利现值系数为 0. 658。计算 NPV 并对项目做敏感性分析，敏感性分析的因素包括最初投资、设备处理收入、销售价格、销量。

先计算 NPV。项目净现值计算见表 3-5。

表 3-5　项目净现值计算表

时间	影响变量	现金流/元	折现率	净现值/元
期初	设备投资	-500 000	1. 000	-500 000
第 1—3 年	销售收入	600 000	2. 283	1 370 000
第 1—3 年	变动成本	-350 000	2. 283	-799 000
第 1—3 年	固定成本	-40 000	2. 283	-91 000
第 3 年	设备残值	80 000	0. 658	53 000
合计				33 000

基于表 3-5 计算，此项目的 NPV =33 000 元，初步判断应该接受。

下面进行变量敏感测试。

假设 NPV =0，确定使项目 NPV 减少 33 000 元的相关变量的变动比例，该比例等于 33 000 元除以该变量在项目期间的总现值。

销量。如果销量变化，销售收入和变动成本都会发生变化，其对项目净利润及净现金流的影响是边际贡献（即销售收入减变动成本），因此销量下降的比例等于项目的净现值除以项目的边际贡献的总现值。如果净现金流下降 33 000 元，销量下降比率为 33 000/(1 370 000 - 799 000) =5. 8%，即若销量下降 5. 8%，NPV 就变为 0。注意，在计算相关现金流现值时，一定要计算税后的值。

销售价格。如果销售价格变化，只有销售收入随之变化，其他变量不变，那么影响项目净利润及净现金流的是销售收入，因此销售价格下降的比例等于项目的净现值除以项目销售收入的总现值。销售价格下降比率为 33 000/1 370 000 =2. 4%。若销售价格下降 2. 4%，NPV 将变为 0。

初始设备投资额。初始设备投资额会同时影响期初数据与项目期间的数据，两者是相减的关系。初始投资额增加还会增加项目期间的现金流，包括折旧费税盾和项目末设备残值。本题假设折旧税盾和残值等相关数据为0。因此，初始设备投资额增长的比率等于项目的净现金流除以项目的初始投资额的现值，即：33 000/500 000 = 6.6%。

设备残值。设备残值变化仅影响设备残值本身。其下降比率等于项目净现金流除以期末设备残值的现值，即：33 000/53 000 = 62.3%。从另一个角度理解，预计残值收入为80 000元，如果下降62.3%，则残值收入变为80 000 ×（1 − 62.3%）= 30 160（元），折现值等于19 845元，比原来的残值的现值53 000元少了约33 000元，此时NPV变为0。

将影响变量按敏感度从大到小排序：销售价格（2.4%）、销售量（5.8%）、初始投资额（6.6%）、设备期末残值（62.3%）。

记住，进行敏感性分析要将不同变量分别折现，而不是简单地列出以下计算公式：（600 000 − 350 000 − 40 000）× 2.283 + 80 × 0.658 − 500 000 = 533 000（元）。

也可以令NPV等于公司的预期值，计算变量变化的比例，此时的分子是项目的NPV值减去公司期望的NPV值。同样的道理，可以通过IRR进行变量测试。如公司的要求回报率为10%，当项目的IRR小于10%，项目就不能被接受了。方法为计算NPV时，折现率采用10%时，即用折现率10%时的NPV值除以相关指标，从而计算变化的比例。如果企业想测试IRR达到一定期望值时变量变化的比例，如例3-59中测试IRR达到18%时变量变化的比例，方法为计算折现率为18%时NPV的数值，然后用该NPV值减去折现率为10%时NPV，除以相关指标从而计算变化的比例。实际工作中，一般通过Excel软件做敏感性测试。Excel表可以通过建立公式将所有资本预算的数据联动起来，只要某个变量更改，NPV与IRR的值就会自动变化。

敏感性分析的正推法：

正推法是假定其他变量都不变，观察某变量变动对净现值的影响，最后按照影响大小进行排序。

例 3-60 S公司投资20 000 000元购买设备，按10年摊销。预计今后10年中每年的产品销售数量为1 500 000件，固定成本为50万元，产品售价为20元，变动成本为16元，其中固定成本和变动成本都不包含折旧，折旧使用直线折旧法。所得税率为40%，资本成本为12%。①计算该项目的NPV。②如果销量下降10%，计算敏感度及对项目的可行性影响。③如果售价下降10%，计算敏感度及对项目的可行性影响。

①计算NPV。NPV＝［1 500 000×(20－16)－500 000］×(1－40%)×5.65＋(20 000 000/10)×40%×5.65－20 000 000＝3 165 000（元）。

②计算销量下降10%对NPV的影响。NPV变化额＝原销量×销量减少百分率×边际贡献×(1－税率)×年金现值系数＝1 500 000×10%×(20－16)×(1－40%)×5.65＝2 034 000（元）。敏感度为2 034 000/3 165 000＝64.3%，意味着销量若下降10%，NPV会下降64.3%。销量下降10%后的NPV为3 165 000－2 034 000＝1 131 000＞0，项目仍然可行。

③计算销售价格下降对NPV的影响。NPV变化额＝销量×售价×价格下降百分率×(1－税率)×年金现值系数＝1 500 000×20×10%×(1－40%)×5.65＝10 170 000（元）。敏感度为10 170 000/3 165 000＝321.3%。售价下降10%后的NPV＝3 165 000－10 170 000＝－7 005 000＜0，项目不可行。

注意，在计算中，销售收入、边际贡献等一定要使用税后数值。

敏感性分析的优点：容易理解并做出评估判断；利于识别关键变量以利于后期密切跟踪；容易操作，使用Excel软件就可进行。

敏感性分析的缺点：每次只能测试一个变量；假设每个变量是独立的，其变化不影响其他变量，这实际上不太可能。比如原材料价格提高，很可能公司销售价格也要提高。

2）情景分析法。情景分析法需要同时预测几种方案的现金流，对每种方案都计算其净现值。一般分为正常、乐观和悲观三种方案，让企业看到更多的可能结果，从而进行风险评估。

情景分析法可以说是敏感性分析法的延伸，敏感性分析每次只考虑一个变量的变化，而情景分析涉及多个变量的同时变化。情景分析法是模拟分析法的简单形式，模拟分析法方案众多，而情景分析法方案有限。

情景分析法的优点：同时考虑多个变量的变化；可在一定程度上帮助评估项目的风险；做法较简单，便于使用。

情景分析法的缺点：相对于敏感性分析而言缺乏关键变量评估；相对于模拟分析法而言考虑的方案偏少；对各种方案发生概率的判断较主观。

3）模拟分析法。模拟分析法的步骤：①预测项目的现金流。②确定影响现金流的所有变量及其变动范围。③将信息输入计算机软件。④计算机软件随机对各种变量进行任意组合来计算项目净现值、平均值及标准差等。⑤由此可查询净现值大于 C 或 IRR 大于要求回报率的概率，也可查询 NPV 或 IRR 达到一定值的概率，从而来判断风险。

模拟分析法的优点：考虑了各种方案，因此结果更客观，尤其适用于大项目；借助计算机软件可以任意测试 NPV 或 IRR 达到一定预期数值的概率。

模拟分析法的缺点：相对复杂费时；不分析影响项目的关键变量；从成本收益原则上来讲不适合较简单的资本预算项目。

4）确定等值法。确定等值法的步骤：①预测项目的现金流。②将未来有风险的现金流调整为无风险现金流。如某年本来预计发生 1 000 万元的现金流，若无风险系数为 0.6，无风险的现金流则变为 1 000 × 0.6 = 600（万元）。③用无风险折现率计算现金流的现值，如果净现值大于 0，则项目可接受，否则放弃。如果计算的是内部收益率，将其与无风险折现率比较，大则接受，小则放弃。

确定等值法对风险系数的设定较主观，但不同年份可以用不同的无风险系数来调整现金流。

5）风险调整折现率法。风险调整折现率法的步骤：①预测项目的现金流。②调整折现率，风险高则调高折现率，风险低则调低折现率。不同的项目风险确实有可能迥然不同，因此不能统一使用公司平均的要求回报率。③计算净现值。如果净现值大于 0，则项目可接受。如果计算的是内部收益率，将其与无风险折现率比较，大则接受，小则放弃。

此方法简单，易操作，但对调整幅度的判断较主观，而且是使用一个折现率调整所有年份的现金流。

6）资本资产定价模型法。用资本资产定价模型 CAPM 来确定资本成本时，β 值是关键要素之一。在资本预算里，在计算每个项目的 NPV 时需要确定资本成本，从而对现金流进行折现。如果项目的类型、特点和整个公司的一样，比如公司扩建，则项目的 β 值与折现率就使用公司整体的 β 值和平均折现率。但如果投资目前公司业务以外的其他项目，就不能用目前公司的平均 β 值与折现率，此时可以参考同类公司的数值。因此不同项目可能有不同的 β 值及折现率。确定后，就可计算项目的 NPV。若 NPV > 0，则接受；若 NPV < 0，则放弃。

在实际工作中，敏感性分析法、情景方案分析法用得比较多，而模拟分析法多用于特大型项目。

（5）资本预算中的通胀处理。当在资本预算中考虑通胀因素时，需要同时调整现金流和要求回报率。

1）现金流的调整。实际现金流是指对名义现金流去除了通胀影响后的现金流。会计账目一般按照名义现金流记入。

$$名义现金流 = 实际现金流 \times (1 + 通胀率)^n$$

式中 n 代表现金流所处的年份。假设 4 年内每年的现金流为 10 000 元，若每年通胀率为 10%，则：第 1 年的名义现金流为 10 000 × (1 + 10%) = 11 000（元）；第 2 年的名义现金流为 $10\,000 \times (1+10\%)^2 = 12\,100$（元）；第 3 年的名义现金流 为 $10\,000 \times (1+10\%)^3 = 13\,310$（元）；第 4 年的名义现金流为 $10\,000 \times (1+10\%)^4 = 14\,641$（元）。

2）要求回报率的调整。名义回报率应该因通胀因素而调整。

$$名义回报率 = (1 + 实际回报率) \times (1 + 通胀率) - 1$$

假设实际回报率为 10%，通胀率为 10%，则：名义回报率为（1 + 10%）×（1 + 10%）－1 = 21%，而不是 10% + 10%。实际回报率考虑了无风险利率及一定的经营风险回报率，而名义回报率除了考虑这两项因素，还考虑了通胀因素。

再次强调，在做资本预算时如果考虑通胀因素，必须同时调整现金流和要求回报率。如果现金流考虑了通胀因素，则要求回报率也必须考虑通胀因素。在实际工作中，对售价、产品成本、销售及管理费用等都要考虑通胀因素。

（6）资本预算中的实物期权。一般情况下，资本预算需提前审批，而在预算审批后到项目开始前这段时间内外部环境可能会发生很多变化，需要注重管理灵活性。在条件改变后，决策需相应加以改变。

实物期权的概念于 1977 年由麻省理工学院 Stewart C. Myers 首次提出。他将金融期权应用到资本预算中，实现了期权从金融资产运用到非金融资产运用的跨越。

实物期权是一种战略决策工具。项目获批只是意味着企业得到一个期权，即可以在未来一定期限内以一定预算做该项目的权利。随着项目信息的不断增多，可能会派生出其他选择，比如增资扩大或放弃投资。这样，某个净现值为负的项目可能应实施，或者净现值为正的项目可能会放弃。

在实物期权环境下，项目的价值 = 没有行使实物期权的项目净现值 + 实物期权的价值。这有些类似于可转债，可转债的价值 = 纯债的价值 + 期权的价值。因此，实物期权的价值 = 行使实物期权的项目净现值 - 没有行使实物期权的项目净现值。

应用的实物期权的主要类型包括：

扩张期权。先试行一个项目（通常规模较小），当条件有利时允许企业扩大项目规模。如 A 公司拟投资一个 1 亿元的项目用来生产一种新产品，产品销售额非常乐观时才能带来正的 NPV，这时企业可以考虑一个实物期权为 1 000 万元的小工厂，如果市场好，再扩大投资建立 1 亿元的工厂。

放弃期权。若一个项目启动后现金流不太好，如果继续该项目，现金流收益将小于变卖该项目的价值，则公司选择放弃该项目。

延迟期权。若项目现金流不是特别好，或目前形势不确定，这时可选择等等看，了解更多的信息后再确定。

其他期权。包括产品组合、原料组合、发展期权等。

对于实物期权，不确定性越大，使用期权的机会就越大，从而期权的价值也越大。

（7）资本预算需要考虑的非财务要素。资本预算过程中除考虑量化、财务因素外，还需考虑非财务和非量化的因素，主要包括政府政策、环保要求、公司形象、公益服务、人才招聘、技术适用性等。

（8）关闭决策。企业有时候会考虑放弃某种产品、某个部门或者子公司。

从长期来讲，关闭部门决策应该比较 A、B 两种情况：A 为若延续此部门，未来的净现金流的现值如何；B 为若关闭此部门，以关闭所得进行投资，未来的净现金流现值如何。最终看折现后的现金流，哪个更大，就采用哪个方案。注意，A、B 两个方案的实际期限应该一致。

但短期而言，如果还没有其他投资计划，此时需不需要关闭部门的决策依据为该部门贡献是否大于 0。具体计算公式如下：

部门贡献 = 销售收入 - 变动成本 - 可避免的固定成本 - 机会成本

息税前利润 = 部门贡献 - 不可避免的固定成本

一般来讲，变动成本是可避免的，固定成本有些是可避免的，有些是不可避免的。

机会成本是指若关闭部门可能带来的其他收益，如租金收入、生产线生产其他产品的边际贡献、给其他部门带来的收益等。在计算部门贡献时一定要减去机会成本。

若部门贡献大于 0，企业应暂时保留此部门；若部门贡献小于 0，则应该关闭部门。

假设不可避免成本是 300 万元，不可避免成本前利润是 60 万元。关闭此部门，企业的不可避免成本仍然发生，因此企业亏损 300 万元。关闭部门后，公司的利润等于不可避免成本，因为可避免成本和销售收入都随着部门关闭而消失。不关闭此部门，企业的净利润为 60 - 300 = -240（万元）。不关闭此部门比关闭此部门减少亏损 60 万元。若不可避免成本前利润为负，企业应该考虑关闭此部门。

总之，若部门贡献为大于 0，相比关闭部门，保留部门会为企业增加收益额；若部门贡献为小于 0，相比保留部门，关闭部门会为企业增加收益额。

关闭部门决策需考虑的非财务因素包括：对社会的影响；劳资及工会方面的规定；公司的形象或公众意见；公司长期运营目标；部门亏损是否是暂时的等。

例 3-61 M公司9月份的营业数据见表3-6。如果关闭一家门店的话，门店1/4的直接固定成本将会保留。M公司根据销售业绩将共同的固定成本分配给每家门店。管理层预计关闭B店将会导致A店的销售量增加10%，而关闭A店则不会影响B店的生意。9月份的营业数据代表了所有月份的业绩。问如果M公司决定关闭B店，公司每月的营业利润将会产生多大变动？

表3-6 M公司9月营业利润计算 （单位：元）

财务指标	A店	B店	合计
销售收入	80 000	120 000	200 000
变动成本	32 000	84 000	116 000
边际贡献	48 000	36 000	84 000
直接固定成本	20 000	40 000	60 000
部门利润	28 000	-4 000	24 000
共同的固定成本	4 000	6 000	10 000
营业利润	24 000	-10 000	14 000

若关闭B店，B店的部门贡献为36 000 - 40 000 × 3/4 - 48 000 × 10% =1 200（元），因此关闭B店企业会损失1 200元。假设A店售价增加2%，则其带来的机会收益=80 000 × 2% =1 600（元）。售价增加不影响成本。

例 3-62 A、B两个部门，A的息税前利润是50 000元，B的息税前利润是-35 000元。关掉B后，固定成本8 5000元不会消失，生产线有40 000元的租金收入，问关掉B后，企业总利润是多少？

B部门关闭后，固定成本85 000元为不可避免固定成本，部门会发生亏损85 000元，还有40 000元的租金收入以及A部门的50 000元的利润，因此关掉B部门后企业利润为-85 000 +40 000 +50 000 =5 000（元）。

注意，如果问的是关闭B部门对公司的影响，则：B部门贡献=息税前收益-机会收益前的部门贡献-机会收益后的部门贡献=-35 000 +85 000 - 40 000 =10 000（元），因此关闭B部门公司会损失10 000元。

3.4 风险与回报

3.4.1 风险概述

纯粹风险是指发生损失的可能性。投资风险既涉及损失又涉及收益，它是指结果偏离预期回报的可能性。

预期回报的波动越大，投资者发生亏损的可能性就越大。投资资产既包括实物资产（如房地产），也包括金融资产（如短期国库券、债券、股票等）。

例 3-63 某公司用 4 500 元投资普通股股票，持有 13 个月后出售，售价为 4 800 元，投资期间收到股利 27 元，则投资回报为 27 +（4 800 − 4 500）= 327（元），投资回报率为 327/4 500 = 7.3%。

风险包括系统风险和非系统风险。系统风险是指市场风险或不可分散风险；非系统风险是指非市场风险或可分散风险。系统风险因受利率、汇率、通胀、技术变革、经济周期、政治动荡、战争等宏观因素影响而发生。非系统风险只同特定企业或行业相关，可以通过投资组合而降低。一个分散较好的投资组合主要面临系统风险。

非系统风险包括经营风险和财务风险。经营风险指由企业经营活动引起的未来收益的不确定性。影响经营风险的要素包括市场需求、产品售价、产品成本、经营杠杆、企业产品研发能力、新市场开发能力等。企业的固定成本比重越大，经营风险会越大。财务风险指企业因举债而必须定期支付利息所引起的未来收益的不确定性。财务风险主要决定于企业的资本结构。

风险的量化指标是标准差。标准差是指各种可能结果相对于期望回报率的偏离程度。标准差越大，风险越大。

概率是指随机事件发生的可能性。概率分布分为离散型分布和连续型分布。离散型分布是指可能发生的结果是有限的或可数的，而连续型分布是指可能发生的结果是无限的。最重要的连续型分布为正态分布。

概率有客观概率和主观概率之分。客观概率是通过大量的统计数据或试验等推理确定的概率。主观概率主要依赖于人们的心理判断。

3.4.2 单个证券的分析指标

单个证券的分析指标主要包括期望回报率、方差、标准差、变异系数、协方差、相关系数等。

例 3-64 某投资组合包括股票和债券两种风险资产。预计未来会发生3种经济状况，每种经济状况发生的可能性为1/3。各种经济状况下资产的投资回报率见表3-7。

表3-7 投资组合的资产回报率

经济状况	概率	股票投资回报率（%）	债券投资回报率（%）
萧条	1/3	-7	17
正常	1/3	12	7
繁荣	1/3	28	-3

证券的期望回报率为每种经济状况下其预期回报率的加权平均，即股票的期望回报率为 $-7\% \times 1/3 + 12\% \times 1/3 + 28\% \times 1/3 = 11\%$。根据方差公式，股票的方差为 $(-7\% - 11\%)^2 \times 1/3 + (12\% - 11\%)^2 \times 1/3 + (28\% - 11\%)^2 \times 1/3 = 0.0205$，标准差等于方差的平方根，因此股票的标准差为14.3%。

3.4.3 变异系数

标准差是一个绝对度量指标，很难对不同证券进行风险比较，因此我们引入变异系数。

$$变异系数 = 标准差/期望回报率$$

变异系数越大的证券，投资风险越大。

例 3-65 证券A的期望回报率为25%，标准差为12%，证券B的期望回报率为15%，标准差为9%。证券A与证券B的期望回报率不同，很难说标准差大的证券就风险越大，因此需要计算变异系数。证券 A 的变异系数为 0.12/0.25 = 0.48，证券 B 的变异系数为 0.9/0.15 = 0.6。相比较而言，证券 B 的风险较大，虽然其标准差较小。

投资证券时，标准差和变异系数只是参考，因为人们对风险的态度不尽相同。人们对风险的态度一般分为风险厌恶、风险中立和风险追求 3 种。风险追求的人喜欢风险大的证券，他们认为其回报率也会很高，但厌恶风险的人会尽量规避风险大的证券。

3.4.4 投资组合及风险

投资组合的标准差并不等于组合里所有证券的标准差的加权平均，证券 A 与证券 B 的投资组合的标准差 D_{AB} 其计算公式为：

$$D_{AB} = [(W_A \times D_A)^2 + (W_B \times D_B)^2 + 2 \times W_A \times W_B \times D_A \times D_B \times \rho]^{1/2}$$

式中，W_A、W_B 分别为证券 A 和证券 B 在投资组合中所占的比例；D_A、D_B 分别为证券 A 与证券 B 的方差；ρ 为证券 A 和证券 B 的相关系数，其值介于 −1 ~ 1 之间。

从上式可看出，投资组合的标准差≤各证券标准差的加权平均，只有当 $\rho = 1$ 时，二者相等。这就说明，投资组合可以降低风险。一般而言，任意组合 20 种以上的证券，非系统风险基本就消失了。

当 $\rho > 0$ 时，两种证券正相关；当 $\rho = 1$ 时，两种证券完全正相关；当 $\rho < 0$ 时，两种证券负相关；当 $\rho = -1$ 时，两种证券完全负相关；当 $\rho = 0$ 时，两种证券完全不相关。完全负相关最能分散风险，而完全正相关则不能降低风险。

3.4.5 系统风险

系统风险指影响整个市场的风险，它对市场中的各种资产都有影响，只是影响程度不尽相同。系统风险大约占总风险的 25% ~ 50%。企业应尽可能多地规避市场风险，如通过套期保值规避利率风险和汇率风险、通过产品持续改进机制尽可能减少技术变革的风险、通过跨国经营规避特定国家的市场风险等。

β系数可用于评估证券的系统性风险，它用于度量一个证券或一个证券投资组合的收益相对于总体市场收益的波动性。β值反映了某个证券与总体市场变化的关联程度。上市公司的β值一般都可以在权威出版物上查到。

β=1，表明证券的收益变化幅度和整个市场完全一样。β>1，表明证券的收益变化幅度比整个市场大，收益变化更活跃，β值越大，其收益变化幅度相对于大盘越大。0<β<1，表明证券的收益变化幅度比整个市场小，而且β值越小，其变化幅度相对于大盘越小。β<0，说明证券收益变化的方向与大盘的变化方向相反，大盘涨的时候它跌，大盘跌的时候它涨。很多投资者愿意在投资组合里纳入β<0的证券。β=0，意味着证券是无风险的证券，一般是指政府证券。

证券投资组合的β值为投资组合中各种资产β值的加权平均，权重为各个资产投资额占整个投资组合总额的比例。

资本资产定价模型公式为：

证券回报率=无风险回报率+β×(市场回报率-无风险回报率)

β值越大，会在经济向好的时候更大地推动该证券的回报率，但在经济不好的时候，如果市场回报率小于无风险回报率时，β值越大则回报率更低。β值是根据过去的数据计算出来的，β值随着时间的推移而变化。

影响β值的因素：①经济周期。高科技公司一般受经济周期影响大，其β值较大；而电力、水利、食品等行业受经济周期影响小，其β值也较小。②经营杠杆。一般固定成本越大，公司的经营杠杆越大，β值也越大。③财务杠杆。财务杠杆越大，β值越大。④项目年限。一般来讲，项目年限较长，利率变化的可能性就越大，项目的价值变化就越大，β值也较高。⑤业务特征。公司中不同的战略业务单元可能会有不同的β值。

融资方要了解风险与回报率，便于制订融资工具的回报率，以在市场上具有竞争力；投资方要了解风险与回报，以寻找最佳的投资工具，从而得到较大的回报。折现率与风险直接关联。

3.5 金融衍生品

金融衍生品是指其价值依赖于原生资产（基础资产）价值变动的合约。金融衍生品的原生资产包括股票、股票指数、利率、汇率和大宗商品等。这种合约既可以是标准化的，也可以是非标准化的。标准化合约是指其基础资产的交易价格、交易时间、交易方式等都是事先经过标准化且大多在交易所交易。非标准化合约是指合约由交易双方自行约定，具有很强的灵活性。

根据交易方式金融衍生品可分为场内交易和场外交易。

场内交易又称交易所交易，指交易双方集中在交易所进行竞价交易。交易所向交易参与者收取保证金，负责清算和承担履约担保责任。交易所事先设计出标准化的金融合约，由投资者选择符合自身需求的合同和数量进行交易。期货和部分标准化期权都属于这种交易方式。

场外交易又称柜台交易，交易双方直接作为交易对手。这种交易方式可根据使用者的不同需求设计不同的产品。由于每个交易的清算是由交易双方负责，该方式仅限于信用程度高的客户。掉期交易和远期交易是具有代表性的柜台交易的衍生产品。

企业投资金融衍生品的主要目的是套期保值，以预防市场发生不利变化，如原材料价格大涨、债券价格大跌等。也有一些人或机构是为了投机。

根据产品形态，金融衍生品可分为远期合约、期货、期权、互换。

3.5.1 期货

期货是一种标准化的远期合约。远期合约指交易双方约定在未来某一特定时间、以某一特定价格、买卖某一特定数量和质量资产的合约。

期货是期货交易所制定的标准化合约，对合约到期日及买卖的资产的种类、数量、质量做出统一规定。由于远期合约是根据买卖双方的特殊需求由买卖双方自行签订的合约，因此期货流动性较高，远期合约流动性较低。远期合约和期货合约上面的价格是现在的或最近的价格。

期货与远期合约相比有如下特点：①期货在交易所完成，风险较小，而远期合约风险较大。②期货是标准化合约，而远期合约是个性化的。③期货交易中实物交割很少，一般都是在到期日按相反方向作对冲交易，而远期合约一般需在合约结束时进行实物交割。④期货交易者广泛。

期货包括实物期货（农产品、金属、能源等）和金融产品期货两种。金融产品期货又可分为利率期货、汇率期货、股指期货等。

利率期货即买卖有固定利息收入的证券，如债券、国库券等。若判断利息升高从而导致债券价格下降，则以现在的价格在未来卖出证券期货；若判断利息下降从而导致债券价格升高，则以现在的价格在未来买入证券期货。利率和证券价格逆向变化。利率期货并非买卖利率。

汇率期货即与外币价格变动相关的期货。通过判断外币是升值还是贬值从而相应地以现在的汇率买进或者卖出外币。

股指期货指与证券交易所的股指水平相关的期货，如美国纽约证券交易所纳斯达克股指、标准普尔指数、恒生指数、上证指数等。

从套期保值角度来讲，预测基础资产价格会上升而购买期货，称为多头，也叫买多；预测基础资产价格会下降而出售期货，称为空头，也叫卖空。套期保值的宗旨是让交易资产的价格在未来一段时间内固定下来而并非要赚钱。

例 3-66 某公司以玉米为原料，公司计划 2 个月后购买 1 000 吨玉米，公司预测玉米价格届时会上升，而目前的玉米价格为 500 元/吨，因此公司购买了多头套期保值的期货，期货合约规定的价格是 500 元/吨。若 2 个月后玉米价格上升至 600 元/吨，则该公司通过期货赚取的金额为 $1\,000\times(600-500)=100\,000$（元），但该公司在公开市场上需以 600 元/吨的价格购买，会比 2 个月前多付 100 000 元，两者抵消后，价格仍相当于 500 元/吨。若 2 个月后玉米价格下降至 300 元/吨，则该公司购买期货的亏损额为 $1\,000\times(500-300)=200\,000$（元），但该公司在公开市场上可以 300/吨的价格购买，会比 2 个月前少付 200 000 元，两者抵消后，价格仍相当于500元/吨。因此，无论怎样，期货都可以使未来一段时期内价格固定在当前价，从而实现套期保值的目的。

若预测某商品价格在未来一段时间会下跌，在期货交易所出售空头套期保值期货。其原理和多头套期保值期货一样，最终可以将商品价格在未来一段时期事先固定下来。

例 3-67 一个农场种植生产玉米，农场主将在2个月后将1 000吨成熟的玉米卖向市场，农场主预测玉米价格会低于现在的500元/吨，因此农场主出售相应的空头套期保值的期货。期货规定的价格为500元/吨。若2月后期货合约结束时价格上升至600元/吨，则此农场主的期货损失额为1 000×(600－500)＝100 000（元），但农场主在公开市场上以600元/吨的价格出售1 000吨玉米，会盈利100 000元，抵消后，售价仍相当于500元/吨，和2个月前价格一样。若2月后期货合约结束时价格下降至300元/吨，则此农场主通过期货赢利金额为1 000×(500－300)＝200 000(元)，但农场主在公开市场上以300元/吨价格出售1 000吨玉米后，会损失200 000元，抵消后，售价仍相当于500元/吨，和2个月前价格一样。

套期保值也叫对冲交易。在多头期货中，如果在期货市场上赚了钱，但在现货市场因高价购买产品会对冲赚的钱，从而保持价格稳定；相反，若在期货市场上赔了钱，但在现货市场上因低价购买商品会对冲赔的钱。空头期货的道理一样。

购买期货一般在初始时要交纳资产总价一定比例的保证金，然后每天盯市结算损益。

套期保值能避免不利的情况，但有可能会错过有利情况。比如：预测产品要涨价，以现在价格购买期货，如果产品真的涨价了，期货投资者会受益；但如果与预测相反，产品降价了，投资者则还得以期货规定的固定价格进行交割，不能享受低价购买。

套期保值的意义在于：①让价格在未来一段时间内保持一定的水平，企业不用担心要素价格波动而专注于市场开发、产品研发等增值性工作。②在成本高涨、利润空间受挤压的困难时期，通过套期保值可让企业不至于遭受灾难性的打击。③通过套期保值，可确保企业有足够的现金流用于研发投资、客户维护、市场开发等不可或缺的业务。

当然套期保值也有缺点，比如盯市“割肉”、可能会错过有利的情况、有一定风险等，因此企业要综合利弊。

3.5.2 期权

1. 期权的概念及分类

期权合约指在到期日（欧洲期权）或到期日之前的任何时间（美国期权），拥有以某一特定价格买卖某一特定种类、数量、质量原生资产的权利的合约。期权合约既有在交易所上市的标准化合约，也有在柜台交易的非标准化合约。期权是一种赋予期权持有人购进或售出一种资产的权利而非义务的合约。是否履行合约完全取决于期权持有者的意愿。

期权分为看涨期权（又称认购期权、买方期权或买权）和看跌期权（又称认沽期权、卖方期权或卖权）。无论看涨期权还是看跌期权都涉及两个交易方，即购买期权者及期权出售者，因此期权可以分为购买看涨期权、购买看跌期权、卖出看涨期权和卖出看跌期权 4 种。

期权是有价格的，购买者购买看涨期权或看跌期权，出售方出售相应的看涨期权或看跌期权。购买看涨期权赋予期权持有者在固定的到期日或到期日之前按照指定价格（交割价或行权价）购买一定数量特定资产的权利；购买看跌期权赋予期权持有人在固定的到期日或者到期日之前按指定价格出售一定数量的特定资产的权利。

购买看涨期权后，如果在期权期限内，资产的市场价格上涨并高于交割价，则期权持有者可较低的按行权价购买资产，而按较高的市场价出售资产。如果资产价格下跌，则不用行权，此时会损失购买期权的成本。

购买看涨期权行权的利润 = 资产市价 − 行权价格 − 期权成本

购买看跌期权后，如果在期权期限内，资产的市场价格下跌并低于交割价，则期权持有者可按较低的市场价购买资产，而按较高的行权价出售资产。如果资产价格上涨，则不用行权，此时会损失购买期权的成本。

购买看跌期权行权的利润 = 行权价格 − 资产市价 − 期权成本

对于期权的购买者而言，期权是一种权利而不是义务，若赚钱则行权，不合算则不行权；但对于出售期权者而言则是义务，当期权购买者想行权购买资产时，期权出售者必须出售该资产给期权的持有者。

购买期权和出售期权都有风险。购买期权相对风险较小，最多损失购买期权的成本，而出售期权风险较大。一般出售期权者最好是先买进资产，然后再以买进资产的价格或高于此价格出售。

相对于期货而言，期权的风险较小，因为期权持有者仅拥有权利而没有义务，而期货合约持有者既拥有权利也承担义务，期货投资者必须实现资产的交割，会同时面对收益和损失。期权投资者虽然可以不行权，但不行权也是有成本的，成本即购买期权的价格。一般期权价格相对于期货的初始保证金要小，相对于购买资产的金额就更小了。

购买期货与直接购买资产各有利弊：购买期货杠杆效应较强，投资金额相对要小，只需先期交纳资产总额一定比例的保证金；而直接购买资产需要一大笔资金，资金的机会成本高。直接购买资产的好处是在情况不好的时候可以不出手，但期货要实时割肉。

2. 期权定价

期权的定价模型包括布莱克-斯克尔斯期权定价模型、二项式模型和蒙特卡洛模型。

布莱克-斯克尔斯期权定价模型适合对简单期权的定价，如假设行权价在整个期权期间不变的欧洲期权。

二项式期权定价模型的发明较布莱克-斯克尔斯期权定价模型为晚，但现在比布莱克-斯克尔斯期权定价模型更为流行，在很多情况下较为准确，更适合较复杂的期权。此模型将整个期权期打碎成很多小的期间，可较准确地计算美式期权。

二项式期权定价模型和蒙特卡洛期权定价模型在计算较为复杂期权时都要强于布莱克-斯科尔斯期权定价模型，尤其在实物期权方面。

看涨期权价值的定价因素：①股价的预期波动越高，期权的价值越大。②期权的到期日越长，期权价值就越高。因为时间越长股价变动大的可能性就越大。③市场利率越高，期权价值越高。因为直接购买股票会发生利息成本，无论是借钱购买还是占压自有资金都会丧失机会成本。因此利息高的时候，人们更愿意买期权，因为期权的支出金额很小，利息成本低。④行权价格越低，看涨期权价值越高，因为利润空间更大。⑤股票价格预期上升的空间越大，看涨期权价格越高。⑥股息会影响股价上升，因为股息可以“憋大”股价，股息发放越多的股票的看涨期权价值越小，因为股票价值上升的动力不足。

看跌期权价值的定价因素同看涨期权，对价格的影响方向而言，上述①②③是一致的，而④⑤⑥正好相反。

3. 期权组合战略

期权组合用来减少投资风险、增加投资回报。

（1）保护性看跌期权战略。购买股票的同时购买看跌期权。购买股票后为预防股价下跌，可购买看跌期权。若在期权期间，股价大于行权价格，看跌期权则无价值，不行权。由于股票上涨赚取了回报，净回报是股票回报减掉购买看跌期权成本后的净额；若股价低于行权价格，股票投资发生亏损，但看跌期权可以行权赚取利润来补偿，从而减少了亏损，这时只会亏损看跌期权的购买成本。

相对单纯投资股票，这种组合基本上只赚不亏。即使亏损，亏损额也只是购买期权的成本。但此组合在股价上涨而赚取回报的时候，其金额少于单纯投资股票的回报，因为购买看跌期权是有成本的。这就好比为股票买了保险一样：无论股价跌到什么程度，投资者的亏损只限于购买期权的成本，大大降低了投资风险。股价上涨时投资收益理论上是无上限的。

（2）抛补性看涨期权战略。购买股票的同时卖出看涨期权。此战略使投资者在任何情况都肯定赚取期权价格收入。如投资者 A 在购买价格为 100 元的股票的同时出售行权价格为 100 元的看涨期权，出售期权价格为 5 元。若股价涨到 130 元，购买看涨期权的投资者 B 会行权，A 必须以 100 元的价格将股票卖给 B，100 元买进 100 元卖出不亏不赚，但 A 赚了 5 元的期权价格。若股价跌到了 90 元，购买看涨期权的 B 肯定不行权，A 稳赚 5 元。因此，A 无论股票涨还是跌都会赚取期权价格收入，缺点是相对单纯买股票，在股价上涨的时候赚得少了。与保护性看跌期权战略买跌相比，抛补性看涨期权战略是卖涨。

（3）同价对敲战略。也称跨式期权组合，指同时买进相同的行权价格、到期日及标的资产的看涨和看跌两种期权。该战略适用于股票市场波动大的情形，无论股票大跌还是大涨都可以得到不错的回报，而且涨跌越大越赚钱。但如果股票价格未动，则会损失购买双份期权的成本，如果股票价格的变化小于两份买期权的成本之和时会降低亏损。

例 3-68 同时买进看涨期权和看跌期权，行权价格为 50 元，期权价格为 2 元。如果股价涨到 53 元，看跌期权放弃因而亏损 2 元，但看涨期权会赚取 53 − 50 − 2 = 1（元）。如果股价跌到 47 元，看涨期权放弃因而亏损 2 元，但看跌期权会赚取 53 − 50 − 2 = 1（元）。因此无论涨还是跌，只要超过两个期权价格之和就可以赚钱。比如两个期权之和是 4 元，股票价格低于 46 元或超过 54 元就会赚钱。若股价跌到 6 元，则看涨期权放弃从而亏损 2 元，但看跌期权赚取 50 − 6 − 2 = 42（元），合计赚 40 元。

（4）蝶式买卖组合。又称蝶状价差组合战略，指购进 1 个较低行权价格的看涨期权及 1 个较高行权价格的看涨期权，同时卖出行权价格为上面 2 个行权价格平均值的 2 个看涨期权。此组合共有 4 个期权，到期日相同，而且涉及同一标的证券。当证券价格达到卖出看涨期权的行权价格时，回报率最高。

3.5.3 互换

互换合约（又称掉期合约）是交易双方签订的，在未来某一时期相互交换某种资产的合约。更为准确地说，互换合约是当事人之间签订的在未来某一期间内相互交换他们认为具有相等经济价值的现金流的合约。较为常见的是利率掉期合约和货币掉期合约。利率掉期是对同一货币进行的交易，而货币掉期是不同货币间进行的交易。

1. 利率互换

利率互换是指两笔货币、债务额、期限均相同的债务的浮动利率的利息支付和固定利率的利息支付之间的互换，但本金并不进行交换。若债务额及期限很难完全相同，双方可以进行一些金额、期限的修改，从而达成完全相同。

利率互换交易的先决条件是：①存在相反的筹资意向，即一方青睐浮动利率，而另一方倾向固定利率。②存在品质差异，或者利率的比较优势不同，通过交换，双方都可以得到更优惠的利率条件。

例 3-69 假设贷款总额是3亿元，期限为5年。A公司的信用条件很好，它可以得到6%的固定利率或以伦敦拆借利率（LIBOR）为基础上浮0.4%的浮动利率。B公司信用条件不太好，其贷款利率为固定利率8%，或以伦敦拆借利率为基础上浮0.7%的浮动利率。显然A公司无论是固定利率还是浮动利率都比B公司低。A公司出于某些原因想使用浮动利率，而B公司更青睐固定利率。如果不进行利率互换，A公司的浮动利率为LIBOR+0.4%，B公司的固定利率为8%，二者利率成本合计为LIBOR+0.4%+8%=LIBOR+8.4%。

现在进行利率互换。A公司贷款3亿元，使用固定利率6%，而B公司贷款3亿元，使用浮动利率LIBOR+0.7%。利息支付时，A公司支付B公司浮动利率LIBOR+0.7%，然后B公司将其支付给银行；B公司支付A公司固定利率6%，然后A公司将其支付给银行。这样，合计利率成本为LIBOR+6.7%。相比不进行利率互换，利率互换可以少支付1.7%。

双方可以分享这1.7%的福利。如果“五五分”，即各自在最初和银行协定利率的基础上减少0.85%。A公司最终支付给B公司的实际利息为LIBOR−0.45%，这样比最初和银行协定的浮动利率LIBOR+0.4%少支付0.85%。B公司贷款时跟银行的约定的浮动利率为LIBOR+0.7%，B公司需要额外支付其余的1.15%，加上收到A公司的LIBOR−0.45%正好为LIBOR−0.45%+1.15%=LIBOR+0.7%。而B公司最终的实际利息支出为7.15%，即支付给A公司6%再加上额外支付的1.15%，也比若不使用利率互换和银行协定的固定利率少付了8%−7.15%=0.85%，双方皆大欢喜。

利率互换的目的：①降低融资成本。信用条件好的一方可以通过“变卖信用”，使双方都得到更优惠的利率。②规避利率风险。只能使用浮动利率贷款的一方可以通过交换为固定利率实现利率保值。③利于资产负债管理。目前的会计准则并不要求对利率互换进行披露，可对外保密。④因为不互换本金，所以风险较小。⑤手续简单，交易可迅速达成。

利率互换也有不足之处：①没有标准化的合约，可能找不到互换方。②有违约风险，需要通过第三方约束。

2. 货币互换

货币互换是指两笔金额与期限相同，但货币种类不同的债务资金之间的互换，包括本金互换和利息互换。初期本金交换时一般用即期汇率，到期本金交换时可以用即期汇率也可以用远期汇率，无论怎样，都是为了将汇率固定下来，避免汇率波动的干扰。

例 3-70 某中国公司 A，经常用美元支付从美国进口的货物，希望得到 10 亿美元的贷款。假设按照即期汇率折合人民币大约是 68 亿元，但 A 公司不太容易得到美元贷款。而此时一家美国公司 M 需要用人民币支付从中国进口的商品，M 公司也很难直接得到人民币贷款，它需要的人民币贷款大约为 70 亿元。双方进行货币互换，即 A 公司在中国以较优惠的利率得到 68 亿元人民币贷款，而 M 公司以较优惠的利率在美国贷到一笔 10 亿美元贷款，双方协定初始和货币到期的汇率价格都是即期汇率 6.8∶1。M 公司将 10 亿美元给 A 公司，A 公司将 68 亿元人民币给 M 公司，双方约定 A 公司向 M 公司支付美元利息，而 M 公司向 A 公司支付人民币利息。在贷款到期时，A 公司归还 M 公司 10 亿美元，而 M 公司归还 A 公司 68 亿元人民币。

货币互换的优点：降低融资成本；规避汇率波动的风险；拓展了融资渠道。

货币互换的缺点：存在双方违约的风险，最好通过第三方进行约束；寻找特殊币种交易方不太容易。

3.5.4 公司重组

公司重组包括并购、剥离及破产等。

1. 并购

并购包括兼并和收购。兼并是指购买了一家公司后，被购买公司在法律意义上不再存在。兼并有两种形式：一是兼并后实施兼并的公司继续存在；二是兼并后以新的法人形式存在。假设实施兼并的公司为A，被兼并的公司为B，则A+B=A，B从此不再存在；假设实施兼并后两个公司都不再存在，称为合并，即A+B=C。

并购的三种形式：①水平并购，指两个或多个存在竞争关系的同行业内的企业合并，比如一家汽车企业收购另一家汽车企业。②垂直并购，指对上下游企业的并购，比如航空公司收购旅游公司。③混合并购，指非同行业也非上下游关系企业之间的并购，比如房地产企业收购足球俱乐部。

并购的优点：可以立即得到可量化的现金流及利润；可得到现成的企业、市场、技术及人才，实现更迅速的发展；可达到更大的规模效应，比如共用管理层及销售渠道等；可以丰富企业的产品类别，减少经营风险；为员工创造更多的发展机会；利用结转的亏损额达到税务优惠目的等。

并购的缺点：企业可能要承担巨额负债，增加企业的经营风险，影响股价；可能出现并购失败；被并购企业的经营目标可能与并购企业不一致。

并购时评估公司价值的主要方法如下：

（1）现金流折现法。此方法被认为是理论上最准确的方法。通过预测目标企业未来创造的自由现金流的现值，从而计算企业的内在价值。折现率使用并购方的税后要求回报率。并购企业的买价不应该大于此现金流现值。现金流折现法的优点是可对目标企业进行彻底全面评估，理论上最准确；缺点是复杂、耗时，很多数据难以准确预测。

（2）相对估值法。相对估值法使用最多的是市盈率。如果目标企业是上市公司，用其市盈率乘以每股收益率，得出目标企业的股票价格，然后再乘以股票数量得出其整体估值。如果目标企业是非上市公司，则在上市公司中寻找同类企业的市盈率，然后用目标公司的年净利润乘以该市盈率，得出其整体估值；也可以寻找最近卖出的同类非上市企业，用其卖价除以净利润，然后乘以目标企业的净利润，得出其整体估值。在实际工作中，也可以使用市净率与市销率。

（3）账面价值调整法。对企业的账面净资产进行调整，考虑资产和负债的公允价值和商誉等。账面价值调整法的优点是会计信息比较全面，缺点是公允价值估算较为复杂。

并购时可同时用上述三种方法。

现在越来越多的企业并不情愿被并购，因此必须掌握足够的反“骚扰”“自卫”的技能。反并购的主要措施有：

（1）错开到期的董事会制。董事会成员的任期时间错开，不在同一时间到期。这样，收购方很难在短时间内占有董事会多数议席。

（2）绝大多数投票原则。在遇到被并购情况时，可及时通过董事会决议改变公司章程，规定公司重大事项须有绝大多数股东同意才可以，比如80%以上。

（3）“金色降落伞”。公司章程规定如果企业被并购，高管须拿到巨额赔偿。

（4）“白衣骑士”。被收购企业找一个友好企业佯装参与收购，并报出非常高的收购价，以此将别的收购者吓跑。

（5）“毒丸”。在遭到一定威胁的情形下，比如公司股份被收购了一定比例，公司可通过一些极端行为来减少自身价值。例如，给现有股东低价配股以稀释股价；让债券持有者赎回债券，从而使企业的现金流遭受重创等。收购者知晓此规定后往往会知难而退。

（6）派克曼式防御。以进为守，主动出击，购买收购方的股票。

（7）溢价回购措施。目标公司以有吸引力的溢价回购收购企业先前购买的本公司的股票，以阻止收购企业的收购行为。在溢价收购后，目标公司和收购企业达成约定，停止对本公司的收购行为。

（8）企业私有化，比如杠杆私有化。

（9）售卖“皇冠之珠”。“皇冠之珠”往往是形容公司有吸引力、颇具收购价值的部分，如某种业务、专利或多项优质资产等。如果企业将“皇冠之珠”卖掉或抵押，收购者可能就对企业失去兴趣。

（10）“龙虾夹”。公司章程规定股份比例超过10%的股东不得将可转换证券（如可转债等）转换成股票以拥有更多的投票权。这在一定程度上可防止股东拥有更多的股权。“龙虾夹”的原意是抓大龙虾，而放过小龙虾。

（11）员工持股计划。公司鼓励员工持有公司股份，而员工为了自己的工作及前途考虑，不会轻易出售自己手中的股票。如果持股的员工数量众多，收购企业会无从下手。

（12）构建资本结构堡垒策略。通过改变和“修建”公司的资本结构来防御被收购，具体策略有回购股票和增发股票策略。公司回购股票造成在外流通的股票减少，股票价格随之增高，这都会在一定程度上防御被收购。增发股票会扩大流通股票的数量。

（13）法律起诉。起诉收购企业干扰运营等的一些行为，以推延收购。标购是收购企业的一种形式，指收购企业公开向被收购企业的股东们就股票进行较高的报价，以收购股份。它一般会绕过管理层，属于恶意收购。

2. 剥离

公司应定期评估自身已有业务，该剥离的及时剥离。

剥离的主要动机为：剥离非核心业务，专注于企业特长；获得资金；实现更大的市场价值；使股价更稳定；摈弃公司业绩不好的业务；来自管理机构以及股东的压力等。

剥离的主要方法有：①分拆。将部门剥离成立独立的公司，原公司的股东同比例地拥有剥离出来的公司的股份。由于独立公司的经营者压力加大，有利于企业改善经营。②股权割让。将部门剥离成立独立的公司，独立公司的部分股票向公众出售。③分解。将原来的公司拆分成两个或两个以上独立运营的公司，原公司不再存在。

3. 重建

公司重建并不一定代表公司遇到了困难，而是为了利益最大化。重建的形式有：

（1）从上市公司变为私有公司。指其他公司或本公司的管理人员通过债务杠杆收购市面上的股票，从而使公司退市而成为私有公司。债务杠杆是指大部分收购资金来源于通过对被收购上市公司的资产进行抵押而获得的银行贷款或者发行的垃圾债券等，也称杠杆收购。杠杆收购也可以用于非上市公司。如果杠杆收购中仅有被收购公司的管理人员参与，称为管理层收购。上市公司私有化会使公司管理费用降低，管理层及相关员工变为公司的所有者，他们会受到更大的激励，企业运营也具备更大的灵活性。

（2）员工持股计划。将一定比例的股份有偿或者无偿地转移给员工。员工持股计划可将员工的利益和公司的利益挂钩，提高员工的工作积极性和忠诚度。

（3）发行追踪股票。指集团公司的某个部门单独发行股票，这样更有利于业绩考核。

3.5.5 国际理财

企业进行全球化经营会面临国际理财问题，如异国融资、他国投资、跨国转移定价及国际贸易等。

1. 汇率

汇率是指一单位某国货币（本币）能买多少单位他国货币（外币）。若1美元可以买6.8元人民币，相应地1元人民币就能买1/6.8美元。汇率代表他国货币的价格，由外汇市场决定。

汇率的表达方法有直接法和间接法两种。直接法以1单位外币能兑换多少单位本币表示，如在中国，1美元、1欧元、1英镑能兑换多少人民币。间接法以1单位本币能兑换多少单位外币来表示，如在中国，1元人民币能兑换多少美元、欧元、英镑等。直接法较常用。直接法和间接法互为倒数。假如直接法下1欧元可买8.3元人民币，则间接法下表示为1元人民币可买0.120 5欧元。

汇率分为固定汇率和浮动汇率。

固定汇率的优点：防止政府干预汇率；防止汇率投机；减少外币结算的不确定性，减少汇兑损益的发生。

浮动汇率的优点：促进国际贸易的自然调节，防止国际贸易收支的极端化，促进国际贸易和世界经济的稳定；低汇率可促进出口及贸易顺差，但大量商品出口会使外汇市场对出口国货币的需求增加，汇率会升值，随之该国出口商品价格上升，从而减少出口贸易及贸易顺差；促进货币自治。

汇率代表货币的价格，受供求关系影响。供不应求时升值，供大于求时则贬值。影响汇率的主要因素有国际贸易收支、利率、通胀、货币政策、国家整体经济情况以及公共债务水平等。

（1）汇率和进出口贸易的关系。汇率和进出口贸易的关系一般为：某国若是贸易顺差，即出口额大于进口额，则该国汇率一般会上升，该国货币升值；相反，若是贸易逆差，即出口额小于进口额，则汇率一般会下降，该国货币贬值。

假设A是出口方，B是进口方。A出口时，无论B用A国还是B国货币支付，都会形成对A国货币的需求。如果用出口方A国货币支付，B需用本国货币换取A国货币，从而形成对A国货币的需求；如果用进口方B国货币支付，A收到B国货币后需换取本国货币，从而形成对A国货币的需求，因为在A国无法使用B国货币。因此，两个贸易国之间，如果一国出口额大于进口额，对出口国货币的需求量会相对应增加。在货币供给不变的情况下，出口国货币升值，从而该国出口商品价格增长，导致出口减少，逐步恢复国际贸易收支平衡。如果一国出口额远小于进口额，对出口国货币的需求量减少，在货币供应不变的情况下，出口国货币贬值，从而该国出口商品价格降低，促进出口增加，逐步恢复国际贸易收支平衡。

（2）汇率和利率的关系。一国利率相对于他国利率高，会吸引热钱进入。热钱进入时要先购买该国货币，这样就会造成对该国货币的需求增加，在货币量供应不变的情况下，该国货币升值。

（3）汇率和通胀的关系。一般来说，通胀会造成本国商品价格上升，对出口不利，从而造成货币贬值。在通胀情况下，实际利率回报会降低，从而推动资本外逃，对该国货币需求量减少，汇率降低。如果A国的通胀率高于B国，则A国货币相对于B国货币会贬值。

如果国家采取加息等货币紧缩政策来抑制通胀，汇率可能会回升。

（4）汇率和其他因素的关系。①经济景气程度。一个国家经济好一般会吸引大批外资进入，对该国的货币需求量增加，促使该国货币升值，否则贬值。一个国家政治、经济稳定，汇率会相对稳定，否则汇率会变化较大。相反，如果一个国家政治、经济动荡，投资者会出逃，引起该国货币贬值。②货币政策。一般来讲，一个国家若实行宽松的货币政策，其货币相对会贬值，否则升值。③公共债务水平。一般来讲，一个国家的公共债务水平过高，会引发投资者担忧，引发资本外流，造成货币贬值。

（5）汇率对经济的影响。汇率升值对依赖出口的国家影响较大，因为汇率升值会造成出口商品价格升高，阻碍出口；但汇率升值可使进口商品更便宜。

出口企业可采取以下措施应对汇率的变化：若本国货币贬值，企业应大力促进在国外的营销，因为货币贬值会促进出口；进口方面可选择本地供应商。若本国货币升值，企业可大力促进国内销售；进口方面可加大进口力度，因为进口成本降低。

（6）汇率风险的规避。汇率风险的规避方法有：购买外汇远期合约或期货合约；外汇互换；尽量减少外汇应收账款或负债；尽量使用本国货币收支；设置外币账户；推迟或提前支付外币。

（7）汇率计算。一般地，两国货币 A 与货币 B 之间，若 A 相对于 B 升值 N%，则 B 会贬值，A 的新汇率 = B 之前的汇率 ×（1 + N%），B 的新汇率 = A 之前的汇率/（1 + N%）；若 A 相对于 B 贬值 N%，则 B 会升值，A 的新汇率 = B 之前的汇率 ×（1 − N%），B 的新汇率 = A 之前的汇率/（1 − N%）。就升值贬值幅度而言，若 A 相对于 B 升值 N%，则 B 会贬值 1/（1 + N%）− 1；若 A 相对于 B 贬值 N%，则 B 会升值 1/（1 − N%）− 1。

假设货币 A 和货币 B 国的汇率为 1 : 6。若货币 A 相对于货币 B 升值 10%，则 1 单位货币 A 购买货币 B 的单位数由原来的 6 变为 6 ×（1 + 10%）= 6.6。相应地，1 单位 B 购买货币 A 的单位数由原来的 1/6 = 0.166 7 变为 1/［6 ×（1 + 10%）］= 0.151 5，货币 B 的贬值幅度为［（1/6）/（1 + 10%）− 1/6］/（1/6）= 1/（1 + 10%）− 1 = −9.09%。

假设货币 A 和货币 B 国的汇率为 1 : 6。若货币 A 相对于货币 B 贬值 5%，则 1 单位货币 A 购买货币 B 的单位数由原来的 6 变为 6 ×（1 − 5%）= 5.7。相应地，1 单位货币 B 购买货币 A 的单位数由原来的 1/6 = 0.166 7 变为 1/［6 ×（1 − 5%）］= 0.175 4，货币 B 的升值幅度为［（1/6）/（1 − 5%）− 1/6］/（1/6）= 1/（1 − 5%） − 1 = 5.26%。

2. 国际贸易

自由贸易和贸易保护是贸易形态的两个极端，不同国家政策的偏向程度不同。

自由贸易是指国际贸易中不存在人为的壁垒，其优点有：国与国之间获得相对竞争优势，各取所长，达到双赢；促进世界资源的最大化；促进价格合理；提高效率。

贸易保护是指国际贸易之间有人为的壁垒，如关税、进口限制、进口配额、出口限制、出口配额、严格审批等。其优点有：保护本地就业；保护民族工业；促进本国生产多样化，防止特殊时期（如战争）出现问题。

国际贸易的作用：①促进全球生产要素的充分利用。劳动力、技术、资本等生产要素在世界各国的分布是不平衡的，有的国家劳动力富余而技术落后，有的国家资本充足而劳动力短缺。若没有国际贸易，这些国家的发展会受到其生产要素短缺的制约，同时一部分富余生产要素将闲置，生产潜力得不到发挥。通过国际劳务贸易、技术贸易、资本投资等国际贸易方式，将生产要素进行交换，可使生产要素短缺对经济的制约问题得以缓解或消除，富余生产要素得以充分利用。②国际竞争压力可提高效率。③利用比较优势进行国际分工和国际贸易，可以扩大优势商品生产，减少劣势商品生产，从国外换回本国处于劣势的商品，从而在社会生产力不变的前提下提高生产要素的效能。④提高国民收入。⑤充分竞争可促进价格降低。⑥促进竞争，防止垄断。

国际贸易面临的问题：①不同国家之间的法律存在差异。②不同国家有不同的习俗。③存在资产被征收的威胁。④国内企业可能会受到冲击，就业可能受到影响。⑤可能遇到战争、政治动荡等风险。

3. 跨国资本预算和融资

（1）跨国投资需要考虑的因素。

在国外进行长期投资，除了在制订国内资本预算时需要考虑的因素，还需考虑：①项目要求回报率需根据所处国家的政治、经济等方面的风险情况进行调整。②公司整体总的现金流。因为在一个国家赚取了正的净现金流，可能在别的国家会受到不利影响。③货币汇率变化给项目带来的影响。④通货膨胀的影响。通胀不只会影响项目所在国的材料成本及产品定价等，也会对汇率产生影响。⑤税率的影响。不同国家税率不同，特定时期的税收优惠不同。⑥各国不同的会计制度和会计标准等。

（2）国际贸易的融资和支付。

1）相对于国内贸易，国际贸易面临着更大的违约风险。较常用的国际贸易付款的形式有：①信用证，指银行根据进口商的请求，开给出口商的一种保证承担支付货款责任的书面凭证。②即期汇票，收到货物后立即开给出口商付款的汇票。③远期汇票，承诺在未来某一个特定时间付款的汇票。④赊账贸易，又叫记账贸易，指出口商给予进口商一定的账期，双方以合同为约束，有一定的风险。⑤进口商支付预付款。⑥寄售形式，即出口商发运商品至进口商，只有货品销售后，进口商才进行付款，对于还未售出的商品，进口商不付款。

2）国际贸易的融资方法有：①银行承兑汇票。②以外币收款或付款。③对销贸易，又称互抵贸易、反向贸易，即贸易双方交换商品或劳务，而不是支付货币。④福费廷，出口商将应收票据出售，从而立即得到现金。福费廷确切来讲是应收账款保理的一种，但相比其他应收账款保理，福费廷的风险对于购买者而言更小，因为不是出售应收账款而是出售与应收账款相关的本票、汇票等应收票据。应收票据的买方一般对出口商无追索权。福费廷的购买者，即融资提供方，一般是专业做出口融资的银行或其他金融机构。福费廷一般涉及的票据期限是中长期的，至少 180 天，票据金额一般在 10 万美元以上。⑤跨国保理，出口商出售其应收账款，从而得到现金。跨国保理一般通过跨国保理网络进行，出口国的保理商可以联系进口国的保理商进行收款工作。⑥外币借款。企业在国际贸易时可能会发生外币借款，以进行货款支付行为。外币借款除了产生利息费用外，还可能会产生汇兑损益。

外币借款在计算实际利率时要考虑汇兑损益。

例 3-71 假设某中国公司从银行获得了一笔 1 000 万美元的外币借款。借款时美元对人民币的汇率是 1:6.8，借款年利率为 5%。借款期限为 3 个月。借款到期日一次性还本付息。

有外币业务时，中国公司需要记本币和外币两套账。借款时，记本币账。借记现金 6 800 万元人民币，贷记短期贷款 6 800 万元人民币。同时记外币账，借记现金 1 000 万美元，贷记短期贷款 1 000 万美元。利息及本金支付日，汇率变为 1:6.95。在 3 个月的最后一天应支付 3 个月的美元利息总计为 $1\ 000\times0.05\times90/365=12.328\ 8$（万美元），支付本金 1 000 万美元，本息共计1 012.328 8万美元，发生的汇兑损益为 $1\ 012.328\ 8\times(6.95-6.8)=151.849\ 4$（万美元）。因为多付了人民币，所以为汇兑损失。

根据本币账，期间发生的利息费用为 $6\ 800\times0.05\times90/365=83.835\ 6$（万元）。实际利率为 $(83.835\ 6+151.849\ 4)/6\ 800\times365/90=14.1\%$。利率计算一定要按照借款时的汇率计算的本位币本金来进行。另外，在会计核算中，汇兑损失和利息费用是两个会计科目。

如果汇率在还本付息日未发生变化，则利息费用为 $6\ 800\times0.05\times90/365=83.835\ 6$（万元），因此实际利率为 $83.835\ 6/6\ 800\times365/90=5\%$，实际利率和规定利率相等。

外币借款的实际利率的计算：①利息费用等于借款时汇率折算的本币本金乘以规定利率。②计算因汇率变化产生的汇兑损益。外币利息和本金都要计算汇兑损益，然后相加。③本位币的利息费用与汇兑损益之和除以借款时汇率折算的本位币本金，然后除以贷款天数再乘以 365，即得外币借款的实际利率。

3）国外直接投资。国外直接投资是指直接投资国外项目并参与运营管理，如在国外建立合资或独资企业。它是相对于间接投资而言的，向国外间接投资方式有购买国外股票、出口、技术转让等。

国外直接投资的优点：可避开国际贸易壁垒，如关税、禁售等；可享受国外的税收优惠；可利用当地廉价的劳动力和原材料等；可延长国内生产产品的生命周期；可更好、更快地服务当地客户；可直接参与投资企业的运营管理。

（3）转移定价与税收。

利用各国所得税税率的不同，集团公司可在法律允许范围内利用转移定价制订有利于公司总体利润的决策。在将产品由所得税税率较低的国家卖到所得税税率较高的国家时，可制定较高的转移价格；将产品由所得税税率较高的国家卖到所得税税率较低的国家时，制定较低的转移价格。此定价方法会使总公司得到较高的净利润，因为更多的利润留在了所得税税率较低的国家。

假设转移价格为 Y，卖方 A 公司的成本为 C，买方 B 公司的对外销售价格为 S。若卖方所在国的所得税税率为 T_S，买方所在国的所得税税率为 T_B。如果没有关税，则所得税总支出为 $(Y-C)\times T_S+(S-Y)\times T_B=Y\times(T_S-T_B)+S\times T_B-C\times T_S$。若 $T_S<T_B$，即 (T_S-T_B) 为负数，Y 越大，所得税支出就越小。因此，若卖方所在国的所得税税率小于买方所在国的所得税税率，转移定价越大越好；若卖方所在国的所得税税率大于买方所在国的所得税税率，则转移定价越小越好。

例 3-72 某公司 A 国分公司卖给 B 国分公司 1 000 件商品，单位成本为 10 000 美元，B 国分公司购买后卖给客户的售价为 20 000 美元，A 国所得税税率为 40%，B 国所得税税率为 20%。

方案一：卖方 A 的转移定价为 12 000 美元，则 A 国分公司的所得税费用为（12 000 − 10 000）× 1 000 × 40% = 800 000（美元），B 国分公司的所得税费用为（20 000 − 12 000）× 1 000 × 20% = 1 600 000（美元），公司总税负为 2 400 000 美元。

方案二：卖方 A 的转移定价为 15 000 美元，则 A 国分公司的所得税费用为 2 000 000 美元，B 国分公司的所得税费用为 1 000 000 美元，公司总税负为 3 000 000 美元。

这两个方案公司总的税前利润都是 1 000 ×（20 000 − 10 000）= 10 000 000（美元），但方案一的总税负小多了，因此方案一的净利润相对较高。

（4）国际收支差额。国际收支差额是指一个国家在某一段时间内与国外进行的所有经济活动的收入和支出差额，包括个人、公司、政府机构从事的经济活动。国际收支差额提供了详细的该国货币的供求信息。国际收支差额可以用来评估该国的经济竞争力。顺差一般意味着该国的竞争力强。

国际收支一般包括经常性账户和资本性账户两部分。

经常性账户包括国际贸易差额（出口额减进口额后的净额，主要涉及商品和服务贸易）和投资收益差额（国外投资的收益收入减支付到国内的属于外国投资者的投资收益）。若经常性账户的收入大于支出，则称为顺差或盈余；若收入小于支出，则称为逆差或赤字。一个国家如果存在长期较大的经常性账户逆差意味着该国的债务增长或者该国的资产的所有权相对被外国投资者拥有的较多。

广义的资本性账户是指对国外资产拥有权的净差额，包括国际贷款、投资以及一个国家央行的外汇市场的运营等。狭义的资本性账户的定义不包括一个国家央行的外汇市场的运营。

$$\text{国际收支差额} = \begin{matrix}\text{经常性账户}\\ \text{收支差额}\end{matrix} + \begin{matrix}\text{狭义的资本性账户}\\ \text{收支差额}\end{matrix}$$

注意，经常性账户收支差额 + 广义的资本性账户收支差额 = 0。就像会计分录一样，在经常性账户和广义的资本性账户之间，一方是借，另一方肯定是贷。

第 4 章　决：日常运营

公司在日常运营中应掌握两大知识点：一是每项重大职能的基本运营程序；二是实现财富最大化的技能。

4.1 战略营销

营销是企业的重要职能。企业往往由财务部牵头建立内部控制系统，如果财务人员不熟悉营销运营程序及其要素，就无法开展此项工作。

掌握营销运营程序及其要素有利于财务人员更好地进行决策。财务总监经常要参与销售重大决策，如定价及最优客户组合等。决策时必须考虑非财务要素，比如是否停止销售现在亏损的产品、客户提出的特殊要求等。

掌握营销运营程序及其要素有利于财务部门对营销部门进行财务支持，比如制订更高效合理的差旅费报销制度，给相关销售人员以财务、税务方面的培训等，这就要充分了解营销工作的特殊性。

掌握营销运营程序及其要素有利于财务部门和营销部门的沟通与协调，在沟通时可以说同样的语言，从而赢得尊重，减少矛盾。

掌握营销运营程序及其要素有利于准确、深刻地进行企业财务和经营分析，撰写相关报告，避免“蜻蜓点水”。

4.1.1 战略营销的内涵

战略营销相对于传统意义上的营销有如下特点：

战略营销更全面、系统地阐述了营销运营的过程以及关键要素。战略营销包括市场细分、目标市场选择和市场定位（STP，即 Segmentation，Targeting，Positioning），产品与服务战略（Products），定价战略（Pricing），营销组合战略（Promotion），分销渠道和供应链管理战略（Place）。而狭义的营销运营仅包括广告、促销、个人销售、分销等要素。

传统的营销往往为销售而销售，只侧重销量和销售收入，没有全面贯彻所有者财富最大化这一公司根本使命，会失去大量创造财富的机会。而战略营销在营销环节运用了许多为企业增值的技能，如利润最大化最优客户组合、利润最大化最优产品组合、最大化运营现金流、特殊订单决策等。

4.1.2 市场细分、目标市场选择与市场定位

营销基本可分为大众营销和目标营销两类。大众营销法认为客户需求都是一样的，从而大规模地生产及销售一种产品。目标营销法认为客户需求是不同的，对不同客户应提供不同的产品。现在越来越多的企业采用目标营销法。

目标营销法分 3 个步骤，即“市场细分—目标市场选择—市场定位”。

市场细分是确定不同的市场需求和客户群，对其按照地理、人口、心理、行为等进行细分。人口细分是根据人口变量如年龄、性别、职业、国籍等来划分市场。市场需求会因人口变量的不同而不同，如对服装产品而言，包括女性服装与男性服装、儿童服装与成年人服装、休闲服装与正装等。

进行市场细分后，企业需确定其中一个或几个领域作为目标市场开展业务。

市场定位，即企业打算给客户留下什么样的印象，以区别于其他公司的产品。市场定位的 3 个步骤：①识别竞争优势。企业必须比竞争对手更好地了解消费者的需求并提供更多的价值，以此获取竞争优势。市场定位始于差异化，包括产品、服务、渠道、人员、形象等方面的差异。②确定竞争优势。企业应侧重其中一个突出优势，太多的优势宣传会让客户印象不深。③确立价值主张。这是企业战略的重要组成部分。价值主张的内容包括目标客户、产品优势等与竞争对手的区分等。

4.1.3 产品战略

1. 产品线

产品线是指一组紧密相连的产品，它们有类似的功能，可销售给同类客户或通过同一类型渠道销售，如照明系列产品。对产品线重要的决策内

容是产品线的长度。产品线长度决策一般涉及 3 种情况：①向上延伸，增加高端产品。②向下延伸，增加低端产品。③填充，增加中间产品。

2. 产品组合

产品组合决策又称产品搭配决策，指企业的全部产品系列。企业的产品组合有宽度、长度、深度和相关度 4 个维度：

（1）产品组合的宽度。企业具有多少不同的产品线。某跨国企业曾经有 13 个不同的产品线，包括医疗、飞机发动机、照明等。

（2）产品组合的长度。指对产品线进一步细分的产品。如某跨国企业照明部有体育照明、居民照明、工业照明等，其 13 个产品线共有 26 两种产品。

（3）产品组合的深度。指每一种产品所拥有的型号，如白炽灯有 25 瓦、40 瓦、60 瓦等。

（4）产品组合的相关度。指各条产品线在生产要求、分销渠道、用途等方面的关联度。若一个企业有很多产品线，它们都可通过一个销售渠道销售，则意味着产品组合的相关度高。

3. 商标战略

（1）每种产品一个商标，如某公司每种洗发水产品都有商标。

（2）每个产品线一个商标。

（3）整个公司一个商标。

（4）私有品牌，如很多超市经常会卖自己品牌的商品。

（5）品牌联合。

4. 产品的生命周期

产品生命周期理论认为产品会经历研发、市场导入、增长、成熟、下滑等不同阶段，在不同阶段需要不同的营销策略。

在产品生命周期的不同阶段，可按照营销目标及 4P 顺序确定不同的营销战略：

（1）产品研发阶段。特点是公司没有销售收入，仅发生研发成本。

（2）市场导入阶段。特点是产品刚引进市场，竞争对手少，销量低，销售增长缓慢，成本高，利润低。该阶段的主要营销目标是增进顾客对新产品的尝试。

主要营销战略：①由于产品类型不多，应专注于推广基本规格的产品。②由于产销量少、成本高，价格一般也较高。厂商尽可能压低价格甚至免费，增进客户体验。③促销及推广费用会很高，大力宣传会增进客户对产品的认知。促销一般有展销、免费试样等手段。④分销渠道需要精挑细选，因为分销商会在很大程度上帮助公司做营销。

（3）增长阶段。特点是产品销售进入增长期，有可能形成“井喷”，新的竞争对手会加入并可能会引进新的产品类型，市场不断扩大。销量增加导致单位成本下降、利润增长，但市场未饱和。此阶段的主要营销目标是市场份额最大化。

主要营销战略：①持续改善产品质量，增加产品的功能及类型。②采用市场渗入定价战略，以低定价占领尽可能大的市场份额。③公司营销费用继续保持高位。广告策略从建立认知转换为劝说式广告。狭义的促销稍显次要，因为此时市场需求比较旺盛。④应建立较密集的分销渠道，以支持迅速增长的市场。

（4）成熟阶段。成熟期一般较长，销售额达到了巅峰并逐步放缓。有些公司可能会出现产能过剩，较弱的公司会退出市场。此阶段的主要营销目标是在捍卫市场份额的同时争取利润最大化。

主要营销战略：①企业应该通过产品差异化尽量保持市场份额。②必要时进行降价以促进销售。③采用提醒式广告，发起全新的广告形式，积极进行各种狭义上的促销手段，如打折、返券等。④保持较密集、成熟健全的分销渠道，但应避免渠道过剩，需要时可改进分销渠道方式，如由中间商销售改为直销。

（5）下滑阶段。特点是产品销量、售价同时下滑，利润相应下降，产品失去吸引力，很多公司选择退出，公司会削减产品种类、售价及营销费用等。此阶段的主要营销目标是减少开支，尽可能利用品牌效应维持销售。

主要营销战略：①积极保持。相信坚持就是胜利，同时对产品进行重新定位和塑造，以期回到增长阶段。②收割。减少广告、促销、销售支持等费用。因为存在品牌效应，销售可能会维持一段时间。因为大量削减研发及营销等成本，利润可能还不错，但时间不会很长。③放弃。通过卖掉、转让或清算方式撤出市场。

4.1.4 定价战略

1. 定价决策

产品定价考虑的主要因素是产品成本、客户及竞争对手状况等，包括内部和外部的因素。

定价主要考虑的内部因素：①营销战略目标。当产能过剩、销售不足时，企业要保证生存；为使利润最大化，在市场较好时尽可能定高价；需要市场份额领先时，价格一般很低；需要产品质量领先时，价格一般会很高；为阻止竞争对手、保持顾客忠诚度、更好地销售其他产品，尽可能定低要价。②营销组合战略。价格决策必须考虑营销组合的其他部分，如产品设计、分销和促销等。因为影响客户购买的不只是价格，还有售后服务、分销渠道等。③产品成本。

定价主要考虑的外部因素：①市场结构。市场结构有完全竞争、垄断竞争、寡头垄断和完全垄断 4 种类型。完全竞争市场是指市场上有大量厂商生产和销售标准产品（即产品特征没有区别），单个厂商所占市场份额极小，不足以影响市场价格，厂商只是价格接受者，企业进出市场都很容易，如农产品市场。垄断竞争市场是指市场上的产品在质量、性能等方面是有区分的，顾客可根据自己的喜好选择，如服装市场。寡头垄断市场是指几家大的厂商占据了大部分市场份额，进入门槛高，厂商间相互影响，一家厂商降价，其他厂商也可能会马上降价，如汽车市场、牛奶市场。垄断市场是指仅一家厂商生产销售某种产品，市场进入壁垒很高。厂商是市场价格制定者，有规模经济的优势。因为没有竞争，所以很少打广告。垄断市场需求是非弹性的。②需求的价格弹性。③消费者对产品价格的看法。定价决策和其他营销组合决策一样，必须是购买者导向型的。④竞争对手的信息。⑤其他如行业情况、产品的生命周期、替代品情况等。

产品定价可分为短期定价和长期定价。短期定价是指短期的、一次性的定价。长期定价一般是1年以上的，着眼于长期的定价。长期定价主要有市场基础定价法和成本基础定价法两种。无论哪种定价法都必须同时考虑竞争对手定价、客户接受的价格和产品成本等。

2. 市场基础定价法

市场基础定价法是指以市场为出发点进行产品定价，充分考虑客户接受的价位、竞争对手的产品价格等要素，适合市场竞争比较激烈的企业。市场基础定价法又分为目标定价法和竞争基础定价法。

（1）目标定价法。目标定价法的步骤：①通过市场调研预计客户愿意接受的产品类型和价格，同时试探竞争对手的反应。②根据公司的目标利润计算出目标成本。目标成本包括生产成本和非生产成本。③依据目标成本制造符合市场需求的产品。若目标成本较低，可通过价值工程法、并行工程法、反向工程法、质量功能配置等方法降低成本。

价值工程法指评估企业的价值链，在满足客户需要的前提下降低成本。分析价值链中哪些行为是增值的，哪些是不增值的，要去除不增值的行为，并持续改进增值行为。

并行工程法指在进行产品设计时要考虑对下游部门如生产、营销、分销、售后服务等的影响。很多时候产品设计会直接影响下游部门成本，且后期无法改变。

逆向工程法指对竞争对手的产品进行研究，分析其材料和工艺流程等。

质量功能配置指通过积极获取客户意见，将其及时转换为产品研发、设计及生产等方面的技术要求，从而提高产品在客户心中的价值并节约成本。

目标成本法经常会结合持续改进的思想以及跨部门团队进行，成本控制要同时重视价值链的上游（如产品设计）及价值链的下游（如生产、售后等）。

目标定价法的优点：更注重市场，可更好地满足客户要求；省去了成本基础加价法可能发生的不断调整价格的麻烦。

目标定价法的缺点：先定价而后确定的目标成本可能无法实现，企业可能会实现较少的利润；市场调研过程较复杂，成本也较高；不太适合产品有优势、竞争不太激烈及产品定制的企业。

很多成本在产品研发设计阶段就已经锁定，不好的设计注定将来会产生更多的生产及售后服务成本，因此控制成本很重要的环节是产品研发设计。如果不是由于产品设计出现的问题，则需通过提高效率降低成本。

（2）竞争基础定价法。竞争基础定价法的步骤：①参照竞争对手的价格制订本公司的产品售价，以取得比竞争对手更好的竞争优势。比如产品和竞争对手一样，但价格比竞争对手低，或者价格和竞争对手一样，但产品比竞争对手好。②在参考竞争对手的价格时，同时调研客户接受的价位，因为竞争对手的价格并不是绝对合理的。③企业必须同时考虑成本和利润，根据价格和预测销量来倒推期望利润。如果达不到期望利润，企业需考虑降低成本或接受较低的利润。

竞争基础定价法应用比较多，其优点是容易抓住市场，取得比竞争对手更好的竞争优势，定价更有效率。

竞争基础定价法的缺点：比较被动，如果竞争对手突然改进产品、采取降价等手段，企业会应对不及时；新产品上市时可能没有竞争产品可供参考。

3. 成本基础定价法

成本基础定价法，是指在单位成本基础上加上一定比例的金额来计算单位产品的销售价格。成本基础定价法又分为全部成本法、完全成本法和变动成本法。

（1）全部成本法。全部成本法是指定价所使用的成本包含产品的生产成本与非生产成本。

全部成本法的步骤：①设定目标投资回报率，推算目标净利润。投资回报率 = 净利润/投资额，因此，目标净利润 = 目标投资回报率 × 投资额。②求出目标税前利润。目标净利润/(1 − 所得税税率) = 目标税前利润。③求单位产品加价额。单位产品加价额 = 目标税前利润/产品销量。④计算目标销售价格。单位产品全部成本 + 单位产品加价额 = 单位产品目标销售价。

综合上述步骤，全部成本法的单位产品目标售价公式为

$$\text{单位产品全部成本}+\left[\left(\text{目标投资回报率}\times\text{投资额}\right)/(1-\text{税率})\right]/\text{产品销量}=\text{单位产品目标售价}$$

如果采用加成百分比法，则：

$$\text{加价率}=\text{单位产品加价额}/\text{单位产品全部成本}$$

$$\text{单位产品全部成本}\times(1+\text{加价率})=\text{单位产品目标售价}$$

注意，加价率≠利润率，加价率/(1+加价率)=税前利润率，税前利润率/(1−税前利润率)=加价率。

例 4-1 某手机制造子公司的目标投资回报率为20%，投资额为8 000万元，在产销量为20万台的基础上标准的单位产品生产成本为200元，单位产品的非生产成本为220元，所得税税率为40%，预测销量为20万台。请计算手机的销售价格。销售价格为200+220+[80 000 000×20%/(1−40%)]/200 000=200+220+133.33=553.33（元），加价率为[(80 000 000×20%/(1−40%)]/200 000/(200+220)=31.75%。验证：(200+220)×(1+31.75%)=553.33（元）。

（2）完全成本法。完全成本法所使用的成本是生产成本，即“直接材料+直接人工+制造费用”。根据全部成本法公式，完全成本法下售价的公式为：

$$\text{单位产品售价}=\text{单位产品生产成本}+\left[\left(\text{目标投资回报率}\times\text{投资额}\right)/(1-\text{税率})\right]/\text{产品销量}+\text{单位产品非生产成本}$$

例 4-2 某手机制造子公司的目标投资回报率为20%，投资额为8 000万元，在产销量为20万台的基础上标准的单位产品生产成本为200元，预测年销售与管理等费用为4 400万元，所得税税率为40%，预测销量为20万台。请计算单位手机的销售价格。销售价格为200+[(80 000 000×20%/(1−40%)]/200 000+4 4000 000/200 000=200+133.33+220=553.33（元）。加价率为[44 000 000+(80 000 000×20%/(1−40%)]/(200×200 000)=176.67%。验证：200×(1+176.67%)=553.33（元）。

（3）变动生产成本法。变动生产成本法下产品售价的公式为：

$$\text{单位产品售价}=\text{单位产品变动生产成本}+\left[\left(\text{目标投资回报率}\times\text{投资额}\right)/(1-\text{税率})\right]/\text{产品销量}+\text{单位产品固定生产成本}+\text{单位产品非生产成本}$$

例 4-3 某手机制造子公司的目标投资报酬率为20%，投资额为8 000万元，在产销量为20万台的基础上标准的单位产品变动生产成本为120元，单位产品固定生产成本为80元，单位产品的非生产成本为220元，预测年销售及管理等费用为4 400万元，所得税税率为40%，预测销量为20万台。请计算单位手机的销售价格。销售价格为120+(80 000 000×20%/(1－40%)/200 000+80+220=200+133.33+220=553.33（元），加价率为［80×200 000+44 000 000+(80 000 000×20%/(1－40%)］/(120×200 000)=361.11%。验证：120×(1+361.11%)=553.33（元）。

变动成本法加价法与上面思路相似，读者可自行计算。

也可以利用利润率计算公式推算售价，见例4-4、例4-5及例4-6。

例 4-4 某产品单位销货成本是14元，按照成本为基础定价，要获得20%的毛利率应该定价多少？假设售价为Y，则（Y－14)/Y=20%，则Y=17.5元。

例 4-5 某产品单位变动成本是16元，按照成本为基础定价，要获得45%的边际贡献率，应该定价多少？假设售价为Y，则（Y－16)/Y=45%，则Y=29.1元。

例 4-6 某产品单位全部成本为290元，税率为25%，按照成本为基础定价，要获得15%的净利润率，应该定价多少？假设售价为Y，则(Y－290)×(1－25%)/Y=15%，则Y=362.5元。

（4）成本基础定价法的优缺点。

成本基础定价法的优点：简单、易操作；不用被动地以目标成本限制生产产品，从而更有利于企业发展更有优势的产品；通过加价能追求更多的利润。

成本基础定价法的缺点：忽略了客户需求和竞争对手的反应；定价后由于市场变化可能会反复修改，比较麻烦。

采用全部成本加价法时，对财务、人事、IT 等支持性部门成本的分配对企业而言是一个挑战。可用 ABC 作业基础成本法进行成本分配。

全部成本加价法的优点：不用区分变动成本和固定成本，只要统计生产成本和非生产成本即可，相对较简单；促进价格稳定，因为加价率低，容易导致降价；售价覆盖了所有成本，赢利更有保证。

成本基础定价法主要适合竞争不太激烈、产品有一定优势、产品差异性比较强的企业。

4. 本量利分析

本量利分析（CVP 分析）也叫损益表两平分析。本量利分析模型为

销售收入 – 变动成本 – 固定成本 = 税前利润

本量利分析模型用于剖析产品售价、销量、变动成本、固定成本以及利润之间的关系。企业在很多决策中使用本量利分析模型，如新产品定价、调整产品价格、扩展产品市场等。

本量利分析的假设：①收入和成本是可预测的，并且成本性态相对于产出水平是线性的。②固定成本在一定范围内固定不变，变动成本在一定范围内随着产出变动而变动，但单位变动成本固定不变。③所有的成本要么是变动成本，要么是固定成本。④售价在相关范围内固定不变，而且产品组合不发生变化。⑤产量与销量相等。⑥收入和成本的变动仅随产量与销量变动。

CVP 分析方法有图示法和公式法两种。图示法较复杂且不太实用，下面重点讲解公式法。

（1）单品种 CVP 法。盈亏平衡时的销量与销售收入计算公式如下：

销量 = 固定成本/单位边际贡献

销售收入 = 固定成本/边际贡献率

目标利润下销售量与销售收入计算公式如下：

销量 =（固定成本 + 税前目标利润）/单位边际贡献

销售收入 =（固定成本 + 税前目标利润）/边际贡献率

如果确定了净利润目标，则先要求出税前目标利润：

税前目标利润 = 净利润/（1 – 所得税税率）

例 4-7 某企业净利润目标为700万元，固定成本为6 000万元，单位边际贡献为20元，所得税税率为30%，则目标销量为［6000 + 700/(1 − 30%)］/20 = 350（万个）。验证：净利润为（350 × 20 − 6 000）×(1 − 30%) = 700（万元）。如果企业税前利润目标为700万元，则目标销量为（6 000 + 700)/20 = 335（万个）。验证：335万个销量得到的净利润为335 × 20 − 6 000 = 700（万元）。

目标利润率下销售数量与销售收入计算公式如下：

销售量 = 固定成本/(单位边际贡献 − 售价 × 税前目标利润率)

销售收入 = 固定成本/(边际贡献率 − 税前目标利润率)

如果确定了净利润率目标，则先要求出税前目标利润率。

目标息税前利润 = (固定成本 − 利息 + 息税前利润)/单位边际贡献

$$\text{目标息税前利润率} = \left(\text{固定成本} - \text{利息}\right) \Big/ \left(\text{边际贡献率} - \text{目标息税前利润率}\right)$$

例 4-8 公司生产某一产品，单价15元，单位变动成本9元，固定成本150 000元，求使其利润达到销售收入的30%时的销售收入。

假设预计销售收入为Y，则（Y − Y/15 × 9 − 150 000)/Y = 30%，Y = 1 500 000元，或者直接使用CVP公式，Y = 150 000/［（15 − 9）/15 − 30%］= 1 500 000（元）。

（2）多品种CVP法。如果企业生产多种产品，在进行CVP计算时的重要假设是产品的组合比例不变，否则会有无数个盈亏平衡点。其计算具体步骤为：先计算加权平均单位边际贡献，即将各产品的单位边际贡献乘以其销量（或销售额）在总销量（或销售额）中的比例再求和。求出盈亏平衡点总量后，再按各自比例分配到每种产品上。

下面讲解安全边际与安全边际率。

安全边际 = 实际销售收入/销量 − 盈亏平衡点销售收入/销量

安全边际用于敏感性分析。安全边际越大越好。

安全边际率 = (预计收入 − 盈亏平衡收入)/预计收入

高边际贡献产品的销售比例增加会降低盈亏平衡点的销量或销售收入，低边际贡献的产品销售比例增加会提高盈亏平衡点的销量或销售收入。

例 4-9 某社区游泳池每年 6—8 月开放 3 个月，对顾客按天收费。根据法律，10% 的收入要上缴市政基金。社区经理的经营目标是门票收入去除市政基金缴费和变动成本后需要满足支付固定成本。假设变动成本占净销售收入的 15%，3 个月的固定成本为 33 000 元。本年游泳池成人门票价格为 5 元，学生门票价格为 2.5 元，预测平均每天成人顾客 30 人，学生 120 人，则成人门票收入为 30 × 90 × 5 = 13 500（元），学生门票收入为 120 × 90 × 2.5 = 27 000（元），总销售收入为 40500 元。可以算出，市政基金缴费为 4 050 元，净销售收入为 36 450 元，变动成本为 6 075 元，固定成本为 33 000 元，最终亏损 2 625 元。请问：①以目前预计的成人和学生这样的客源组合，本季需要多少人次才可以保本？②如果不考虑目前的客源组合，本季能保本的最大入池人次是多少？③如果不考虑目前的客源组合，本季能保本的最小入池人次是多少？

①成人的单位边际贡献为 5 × (1 − 10% − 15%) = 3.75（元），学生的单位边际贡献为 2.5 × (1 − 10% − 15%) = 1.875（元）。在顾客组合中，成人所占比例为 30/(30 + 120) = 20%，学生所占比例为 120/(30 + 120) = 80%，加权平均单位边际贡献为 3.75 × 20% + 1.875 × 80% = 2.25（元），因此盈亏平衡点销量为 33 000/2.25 = 14 667（人），其中成人数量为 14 667 × 20% = 2 933（人），学生数量为 14 667 × 80% = 11 734（人）。

②因为单位边际贡献小的比例增加会增加盈亏平衡点数量，所以能保本的最大入池人次应以全部为学生计算。33 000 / 1.875 = 17 600（人）。

③因为单位边际贡献大的比例增加会降低盈亏平衡点数量，所以能保本的最小入池人次应以全部为成人计算。33 000 / 3.75 = 8 800（人）。

（3）CVP 法在产品定价中的应用。CVP 公式法是根据已知条件测算销量、售价、目标利润等，可以应用于盈亏平衡点法、目标利润值法和目标利润率法。

例 4-10 某手机公司的目标利润率为 15%，企业所得税率为 30%，固定成本为5亿元。假设市场上相似手机的价格为3 000元，企业拟以低价夺得更多市场份额，计划定价2 600元。该产品变动成本为1 200元，试测算其目标销量。目标销量 = 固定成本/(单位边际贡献 – 售价 × 税前目标利润率) = 500 000 000/［2600 – 1200 – 2600 × 15%/(1 – 30%)］ = 593 000(台)。若企业认为仅可销售50万台，可以倒推出售价。假设售价为A，500 000 = 500 000 000/[A – 1 200 – A × 15%/(1 – 30%)]，得A = 2 799元。此定价既低于竞争对手，销量又可以达到目标，比较合适。

当产量等于销量时，完全成本法与变动成本法的利润相同；若产量大于销量，则完全成本法的利润大于变动成本法的利润；若产量小于销量，则完全成本法的利润小于变动成本法的利润。

一般而言，企业的产量和销量基本一致，产量会比销量大一些，此时完全成本法的利润会比变动成本法的利润大，以变动成本法为基础预测的目标销量更能实现完全成本法的利润。如企业下一年的目标利润为2亿元(指变动成本法损益表的利润)，通过CVP公式测算的销量是7 000吨。若企业感觉完成此销量目标没有问题，则此目标利润2亿元可以作为完全成本法损益表的目标利润。

(4) 利用CVP进行营销费用决策。企业时常需要做应否增加广告等营销费用的决策。决策依据一般是增加的营销费用需要带来销售额更大的增长，即：销量增加额 > 营销费用/单位边际贡献，或者，营销费用 < 销量增加额 × 单位边际贡献。

例 4-11 M公司生产A和B两种产品，相关数据见表4-1。单位产品固定成本按照机器工时以1元来分摊。公司拟增加广告预算160 000元用于最赚钱的产品A，问A产品至少需要增加多少销售额才能补偿这些广告费？

表4-1 M公司产品销售与价格明细 (单位：元)

项目	A产品	B产品
销售价	4.00	3.00
变动制造成本	2.00	1.50

（续）

项目	A 产品	B 产品
固定制造成本	0.75	0.20
变动销售成本	1.00	1.00

产品 A 的边际贡献为 4－2－1＝1（元），增加的销量为 160 000/1＝160 000（件），或者假设增加的销量为 Y，则 Y×(4－2－1)－160 000＝0，求得 Y＝160 000 件。

5. 产品生命周期预算定价法

产品生命周期预算定价法指对产品从研发直至退出市场整个寿命期间做预算，预算内容包括销售收入和成本。产品生命周期预算定价法适合于研发与设计等投入非常大的产品，以避免企业定价仅考虑日常生产成本。

产品生命周期成本核算与产品生命周期预算的区别：产品生命周期成本核算是记录产品的研发、设计、生产、营销、分销及客户服务等全过程实际发生的成本，而产品生命周期预算记录预测该过程将发生的成本。

6. 产品组合定价战略

产品线定价：一个产品线会包括不同级别、不同价位的产品，以满足不同顾客的需要。企业通常会利用低价产品吸引顾客，从而带动其他产品的销售，如饭馆经常推出特价菜吸引顾客，以带动其他菜品的销售。

可选配置定价：产品分高、中、低档不同配置，如汽车、电脑等。

产品配件定价：又称附属品定价，产品可以便宜一些但配件较贵，如打印机墨盒等。

产品捆绑定价：将畅销产品与一般产品捆绑销售，总体售价小于单独产品的价格之和。

7. 不正当定价

不正当定价包括：①倾销。以低于成本的价格销售。②价格歧视。在没有正当理由的情况下，对不同客户按不同价格销售。③掠夺性定价。以极低的价格打压竞争敌手，占领市场后再伺机提价。④价格合谋，即价格串通。

卡特尔组织是由几个竞争对手建立的联盟，如欧佩克石油组织，进行产品定价协调、营销及生产，目的是减少竞争，提高利润。该情形往往出现于生产者数量少且产品较单一的行业。卡特尔包括公共卡特尔和私人卡特尔。公共卡特尔一般为政府间组织，其行为受法律保护，而私人卡特尔一般是违法的。

8. 高峰负荷定价与低谷定价

在某些行业及某些特定情况下，定价还要考虑非成本因素，如产品需求、产能限制等。高峰负荷定价是指在资源有限的情况下，在需求高峰或达到产能极限时提价，在需求低谷时降价，如火车票、旅馆、机票等。

低谷定价是指在客流量低的时候打折，以增加客流量，如一些季节性产品。

9. 恶性下旋定理

定价时考虑的成本越大，定价就越高；而定价越高，越有可能造成销量大幅下降，违背增加利润的初衷。

当销量下降时，由于固定成本的存在，产品的单位成本会增加，相应需要提高定价，而提高定价会导致销量继续下降，进而使成本更高，再次需要提高定价……这样循环下去最终会失去市场。其实，低价销售不一定会减少利润，如果把握得好，低价销售会更赚钱，即会提高利润率或增加利润。

10. 价格的需求弹性

价格需求弹性用于衡量顾客购买意愿的变化对价格变动的敏感度，有中点法和非中点法两种计算方法。

（1）中点法。

$$\text{需求量变化百分比}=\left(\text{价格变动后的需求量}-\text{价格变动前的需求量}\right)\Big/\left[\left(\text{价格变动后的需求量}+\text{价格变动前的需求量}\right)\Big/2\right]$$

$$\text{价格变化百分比}=\left(\text{变动后价格}-\text{变动前价格}\right)\Big/\left[\left(\text{变动后价格}+\text{变动前价格}\right)\Big/2\right]$$

$$\text{价格需求弹性系数}=\text{需求量变化百分比}/\text{价格变化百分比}$$

例 4-12 某公司经市场分析后确定，产品价格如果从 25 元降为 20

元，需求量会从1 000件增加到1 500件。求产品的需求价格弹性。需求量的变化百分比为（1 500－1 000）/［（1 500＋1 000）/2］＝40%，价格变化百分比为（20－25）/［（25＋20）/2］＝－22.2%，价格弹性系数为40%/－22.2%＝－1.8。

（2）非中点法。

$$\text{需求量变化百分比}=\left(\text{价格变动后的需求量}-\text{价格变动之前的需求量}\right)/\text{价格变动前的需求量}$$

价格变化百分比＝(变动后价格－变动前价格)/变动前价格

价格需求弹性系数＝需求量变化百分比/价格变化百分比

（3）价格需求弹性的意义。价格需求弹性系数大于1，说明该商品属于弹性商品，即需求对价格的变化很敏感。一般来讲日用消费品等属于弹性商品。价格需求弹性系数小于1，说明该商品缺乏弹性，即需求对价格的变化不是很敏感，如药品。价格需求弹性系数等于1，说明商品不具备弹性，有时候也称单一弹性。

为实现销售收入增长，弹性产品可通过降价来实现，非弹性商品可通过涨价达到目的。但从利润增长角度看，弹性商品降价未必可以提高利润，只有在降价带来的毛利润下降的百分比小于降价带来的销量增长的百分比时才可以；非弹性商品通过涨价可增加利润。

例 4-13 一家生产日用品的公司的销售规模为100万元，市场份额为30%。产品价格为22元，市场规模每年增长20%；若降价5元，市场份额会增加到40%。该产品成本3年内均维持在12元。请问采取降价策略还是维持现状会提高公司毛利润？降价后，利润下降比率为［（22－5－12）－（22－12）］/(22－12)＝50%，而销量增加比率为（40%－30%)/30%＝33%，因此不应该降价，因为利润下降的比率大于销量增加的比率。

（4）供求定律。供求规律是指商品的供求关系与商品价格变动之间的相互联系。

1）供求变动引起价格变动。供不应求，价格上涨；供过于求，价格下降。商品需求一般受以下因素的影响：①商品本身的价格。价格下降，需求会增大；反之，需求会下降。②消费者喜好。消费者的喜好可能随着时间推移而发生变化。③消费者收入。一般随着收入的提高，消费者会购买更多的商品（此处指正常商品，而较低级的商品会随着收入的提高而减少）。④相关商品的价格。如配套产品（如高尔夫球杆和高尔夫球）中的一种商品价格下降，其他产品的需求会增加。⑤消费者的预期。消费者预期经济趋好，会加大消费支出，否则减少或延迟支出。

商品供应一般受以下因素影响：①商品的价格，价格提高，一般供应会增加，否则减少。②生产成本。生产成本加大，供给会减少。③技术水平，采用先进技术会降低生产成本，促进产量增加，从而带来供给增加。④财税政策。税收优惠和政府津贴通常会降低成本，促进企业增加产出。⑤替代品的价格。替代品价格下降，导致本商品降价，从而供应量可能减少。⑥企业预期。若预期商品受市场欢迎，供给会增加。⑦竞争企业数量。数量增多，商品供应会增加，否则减少。

2）价格变动引起供求变动。当其他因素不变时，市场需求量与价格反方向变动，即价格上涨，需求量会减少；价格下跌，需求量增加。当其他因素不变时，市场供给量与商品价格变动同方向变动，即价格上涨，供给量会增加；价格下跌，供给量减少。

根据供求状态可将市场分为买方市场和卖方市场两种。买方市场是指供给持续超过需求，使买方在与卖方讨价还价中处于有利地位的市场。卖方市场是指需求持续超过供给，使得卖方在与买方讨价还价中形成有利的要价条件的市场。供大于求、产能过剩是买方市场的特征，而短缺是卖方市场的特征。

11. 特殊订单定价决策

特殊订单是指短期或临时性的订单，指企业的常规供应商发生了不测状况，企业临时从另外一家供应商处采购一定数量的原料。特殊订单定价需考虑的主要因素为特殊订单的增量生产成本及产能情况。

决策依据为：

$$\begin{matrix}\text{特殊订单}\\\text{产品报价}\end{matrix} > \begin{matrix}\text{制造特殊订}\\\text{单产品增量}\end{matrix} / \left(\begin{matrix}\text{边际}\\\text{成本}\end{matrix} + \begin{matrix}\text{特殊订单的}\\\text{机会成本}\end{matrix}\right)$$

增量成本是指额外生产一件产品增加的成本，一般是变动成本，如直接材料、人工和变动制造费用等。一般而言，增量成本不一定会涉及变动销售及管理费用，或涉及的金额与普通订单不等。如某个特殊订单的单位销售变动成本由正常时的 18 元变为 5 元，则 5 元是相关的增量成本。

如果企业有充足的剩余产能，则生产此特殊订单无机会成本；如果企业剩余产能不足，此时会发生机会，因为生产特殊订单而放弃了其他产品赚取收益的机会。机会成本是某产品占用其他产品的边际贡献。

在企业没有剩余产能的情况下，假设特殊订单每生产 1 件 X 产品需 20 分钟，而现有产品 Y 是 25 分钟，因此特殊订单占用现有产品的比率为 20/25 = 0.8，发生的机会成本为 0.8 × 现有产品的单位边际贡献。若特殊订单产品与现有产品所用工时相同，机会成本就是现有产品的单位边际贡献。

在企业存在部分剩余产能的情况下，假设特殊订单需要 75 件产品，而目前剩余产能只够生产 40 件，则需占用现有产品的那部分特殊订单的数量为 75 − 40 = 35（件），然后计算 35 件特殊订单产品占用现有产品的机会成本。假设特殊订单占用现有产品的比率为 1.2，现有产品的边际贡献为 100 元，则总机会成本为 35 × 1.2 × 100 = 4 200（元），从而得出单位特殊订单产品所发生的机会成本为 4 200/75 = 56（元）。注意，一定要除以特殊订单的总数量，即使只有一部分产品需占用现有产品的生产。

若特殊订单的产品报价大于其增量成本与单位产品机会成本之和，则企业会增加利润，否则会亏损。

特殊订单决策还应该考虑一些非财务因素，如要做好保密工作，避免其他客户要求降价；与客户做好充分且合理的沟通，说明特殊订单报价不具有重复性和长期性；争取未来和特殊订单客户有更多的合作机会。

例 4-14 A 公司目前市场需求旺盛，满负荷生产 X 产品，而 M 公司因内部出现问题暂时无法正常生产 Z 产品，因此想让 A 公司临时生产 500 个 Z 产品。

X 产品的相关资料：单位成本为原材料 300 元，直接人工 200 元，其他变动生产成本 100 元，固定生产成本 100 元，运费及销售佣金 50 元，固定销售管理费用400元；单位售价为1 000元；产品生产单位耗时是5小时。

Z产品的相关资料：单位成本为原材料500元，直接人工200元，其他变动生产成本50元，固定生产成本100元，运费及佣金60元，固定销售管理费用800元；产品单位生产耗时是3小时。

问A公司可以接受的产品报价。

解答：此时A公司没有剩余产能，且Z产品和X产品所耗工时不同，因此最低报价应大于增量成本与机会成本之和，即500＋200＋50＋60＋（1 000－300－200－100－50）×3/5＝1 020（元）。

假设此题改为A公司目前有些剩余产能，可生产Z产品200个，问A公司接500个Z产品订单可接受的最低报价，则增量成本与机会成本之和为500＋200＋50＋60＋［（500－200）×（1 000－300－200－100－50）×（3/5）］/500＝936（元）。

4.1.5 营销组合

营销组合包括广告、促销、公共关系、个人销售及直销等。

1. 广告

广告是指通过电视、报纸等媒体向广大消费者宣传产品或服务以促进销售的行为。广告主要分3种：①认知型广告，又称咨询式广告。适合刚引入市场的新产品，目的是向顾客宣传新产品的特点。②劝说型广告，又称比较型广告。当进入发展期后，很多竞争对手进入，应突出相对其他产品而言本产品的优势。③提醒型广告。产品进入成熟期以后，保持产品在消费者脑海中的印象。

广告的优点是传播范围广、单位成本低、可重复，其缺点是无法直接和消费者直接交流、总成本较商等。

2. 促销

促销一般是临时或短期的销售促进，如会员卡、打折等。促销主要分3种：①对消费者的促销，如免费试用、折扣、返优惠券、给奖品等。②对经销商的促销，如对经销商提高返点、给予广告或促销津贴等。③商业促销，如参加行业展会、举办经销商大赛等。

促销的优点是可以短时刺激销售增长，增加对新产品的认知，发展更广泛的客户群等；缺点是时间较短，没有连续性，顾客可能只在促销时购买，从而影响日常的销售，并可能使顾客产生不信任感等。

3. 公共关系

公共关系是指宣传和保护公司及产品整体形象的活动，如危机公关。公共关系主要手段有举办社区公益活动、捐赠、召开新闻发布会、举办开业典礼、为希望小学捐款等。公共关系能潜移默化地对销售产生积极的影响，人们倾向于购买公共形象好的公司的产品。

4. 个人销售

和其他营销手段相比，个人销售是企业真正能获得销售收入的手段。个人销售的宗旨是提升客户满意度及通过销售获得利润及现金。

销售代表对公司而言代表客户，将客户的意见传递给公司，而对客户而言代表公司，通过积极宣传公司产品争取订单。销售代表负责与客户建立和保持良好的关系。个人销售更多地用于涉及大宗商品和大客户的工业企业，而零售行业更多采用促销、广告、直销或经销商等形式。

5. 直销

直销的特点：不通过中间商，直接面对客户；大多是非公众性销售，通过精心挑选客户建立密切的关系；一般是一对一销售；直接，反应快；可个性化、满足客户的独特需求；互动性强，可随时相互联系。

直销的具体形式有电话销售、面对面销售、直接邮寄销售、电视直销及网络直销。有些公司完全采用直销方式，但也有很多公司把直销当作销售补充，如一些大的汽车公司既通过经销商销售，也派销售人员主动接触客户，或开通公司网站吸引顾客订购产品。

公司在不同的营销方式中一定要向客户传达一致的信息，这就是整合营销沟通。

6. 最优客户组合

企业应比较不同客户的盈利能力，将资源放在能带来高利润的客户身上，争取利润最大化；应识别有效和无效的与客户相关的活动；决定对某些给企业带来低利润甚至亏损的客户的改善措施或者予以放弃等。

客户盈利分析报告是企业管理中的一个重要工具。有时候在销量不变的情况下，通过此分析报告重新分配资源，利润会提高很多。客户盈利分析报告的格式见表4-2。

表4-2　20××年客户盈利分析报告

财务指标	客户名称			合计
	客户A	客户B	客户C	
销售数量				
乘：销售价格				
销售收入				
减：变动成本				
边际贡献				
减：其他可直接追溯成本				
客户贡献				
减：不可直接追溯成本	—	—	—	
净利润				

企业可以为每个客户特别是大客户设定一个代码，将间接销售费用归集到不同的客户。客户盈利分析一般不涉及不可追溯的间接费用，因为这些公共费用很难准确地追溯到不同的客户，因此只在“不可直接追溯成本”中以合计形式体现。

7. 最优产品组合

企业应针对不同产品进行盈利分析，比较不同产品的盈利能力，着重推销高利润产品，实现利润最大化；决定对某些给企业带来低利润甚至亏损的产品的改善措施或者予以放弃等。产品盈利分析报告表的格式与客户盈利分析报告表相似，见表4-3。

表4-3　20××年产品盈利分析报告格式

财务指标	产品名称			合计
	产品A	产品B	产品C	
销售数量				

（续）

财务指标	产品名称			合计
	产品 A	产品 B	产品 C	
乘：销售价格				
销售收入				
减：变动成本				
边际贡献				
减：其他可直接追溯成本				
客户贡献				
减：不可直接追溯成本	—	—	—	
净利润				

产品盈利分析一般不涉及除变动成本以外的间接成本，如固定制造费用、固定销售和管理费用等，因为这些项目很难准确地追溯到不同产品上，因此只在不可直接追溯成本中以合计形式体现。如果确实在固定费用与间接费用里有其他可直接追溯到不同产品的成本，比如产品维护成本，可以将这些成本列示到其他可直接追随成本，实际工作中按重要性原则和成本收益原则来判断是否列示。

在实际工作中，建议根据瓶颈原理，选择一个较合理的约束因素，如工时，计算单位约束条件下不同产品的单位产品贡献。如果约束因素有多个，可以使用线性规划。

4.1.6 分销

很多大公司自己并不进行销售，而是通过分销商进行营销。制造商使用分销模式是因为渠道商能够更高效地将商品提供给目标市场，帮助制造商达成交易。

分销具有以下优势：①信息。收集和传递有关营销参与者的市场调查和情报信息，用于制订计划和帮助交易。②促销。开发和传播有说服力的商品信息，因为分销商与客户更近且更熟悉当地客户。③交流。找到预期购买者并与其进行沟通。④匹配。完善商品使之符合消费者的需要，包括分类、组装和包装等。⑤谈判。达成有关供应商品的价格和相关协议，从而有利于销售。⑥物流。运输和存储产品等。⑦融资。渠道先出资运转，期末制造商再给予其返点。⑧承担风险。分销商承担渠道运转所产生的风险，如渠道商会承担商品卖不出去的风险。

传统的分销渠道包括制造商、批发商和零售商。它们之间完全独立，缺乏统一管理，各自谋求利润最大化，甚至不惜牺牲整个销售系统的利益。因此，随着不断发展和完善，目前有 3 种新的分销方式，即纵向、横向和混合营销系统。

1. 纵向营销系统

纵向营销系统是指生产商、批发商和零售商形成统一体系，其中一方拥有重大力量（如特许权授予），可以迫使其他成员合作。在美国消费品市场，70% ~80% 的企业采用这种分销形式。

纵向营销系统又可细分为公司化纵向营销系统、契约式纵向营销系统、管理型纵向营销系统 3 种。公司化纵向营销系统是指在单一所有权下，企业把生产和销售结合在一起，自己生产、自己销售。契约式纵向营销系统是指在该系统中，不同企业以契约形式结合为一体，以取得其单独经营时不能获得的经济利益或销售效果。特许专卖机构是契约式纵向营销系统最常见的形式。管理型纵向营销系统是指以某一方的规模和权力来协调生产和销售的一种纵向营销系统，如拥有优势品牌的生产商可以取得经销商强有力的支持。

2. 横向营销系统

横向营销系统是指同一渠道层次的两家或多家企业联合形成的营销系统。通过合作，企业可以联合资金或营销资源来开拓新的营销机会，实现单个企业不能完成的工作。

3. 混合营销系统

混合营销系统是指一家企业的某种产品针对不同的客户群建立两个及以上的营销渠道，以更好地满足不同客户的需求，扩大市场占有率。如某公司的电钻产品有 3 个独立分销渠道：一是经销商主要服务于海上作业客户；二是经销商主要服务于伐木业；三是经销商主要服务于飞机制造业。

4.2 战略生产

4.2.1 战略生产概述

传统生产没有始终围绕财富最大化这一公司根本目标开展运营，失去了大量创造财富的机会，而战略生产更全面、深刻、系统地考虑了生产运营过程中的各种关键要素，包括约束原理下的最优产品组合、自制与外购决策、适时生产制、产能规划、设备租赁与采购决策、全面质量管理、标准成本系统等，着力为股东创造财富，规避经营风险。战略生产会为企业管理水平带来极大的提升。

生产运营的步骤：①根据约束原理决定产品组合。企业首先要决定生产什么产品，此决定取决于市场需求、企业专长等。约束原理（TOC）决定哪些产品会使企业利润最大化。②自制与外购决策。企业决定了产品组合后，接下来需确定这些产品是自己制造还是委托其他企业加工，以及其分配比例。③传统生产与适时生产制（JIT）决策。JIT 是由订单驱动的，而传统生产模式是由销售预测驱动的。企业应尽量使用 JIT 模式。④产能规划。决定需要使用生产设备及设施的种类及数量。⑤生产设备及设施的租赁与外购决策。⑥产品种类及产量决策。生产设及设施确定后，生产部门必须高效率地生产出产品，以满足销售需求，做好生产范例及质量管理、成本控制等。

4.2.2 产品最优化组合

1. 约束原理与单约束条件下的产品生产组合

约束原理认为瓶颈（约束）环节决定了整个生产流程的速度和运营系统的盈利能力、投资回报率和现金流等。TOC 可以帮助企业缩短产品生产周期，实现营业利润最大化和投资回报率最大化。TOC 假设企业内部生产流程中的约束条件只有 1 个，如生产流程中的某个环节需要花 30 分钟，而其他环节是 5～20 分钟。

在 TOC 应用中，投资是指直接材料、在制品、产成品等存货，研发支出，设备、建筑物等固定资产支出，基本上包括了资产负债表左边的资产。在实际工作中，将研发支出资本化还是费用化，各国的处理方式不尽相同，这里暂且将其资本化。

运营成本是指将原材料转换成产成品过程中的支出，包括了除直接材料以外的其他运营成本，如直接人工工资、制造费用、销售费用、管理费用等。

完工效益是指一定时间内完成产品所获得的效益。

完工效益＝销售收入－直接材料成本

TOC 认为人工成本是固定成本。上式中销售收入是销售总额减掉佣金及运费后的净收入，材料成本包括材料本身的成本及材料整理成本。

运用 TOC 的步骤如下。

第一步：确定瓶颈，即找出哪个环节耗时最长。

第二步：确定短期内对瓶颈环节的合理化处理方式。具体方法包括：减少瓶颈环节的机器调试时间；从非瓶颈环节调配工人增援瓶颈环节；减少瓶颈环节的不合格品数量；外包瓶颈环节产能等。

第三步：若短时间内无法彻底消除瓶颈，则要决定短期内如何充分克服瓶颈，使效益最大化。①效率最大化。可利用“鼓—缓冲—线”系统来确定瓶颈处的流量，非瓶颈环节的生产速度要以瓶颈处为准，尽可能地减少存货。鼓就是瓶颈，它影响生产线的运行速度。缓冲是指在鼓处不能形成在制品积压，也不能有缺料现象，否则整个生产线运行进度都会受到影响。缓冲要以瓶颈处速度为准，在鼓的上一个环节增加一定量的缓冲。线是指鼓及其前面的所有工序，要控制从仓库发料到车间的时间及数量。②利润最大化。在多产品情况下，应优先生产利润最大化的产品。确定依据为单位产品完工效益除以瓶颈处耗用工时。如 A 产品的单位完工效益是 500 元，B 产品的单位完工效益是 100 元，在瓶颈处所消耗的时间分别是 50 分钟和 5 分钟，这时应生产 B 产品，因为 B 产品在瓶颈处的单位工时完工效益为 100/5＝20，而 A 产品的单位工时完工效益为 500/50＝10，应选择较大者。

第四步：定期分析和评估瓶颈，从长远角度考虑如何改善、去除瓶颈，提升生产速度。这是一个持续的过程，因为此瓶颈改善后可能会出现下一个瓶颈。最理想的状态是每个环节速度均衡且生产线整体速度最快。

在决定最优化产品组合时，不能简单地对完工效益不高的产品予以轻视或摈弃，而要看能否通过提价或降低直接材料成本等方法增加约束条件下的完工效益，或者减少约束时间。如果暂时提高不了完工效益，再评估市场是否需要该产品。如有的产品利润低，但客户要求该产品和其他产品配套使用。

TOC原理可以拓展应用于企业对新业务的决策，如是自行开发新业务还是并购其他企业。一般情况下，在做新业务决策时，时间是约束条件，企业都期望在1个年度结束时为股东创造更大的财富。此时，不仅要考虑根据TOC原理评估产品单位时间的完工效益是否理想，而且要考虑企业自身的能力及市场的需求等。

TOC原理也可应用于有效利用约束性资源的决策。企业经常会遇到某方面资源受限的问题，如工厂面积、人工、原材料及电力供应受限等，此时需要确定优先生产哪种产品。这时应优先生产单位有限资源边际贡献最大的产品，即产品的单位产品边际贡献除以单位产品所耗用的受限资源的数量。

例 4-15 M企业有A、B、C三种产品，相关资料见表4-4。由于原材料供应商工人罢工，短时间企业不能购买到原材料。目前企业只有原材料4 800千克，单价为8元/千克。请问公司应优先生产哪种产品？

表4-4 M企业产品资料

项目	A产品	B产品	C产品
销售价格/元	170	265	240
减：直接材料成本/元	22	70	30
减：其他变动成本/元	100	95	145
边际贡献/元	48	100	65
边际贡献率（%）	28.2	37.7	27.1

这是典型的约束条件下企业生产安排的案例，一定不要被产品的单位边际贡献和边际贡献率迷惑。如果单纯看单位产品的边际贡献或者边际贡献率，都应安排产品 B。若按照每公斤原材料的边际贡献来排序，结果会不一样。计算每千克原材料的产品边际贡献：A 产品为 48/(22/8) = 17.5 (元)；B 产品为 100/(70/8) = 11.4 (元)，C 产品为 65/(30/8) = 17.3 (元)。结论是优先生产 A 产品。

2. 线性规划与多约束条件下的产品组合

(1) 线性规划计算。线性规划是指在企业存在多个约束限制条件下如何实现利润最大化或成本最小化并进行资源分配的工具。线性规划计算相对复杂，需要计算机软件的帮助。

假设企业只生产两种产品，其步骤如下：①确定变量，即确定企业的产品。②确定目标函数，利润为各产品数量乘以其单位边际贡献的和。③确定约束条件不等式。④画图。X 轴与 Y 轴分别代表不同的产品，令确定约束条件不等式两种产品的产量分别为 0，从而得出 X 轴与 Y 轴上数值，从而可画出两条直线。⑤确定利润最大化产品组合。X 轴、Y 轴与直线围成的最小区域为同时符合所有约束条件的区域。两条直线的交叉点的数值可以通过解两个等式得到。⑥试算。用产品组合的量乘以各自的单位边际贡献来试算哪个点的利润是最大的，此点就是利润最大化的产品组合。

如果只有两个约束条件，不用画图也可以求出数据：在两个约束条件等式中，令其中一个产品产量为 0 求另一个产品的产量，选取每个产品的最小值，这两个数据就相当于两条直线与 X 轴与 Y 轴上的交点，然后解两个等式得到另一个点的数据，试算哪个点的利润最大就可以了。

例 4-16 某公司生产 S 和 D 两种产品，每月机器最多可运转 400 小时，每件 S 产品需要 5 个机器工时，每个 D 产品需要 1.5 个机器工时。两种产品的合计销售不超过 150 件。S 产品和 D 产品的单位贡献毛利润分别为 100 元和 200 元。计算利润最大化的产品组合。

第一步：确定变量，S 和 D 分别为两种产品的产量。

第二步：确定目标函数：$I = S \times 100 + D \times 200$。式中 I 为利润。

第三步：确定约束条件。

第一个约束不等式为 $S \times 5 + D \times 1.5 \leq 400$

第二个约束不等式为 $S + D \leq 150$

且 $S \geq 0$、$D \geq 0$。

第四步：画图。

对第一个约束不等式，令 $S = 0$，则 $D \leq 400/1.5 = 267$；令 $D = 0$，则 $S \leq 80$。

对第二个约束不等式，令 $S = 0$，则 $D \leq 150$；令 $D = 0$，则 $S \leq 150$。

如此便确定了 A、B、C 三个交叉点及其内部区域，见图 4-1。

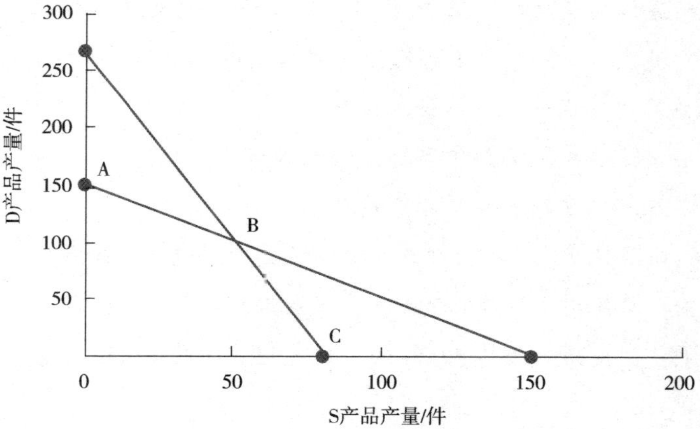

图 4-1　线性规划示意图

图 4-1 中，A 点代表 $D = 150$，$S = 0$；C 点代表 $S = 80$，$D = 0$。解两个约束条件的等式得到 B 点：$S = 50$，$D = 100$。

第五步：确定最大化利润组合。在 A 点，$150 \times 200 = 30\,000$；在 B 点，$50 \times 100 + 100 \times 200 = 25\,000$；在 C 点，$80 \times 100 = 8\,000$。因此 A 点实现利润最大化。

线性规划中会涉及影子价格概念，影子价格是指约束条件（如每再增加一个机器工时）每变化一个单位引起的目标函数利润的变化额，在有限资源下（如原材料、机器工时等），没能得到更多的资源所放弃的机会收益。

（2）线性规划的优缺点。线性规划的优点是可以帮助企业在多个约束条件下解决如何实现利润最大化的目标。缺点是实际中线性假设并不存在。线性规划得出的产品组合数据可能会出现小数，这对大型产品如飞机、房屋等的规划会造成问题。

例 4-17 M 公司拥有采石矿，其业务是向居民用户和商业用户销售砾石。销售给居民大约每次运输 2 吨，需要 1 卡车·工时；销售给商业用户大约每次运输 10 吨，需要 3 卡车·工时。居民用户每次销售的平均利润为 50 元，商业用户为 200 元。目前 M 公司每年的产能为 10 000 卡车·工时及 25 000 吨砾石。管理层为了实现利润最大化，需确定销售给居民以及商业用户的最佳销售组合。若 M 公司计划以线性规划进行分析，R 代表卖给居民用户的次数，C 代表卖给商业用户的次数，请问：

①M 公司线性规划的目标函数是什么？

②M 公司线性规划的约束条件方程式是什么？

③以下三种销售组合哪个方案最佳？

方案 A：居民用户销售 7 000 次，商业用户销售 1 000 次。

方案 B：居民用户销售 6 000 次，商业用户销售 1 300 次。

方案 C：居民用户销售 5 000 次，商业用户销售 1 600 次。

解析：

①M 公司的目标函数为：利润 $= R \times 50 + C \times 200$

②M 公司的约束条件为：

卡车工时约束条件：$R \times 1 + C \times 3 \leqslant 10\,000$

砾石约束条件：$R \times 2 + C \times 10 \leqslant 25\,000$

非负约束：$R \geqslant 0$；$C \geqslant 0$

③将 A、B、C 三种方案数据分别代入上述约束条件及目标函数。

方案 A：$7\,000 \times 1 + 1\,000 \times 3 = 10\,000$，符合卡车工时约束条件；$7\,000 \times 2 + 1\,000 \times 10 = 24\,000$，符合砾石约束条件。此时的利润为 $7\,000 \times 50 + 1\,000 \times 200 = 550\,000$（元）。

方案 B：$6\,000 \times 1 + 1\,300 \times 3 = 9\,900$，符合卡车工时约束条件；$6\,000 \times 2 + 1\,300 \times 10 = 25\,000$，符合砾石约束条件；此时的利润为 $6\,000 \times 50 + 1\,300 \times 200 = 560\,000$（元）。

方案C：$5\,000 \times 1 + 1\,600 \times 3 = 9\,800$，符合卡车工时约束条件；$5\,000 \times 2 + 1\,600 \times 10 = 26\,000$，由于 $26\,000 > 25\,000$，故不符合砾石约束条件。方案C不可行。

根据分析，方案A与方案B均符合约束条件，但方案B的利润大于方案A，故公司应该选择方案B。

3. 完工产出成本法

TOC原理派生出另一种成本核算体系，即完工产出成本法，它认为只有直接材料才属于产品成本，即：销售收入 - 直接材料成本 = 完工效益，完工效益 - 经营费用 - 税金 = 净利润。因此在TOC下提高利润的途径是增加完工效益并减少经营费用。

目前学术界提出了3种主要会计核算方法，即完全成本法、变动成本法、产出成本法，其中只有完全成本法为各国法律所认可。变动成本法仅用于公司内部的损益表编制。

4.2.3 自制与外购决策

1. 自制与外购决策的依据

企业在决定了产品组合后，接下来需确定产品是自制还是外购。外购可使企业专注于核心业务，利用其他公司的专业技能节省产品成本，提高运营效率。自制与外购决策就是比较自制与外购生产成本后，选择成本低的方案。

外购生产成本 = 外购价格 + 不可避免的生产成本 - 机会收益

选择外购后仍不可避免的生产成本涉及生产管理人员的工资等，机会收益是指将生产线出租或生产其他产品所取得的收益。

自制生产成本 = 直接材料 + 直接人工 + 制造费用

在自制与外购产品决策分析中，销售、财务、人事、行政等非生产职能的成本是无关成本，因为对两种生产方式而言此成本是相同的。

上述决策模型可以转换为另外一种形式，即将外购价格减去机会收益后与外购可避免的成本相比较，或者将外购价格与外购可避免的成本和机会收益之和进行比较。

若外购价格＜外购可避免生产成本＋机会收益，则接受外购决策。外购价格相当于给企业增加成本，外购可避免成本相当于给企业减少成本，如果增加得少，而减少得多，则对企业划算，因此应采用外购，否则自制。

成本包括变动成本和固定成本。一般来讲变动成本是可避免成本，而固定成本有些可避免，有些不可避免。很多企业都是一条生产线同时生产多种产品，假设只外购一种产品，该生产线的折旧费一般是不可避免的。但此时可能会产生机会收益，比如剩余产能可生产其他产品。

个别变动生产成本如材料整理成本在自制和外购时都会发生，则计算时都要考虑此成本，只是一个是外购成品的成本，一个是原材料的成本。很多时候，成本是否可避免是相对的，这要看管理层的决策。如设备折旧在当设备出租或生产其他产品时就是不可避免成本，而当外购后将设备卖掉，设备折旧就变为可避免成本。

决策计算有总成本法和单位成本法两种。总成本法相对简单，它是计算在一定时期内的外购与自制的总成本；单位产品成本法则是计算单位产品的外购与自制成本。

若外购价格＜单位产品可避免成本＋总机会收益/总外购量，外购会增加企业利润；若外购价格＞单位产品可避免成本＋总机会收益/总外购量，外购会亏损。

例 4-18 某汽车制造公司生产低端与高端两种汽车空调，现在考虑是否应该停止自产低端汽车空调而外购。低端汽车空调的采购价格为 270 元/台，可避免生产成本为 220 元/台，闲置产能用于生产汽车空调的单位产品边际贡献为 60 元/台。请问企业该如何决策？

单位可避免成本与单位机会收益之和为 220＋60＝280（元），大于采购价格 270 元，因此采购更合算。

例 4-19 某汽车制造公司生产汽车空调，现在考虑是否应该停止自产而外购。假设采购价格为 300 元/台，自产成本为 295 元/台，其中有 15 元的设备折旧费是不可避免成本。如果企业外购后将生产设施出租，每年租金为 1 000 万元。目前生产设施的寿命还有 3 年。企业使用直线折旧法。公司计划每年采购 25 万个汽车空调系统。公司该如何决策?

旧设备的处理可分两种情形。

(1) 3 年内将生产设施出租。由于单位产品可避免成本与机会收益之和为 295 - 15 + 1 000/25 = 320 (元),大于外购单位产品成本 300 元,因此外购合适。但第 4 年之后,因为设备已无法使用,不存在机会收益,而单位产品可避免成本为 280 元,小于单位产品自产成本 300 元,发现自制更合适。若企业选择自制,就购买新的生产设施,其使用寿命为 10 年。做决策分析,会发现还是外购更合适。因为采购价格为 300 元,还是大于可避免成本与机会收益之和 320 元。因此,在决策中应该忽略生产设施剩余的年限,进行正常对比即可。

这是一个典型的两种方案对比决策。因为旧设备到期后折旧费用并没有停止,新设备仍然产生折旧费用,生产设备仍然可产生机会收益。

(2) 将剩余的生产设施卖掉。如果企业决定不自产,将现有生产设施卖掉,变卖收入为 2 800 万元。由于折旧费用 15 元可以避免,则单位可避免成本为 280 + 15 = 295 (元)。计算单位机会收益时,应该将设施处置收入 2 800 万元除以其剩余使用年限 3 年,然后再除以每年的数量 25 万个,即:机会收益 (28 000 000/3) /25 = 37.3 (元),单位可避免成本和单位机会收益之和为 295 + 37.3 = 332.3 (元),大于采购成本 300 元,因此外购更合理。

2. 自制与外购决策的延伸

当市场需求大于企业的产能,从长期来讲,企业需考虑扩大产能,但从短期讲,企业如何决策外购与自制呢?

当企业仅生产一种产品时,其决策依据为:外购成本越小越好,外购成本的上限是客户报价。当企业生产多种产品时,企业会面临应该优先自产哪些产品以及其数量是多少的问题,此时的决策依据为:优先自产那些外购价减自制成本后数值最大的产品,或者外购那些外购价格减自产成本后数值最小的产品。

例 4-20 公司需要向客户提供 30 000 单位的 A 产品和 20 000 单位的

B 产品。A 产品和 B 产品的制造信息见表 4-5。公司目前的机器产能为 160 000小时，固定制造费用为 1 600 000 元。如果租用外部机器 30 000 小时，会增加 150 000 元的固定成本。运营经理应该选择什么方案？

表 4-5　M 公司产品制造信息

项目	A 产品	B 产品
销售价格/元	75	125
变动成本/元	30	48
单位产品耗用的机器工时/小时	3	5
外购成本/元	45	60

在有约束条件下本来应该优先生产每单位时间边际贡献大的产品，但由于公司产能不足，部分产量需要外包，因此需考虑外包成本，不能简单地依据约束条件规律解决问题。遇到约束条件，很多企业为了完全满足市场需求而去外购，以满足因约束条件限制所无法完成的产能。前提条件是外购必须赚钱，即外购成本要小于售价，并优先自产单位约束条件下外购价减自产成本最高的产品，并依次排序。

对 A 产品而言，(45 − 30)/3 = 5；对 B 产品而言，(60 − 48)/5 = 2.4，因此优先自产 A 产品。将机器工时先分配给 A 产品，30 000 × 3 = 90 000（小时），剩余时间为 160 000 − 90 000 = 70 000（小时），可生产 B 产品 14 000单位，然后再外购 6 000 单位 B 产品。

外购的优点：让企业专注核心竞争力业务；通过外部企业生产优势降低产品成本，提高本公司效率；避免设备更新换代的风险；可以将外部技术为我所用；可以降低投资及负债；可将节省资金用于更有益的项目。

外购的缺点：质量可能会失控；交付可能会失控；过于依赖外部供应商，企业运营会不太灵活；有保密问题，如外包人事或财务；可能会丧失企业某些方面的专长。

3. 自制与外购决策时的注意事项

（1）外购报价不能只跟产品账面成本做比较。产品成本一般包括直接材料、直接人工和制造费用 3 项。外购价低不一定要外购，而外购价高也不一定要自制。

例 4-21 某汽车企业自己生产轮胎，现在考虑是否需外购轮胎。供应商报价 1 000 元/个，而公司的生产成本是 1 200 元/个。表面上看应该外购，实际上不对。假设 1 200 的生产成本里变动成本为 800 元，另外 400 元是不可避免的固定成本。如果外购，单位产品成本为 1 000 + 400 = 1 400（元），比自己生产贵了 200 元。

（2）一定要考虑机会成本或机会收益。

例 4-22 某手机厂商分析是否需外购主板，供应商报价 1 000 元/个，而公司自己生产时单位变动生产成本为 800 元。表面上看此笔交易不合算，但考虑机会收益后就不一样了，因为闲置产能可以带来边际贡献。假设其分摊给每个主板平均为 300 元，则单位产品可避免成本加上单位机会收益为 1 100 元，外购是合算的。

4.2.4 适时生产制与传统生产模式

企业如果选择了自产或者部分自产模式，接下来需确定是用传统生产模式还是适时生产制模式（JIT）。适时生产制是指只有在产生客户订单时才进行一系列材料采购和生产行为，平时尽可能不备货或少备货。基于上述特点，适时生产制又称为拉动式生产系统。传统生产模式是根据销售预测安排生产，如果预测不准可能会造成存货积压。传统生产模式又称推动式生产系统。

适时生产制的基本流程：接到客户订单—安排生产计划—采购原料—及时生产—发货。适时生产制是贯彻精益生产理念的一种经营模式。

适时生产制的前提：①有可靠的供应商关系，要求供货及时、质量好，能适应变化。因此企业需要给供应商补偿，如不轻易改变供应商、合同金额较大、长期合作等。②在保证质量的基础上尽可能缩短生产周期。车间布置紧凑，高度自动化，必要时车间里设置仓库。车间由 U 型制造单元组成，形成多条小生产线，可灵活、快速地生产不同规格的产品。工人都是多面手，生产效率高。③批次间的设备调整时间短。④最高管理层强力支持。因为适时生产制一般会跨部门运作，涉及生产、采购及销售等多个部门。

适时生产制的优点：可大幅减少存货甚至做到零库存，提高存货周转率；有强力的质量控制可减少废品率；消除因销售预测不准而过多生产的情况；减少库房投资；会改善运营资本和现金流；减少日常文书工作，如大量销售预测、销售计划等；传统上被放入制造费用的一些间接成本变为可追溯的直接成本，如人工成本、折旧等；以市场需求为导向；可及时应用最新技术。

适时生产制的缺点：没有安全存货，可能导致销售缺货；过度依赖供应商，风险大；会失去大批量生产的高效率和低成本优势；因为没有现货，客户取得商品的速度较慢。

4.2.5 产能规划

生产模式确定后，企业应制订产能规划，如对厂房、机器设备及其他生产设施等的规划。产能规划的内容包括：预测长期的产品需求和对产能的需求；将产能需求和现有产能进行对比分析；进行生产投资规划。

4.2.6 租赁与采购决策

产能规划制定完毕后，企业需要决定生产设备及设施是租赁还是采购。这是一个对企业影响重大的决策。

租赁业务包括承租方和出租方。从承租方看，租赁可分为经营性租赁和融资性租赁。

1. 租赁的优缺点

租赁的优点：经营性租赁可避免资产过时、跌价的风险；经营性租赁可节省固定资产烦琐的审批手续以及记账、盘点等工作；经营性租赁无须在资产负债表上体现相应的资产和负债额，可进行表外融资；会更节省成本，因为出租方在融资规模、大批量采购等方面会享受较大优惠，会让利给承租方；相对于发行债券与贷款等融资形式，融资租赁手续简单；相对于购买设备，租赁不需要大笔资金支付，从而可将富余资金用于其他用途；相对于银行贷款要求补充性余额，租赁能提供全额融资。

租赁的缺点：在有些方面不灵活，如出租方可能不允许承租方改变租赁资产用途，提前结束租赁可要面临罚款等；拥有较好信用的公司购买设备可能在综合成本上更合算；租赁资产可能不是新的。

2. 采购与租赁决策机制

采购与租赁的决策机制就是对比采购与租赁的成本，可以用租赁净收益（NAL）来判断。

$$租赁净收益 = 采购成本 - 租赁成本$$

如果 $NAL > 0$，选择租赁方式；若 $NAL < 0$，选择租赁方式。

注意采购租赁决策和自制外购决策的区别：采购租赁决策是针对设备设施的，而自制外购决策是针对产品和职能的。

4.2.7 生产过程控制

生产设施到位后，企业要进行材料采购和生产加工。企业应采用最佳的生产方法和质量及成本控制的工具，以低成本生产出高质量的产品。

1. 生产范例

（1）柔性制造系统。柔性制造系统（FMS）是指通过使用计算机联网的自动化生产系统，生产可灵活地从一个批次转到另一个批次。它适合于生产不同规格、小批量的产品生产，可避免存货积压和缺货问题。

（2）计算机一体化制造。计算机一体化制造（CIM）是指企业通过计算机网络将生产支持部门（如财务、仓储、行政等）与生产部门整合起来，实时得到各种运营信息，进而提高生产效率。ERP 就是 CIM 的一个具体实施方式。FMS 和 CIM 都是通过计算机联网达到提高生产效率、减少存货等目的，但 FMS 强调内部生产设备设施的联网，而 CIM 强调整个公司生产部门和支持部门的联网。FMS 强调灵活地进行小批量或者不同规格的产品的生产，而 CIM 更强调实时获得相关信息，以高效生产和降低存货。

（3）精益生产。精益生产是指尽可能少地使用各种资源，如减少存货、空间、时间、人力等，力求在生产中实现低成本、高质量、多品种。日本丰田汽车的生产方式就是精益生产的代表。精益生产在企业中具体体现为拉动式准时化生产，如看板、JIT 等。目前在精益生产的基础上又延伸出精益思考，将该理念拓展到企业的全方位经营中。

（4）并行工程。并行工程是指将产品设计和其所涉及的各个职能部门整合起来，强调在满足客户需求的同时，产品设计应平衡相关职能部门的需求及对其他部门的影响，如不合理的设计会影响客户满意度，造成成本浪费等。并行工程强调上游预防而不是下游更正。

（5）看板系统。看板系统是 JIT 的一种初级形式，属于精益生产模式。它是指除非下游部门（工序）通过看板提出要求，上游部门不能进行任何采购或生产行动，以避免上游存货积压以及机器、人工等浪费。例如，生产手机时，除非手机组装车间通过看板系统提出一定量主板的需求，否则主板生产车间将不开动机器进行生产。

（6）计算机辅助设计。计算机辅助设计（CAD）是指将计算机应用于产品的开发、分析及设计，以此来提升产品的品质和性能，通常涉及计算机画图或工艺流程设计的实物布局等。

（7）计算机辅助制造。计算机辅助制造（CAM）是指将计算机自动化技术运用到生产设备设施的计划、控制和操作中，形成计算机控制的生产设备或设施。与 FMS 和 CIM 不同，CAM 是针对生产设备设施的计算机自动化控制。

（8）持续改进。持续改进强调企业每年在运营上应不断改进，并将形成一种公司制度和文化。持续改进可以拓展到生产部门以外的所有的其他职能部门，如销售、采购、人事、财务等。

2. 质量管理控制

质量是企业的生命，所有企业都必须极为重视产品和服务质量。

质量分析技术包括：质量审计；差距分析；统计控制，如控制图、帕累托图、因果图等。

（1）控制图。控制图是指定期对一个步骤或程序进行观察，每一个观察数据在图上画一个点。公司设定一个可接受范围的上下限，超出了上下限，公司就需要进行质量调查，或者在范围内呈现超出上下限的趋势，要密切注视。随着相关计算机软件的出现，控制图可自动生成。见图 4-2。

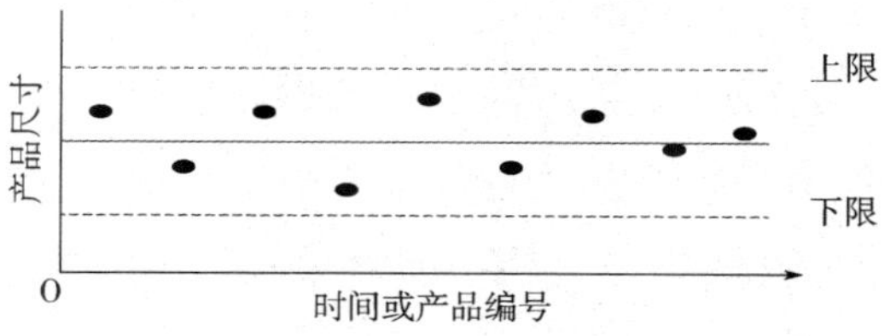

图 4-2　控制图示意

图4-2中，上下限的确定需要产品样本尺寸的平均范围及标准差等信息。

（2）帕累托图。帕累托图是指对超出范围的质量问题按照发生频率从高到低进行排序。根据二八原则，一般80%的问题都集中在排序前20%的因素。这样企业可以把主要精力放在解决主要问题上，从而有利于分配资源。帕累托图可通过计算机软件自动生成。见图4-3。

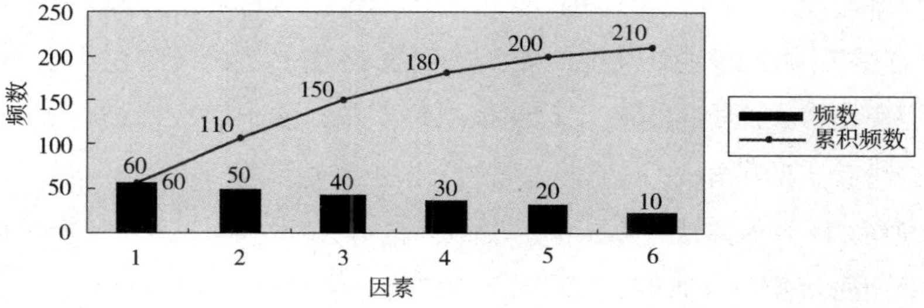

图 4-3　帕累托图示意

（3）因果关系图。因果关系图是针对某个问题进行彻底的原因挖掘。针对问题先列出主要方面原因，然后对每个主要原因进一步发掘，层层深入，最终找到真正的原因。因果关系图又叫鱼骨图。见图4-4。

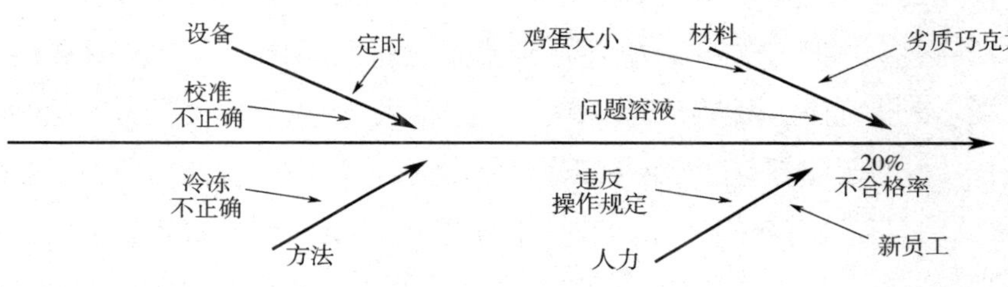

图 4-4　因果关系图示意

(4)设计质量和一致性质量问题。设计质量是衡量产品或服务符合客户需求的程度，而一致性质量是指产品的实际表现和当初制定的产品设计相比是否有问题。如果当初设计挺好但运行起来有问题，则说明有一致性质量问题。质量控制可以分成两步：第一步是产品设计和客户满意的差异，即设计质量；第二步是产品的实际表现和产品设计的差异，即一致性质量。

(5)改善质量的方法。公司提高产品质量或降低废品率的方法可以概括为“1E+2D+3M+4O”。

“1E”即环境（Environment），公司高层管理者应带头注重质量，从上而下形成一个重视质量、精益求精的企业氛围。

“2D”即产品设计（Product Design）与工艺流程设计（Process Design）。设计的好坏直接影响后期生产的废品率或返工率，直接影响生产过程。

“3M”，即员工培训（Man）、生产设备（Machine）及原料（Materials）。公司应加强对生产员工的培训，投资新技术和精良的生产设备，要求供应商提供高质量的原料。对保证原料质量，要求供应商通过国际质量认证，对其定期审核并与其建立战略合作伙伴关系等。

“4O”即其他方法（Others），如及时、严格地对产品进行检测检验，采用全面质量管理（TQM），采用六西格玛方法，树立零损耗目标等。

(6)质量成本。质量成本是指企业为预防及处理低质量产品所产生的相关成本，如质量培训费用、质量改进措施费用、废品损失费用、退换损失等。

质量成本具体包括4个方面：①预防成本，是指为预防生产不合格产品而发生的费用，主要包括质量系统设计、产品及工艺流程设计、质量计划、质量会议、质量培训、机器日常维护、新产品评审、供应商资格评估、质量改进活动、质量系统审计、质量奖励、质量管理人员等方面的费用支出。注意，机器修理费不属于质量成本，而属于一般部门费用。②鉴定成本，是指评定产品是否满足规定的质量水平所需要的费用，主要包括企业质量审核认证、进货检验、工序检验、成品检验、试验和检验损耗、检验仪器折旧以及计量工具购置、设备检验、质量控制统计等方面的费用支出。③内部损失成本，是指产品出厂前因不满足质量要求而产生的费用，主要包括废品、返修、停工、处理缺陷、减产及产品降级等损失费用。④外部损失成本，是指成品出厂后因不满足质量要求而产生的费用，主要包括索赔申诉、保修、退换以及失去客户等产生的费用。

（7）质量改善决策。质量改善决策的主要依据是比较各种改善方案的净收益或者成本。

例 4-23 M公司生产复印机，通过鱼骨图分析，质量管理团队发现最近频繁发生的质量问题是因为某种钢托出了问题。质量管理团队提出了两个改善方案：方案A是仔细检测收到的每个钢托，方案B是重新设计钢托。两种改善方案的具体信息如下。

方案A：以1年为期进行检测检验。人工检验成本为10 000工时、每工时40元，企业因此会减少600台复印机的返工，而返工的变动成本为1 600元/台、固定成本为500元/台。加强检测会节省500台复印机的返修，每台返修成本为2 060元（其中客服成本80元、运输维修成本180元、修理费1 800元）。因为质量提高，公司将会多销售250台复印机，每台的边际贡献和净利润分别为6 000元和3 500元。

方案B：以1年为期重新设计。设计人工成本46万元（其中，设计工程师2 000工时，每工时80元；工艺工程师5 000工时，每工时60元）。企业因此会减少800台复印机的返工，而返工的变动成本为1 600元/台，固定成本为500元/台。重新设计会节省700台复印机的返修，每台返修成本为2 060元（其中客服成本80元、运输维修成本180元、修理费1 800元），而且因为质量提高，公司将会多销售300台复印机，每台的边际贡献和净利润分别为6 000元和3 500元。

解析：

方案A的净收益为600×1 600+500×(80+180+1 800)+250×6 000−40×10 000=3 090 000（元），方案B的净收益为800×1 600+700×(80+180+1 800)+300×6 000−（2 000×80+5 000×60）=4 062 000（元）。结论是方案B更好。注意，返修的固定成本以及多销售复印机的净利润在此分析中是无关的。

例 4-24 M公司给N公司提供电路板设备3年，每年10 000台，每台成本175元。M公司估计废品率为0.5%。N公司提出两个质量控制方案：方案A是若质量不合格除更换外每台罚款500元；方案B是公司考虑设专人在M公司对每台设备进行检验，成本为3元/台。①计算两种方案的成本。②如何向M公司建议。③N公司该采取哪个方案。④N公司可以采取哪些措施提高供货质量。

解答：

①方案A中M公司的损失为10 000×0.5%×(500+175)=33 750(元)，方案B中M公司的损失为10 000×3=30 000（元）。

②应选方案B，因为该方案省钱，且有利于提高公司的质量信誉，双方都可以见证设备质量。即使方案B对M公司的损失略高，也尽量选择方案B，因为从长远来讲对企业更合算。

③N公司也应选择方案B。因为与供应商建立战略合作关系可以降低成本，改善预算，也可以减少对生产的干扰，避免没有检测出来的次品流通到市场。

④N公司想提高供货质量，可以采取以下措施：要求供应商通过国际质量认证，如ISO9000系列等；与供应商建立战略合作伙伴关系，以增强其提高质量的动力；派质量、技术人员去供应商处合作；建立竞争机制，定期对供应商进行评估；必要时投资供应商股权，对其管理产生实质性影响。另外，质量提高有P、D、C、A 4个步骤，即计划（Plan）、实施(Do)、检查（Check)、处置（Act)。

（8）六西格玛质量管理。六西格玛（6σ）是一种流程改进的方法。此方法依托客户反馈意见，通过数据搜集与分析驱动流程改进，旨在提高产品或服务质量。六西格玛表示百万次仅有3.4个失误机会，故六西格玛管理法也被称为零缺陷生产。六西格玛质量标准合格标准见表4-6。

表4-6 六西格玛质量标准 （单位:%）

σ数值	σ	2σ	3σ	4σ	5σ	6σ
合格率下限	30.9	69.2	93.3	99.4	99.98	99.999 7

（9）全面质量管理。全面质量管理（TQM）是旨在持续改进质量，最终让客户满意的一种质量体系。TQM 的三大原则是顾客满意、通过持续不断地改进产品和服务让顾客满意、全员积极参与。

TQM 成功的关键要素：顾客满意、高层的支持与参与、持续改进、公司全员参与、充分授权、系统化分析和目标衡量、持续培训、识别并奖励质量目标的实现。

全面质量管理工具包括控制图、帕累托图、直方图、因果关系图、散点图、流程图、检查表、分层图、相关图、头脑风暴等。

全面质量管理有 4 个最基本的步骤，也称 PDCA 循环，即计划、执行、检查及处理。PDCA 循环由美国统计学家戴明发明，因此也称为戴明循环。计划阶段，分析现状，找出存在的问题，分析影响质量的主要因素，提出计划，制定措施；执行阶段，执行计划，落实措施；检查阶段，检查计划的实施情况；处理阶段，总结经验，巩固成绩，工作结果标准化，提出尚未解决的问题，转入下一个循环。

TQM 强调：改进质量，提高效率，增加产出，进而降低产品退货、保修以及客户丢失的机会成本；利用六西格玛思想将浪费减少到最低，大大提高生产力；强调培训和预防，更及时地维护生产设备；强调全员参与和承诺，提高员工士气，促进员工更好发展；以客户为中心，提高顾客满意度，进而增加需求。

TQM 在实际工作中的具体操作可简单概括为：要求公司所有部门都进行质量改进；每个部门都要提出改进目标并加以跟踪、落实。

3. 物料需求计划

物料需求计划（MRP）是一种计算机软件，它利用主生产计划，确定每一产成品所需要的材料、部件的材料清单，材料、部件和产成品存货数量及安全存货量，物料采购周期，供应商的采购价格等，自动、快速地计算出每一生产阶段的产出量、需要采购的物料数量以及时间，以实现物料采购及时、分阶段购买，避免资金占压和存货相关成本，提高利润和投资回报率。

物料需求计划最初用于推动型存货管理系统中，该系统是以销售需求预测为基础来制造产品和采购原材料。

MRP 的优点：各相关部门都遵循材料清单，有利于部门间的协调；可快速计算物料需求计划，省时省力；数据较准确；避免一次性采购而造成存货积压和资金占压。

MRP 的缺点：可能需要人为审核和调整；分批采购可能会丧失批量打折的优惠等。

例 4-25 生产 1 件产品需要 A 部件 2 件和 B 部件 3 件，而生产 A 部件需要 C 部件 1 件和 D 部件 2 件，生产 B 部件需要 C 部件 2 件和 E 部件 3 件。各部件的期初库存分别为：A 部件 100 件，B 部件 200 件，C 部件 300 件，D 部件 400 件，E 部件 500 件。为有备无患，要求各部件的期末库存分别为：A 部件 110 件，B 部件 220 件，C 部件 330 件，D 部件 440 件，E 部件 550 件。计算 1 000 件产品需要生产或采购各个部件的数量。

各部件生产量 = 对部件的直接需求量 + 期末库存 − 期初库存

A 部件的生产量为 1 000 × 2 + 110 − 100 = 2 010（件）

B 部件的生产量为 1 000 × 3 + 220 − 200 = 3 020（件）

C 部件的采购量为(1 000 × 2 + 110 − 100) × 1 + (1 000 × 3 + 220 − 200) × 2 + 330 − 300 = 8 080（件）

D 部件采购量为(1 000 × 2 + 110 − 100) × 2 + 440 − 400 = 4 060（件）

E 部件采购量为(1 000 × 3 + 220 − 200) × 3 + 550 − 500 = 9 110（件）

4. 企业资源规划系统

随着关系型数据库的发明以及计算机储存成本的降低，企业资源规划系统（ERP）应运而生。ERP 将公司的所有财务和非财务数据储存在一个中心数据库。在 ERP 应用之前，企业一般是财务一套账，其他运营部门（如销售、采购、生产等）另外一套账，需定期进行对账，非常麻烦。

ERP 一般分为以下主要模块：销售模块、采购模块、生产模块、物料管理模块、人力资源模块、财务模块、项目管理模块、客户关系管理模块及系统工具模块。这些模块之间无缝连接。ERP 最大的优点就是全公司共享一个数据库，信息在一个地方更改后，各个模块都可以分享使用更新后的信息。ERP 会在这个交易处理系统的数据库外同时产生一个数据仓库，定期更新。数据仓库用于报告、数据挖掘及在线分析处理等。

ERP的优点：加速决策，管理层可实时看到有用的经营决策信息；帮助改进内控，提升经营水平；交易处理快速，节省大量人工成本。

ERP的缺点：可能会迫使企业更改运营程序；可能引起员工的抵触情绪。

4.3 信息管理与控制

4.3.1 信息系统技术

信息技术涵盖计算机网络、商业智能系统、数据库、互联网等。

1. 计算机的分类

计算机分为巨型主机、服务器、个人计算机、超级计算机等。

巨型主机是一个庞大的计算机系统，功能强大，仅用于特定行业，也有公司把它作为服务器使用。

服务器是专门处理和其连接的众多个人计算机请求的计算机系统。服务器常用来处理某些特定任务，如文件档案服务器、专门网络服务器（负责处理网络交通）、打印机服务器、Email服务器等。公司常用多个服务器处理不同的任务。多个服务器连接起来可称作服务器作坊或工厂。

个人计算机是指日常工作中个人使用的计算机。

超级计算机是对数据处理能力强的高性能计算机，常常用于天气预报、基因解析等重大、复杂的工程或工作中。

中央处理器（CPU）是计算机的核心及大脑，它是一种芯片，控制计算机的主要操作，包括计算、信息储存，信息的输入、输出等。

2. 商业智能和人工智能

商业智能是一种模仿管理过程和理念、通过软件程序进行商业运营的工具，如决策支持系统和高管支持系统。

人工智能是模拟人类的行为，如语言技术、机器人、智能感知等。目前运用较多的人工智能系统为模糊逻辑、类神经网络等。人工智能系统一般都使用了启发式计算。这些软件需要建立强大的记忆系统，需要大量的数据和相应的计算，人脑无法做到。

3. 数据库

企业一般会建立交易处理系统和数据仓库两种内部数据库。

交易处理系统是主要数据库，主要用于处理每天交易的输入及修改，进行实时数据处理和更新。

数据仓库是辅助数据库，指公司通过电子方式将数据储存起来，其信息来自于交易处理系统。数据仓库用于报告、查询和分析，它不是交易处理系统，不能进行交易处理。通过数据仓库可自动形成标准报告，利用在线分析处理工具、决策支持分析系统和数据挖掘工具等，可随时编制特殊报告。数据仓库的数据是定期从交易处理系统分批转移过来的，可以每天自动转移或经审核后再转移。数据仓库不是实时的信息，只是可读的信息，它不影响交易处理系统的速度。

数据挖掘是在大量数据中找出规律及模式等的一种软件，用于发现问题、预测未来情况，广泛用于市场营销、诈骗侦查及科学探索等领域。数据仓库拥有大量数据，可进行数据挖掘，完成排序、分组、计算概率及预测等工作。

4. 云计算

云计算是指通过互联网，按照自身需要，获得资源提供方通过网络提供的硬件、软件、平台等资源。提供资源的网络被称为“云”。企业无须自己购买硬件设施和招聘 IT 人员，而是租赁资源提供方的硬件、软件以及相应的服务，如 ERP 信息系统、CRM 信息系统等。SaaS（Software-as-a-Service）是云计算的一种典型代表。

SaaS 即“软件即服务”，指通过互联网提供软件服务。SaaS 提供商为企业搭建信息化网络基础设施以及软件、硬件运作平台，并负责前期实施和后期维护等一系列服务。

传统模式是企业向软件提供商购买应用软件，如 ERP、CRM 等，软件介质为磁带、软盘、光盘等，还需购买服务器等硬件应用软件。软件升级时，企业需继续购买新版磁带、软盘、光盘等。而SaaS提供商将应用软件统一部署在自己的服务器上，企业根据自身需要，通过互联网向SaaS提供商租赁所需的应用软件服务，按租赁的服务内容和时间支付费用。

SaaS的优点：提供商通过互联网为客户提供服务，客户不必一次性投入软硬件费用，也不用招聘专业人员；多重租赁，通常基于一套标准软件系统为众多企业提供服务，每家企业又会有很多用户；便于使用，只要接入互联网就可以用；可为客户提供更细致、有效的服务；可扩展。

SaaS的缺点：资源提供方有泄露数据的风险；过度依赖资源提供方，可能存在服务不周到、收费不合理等问题。

5. 会计信息系统

会计信息系统是用来生成一系列财务信息和财务报告的计算机信息系统。会计信息系统一般包括七大模块，即收入、支出、生产、人力资源、薪资、固定资产、总账和报告。

（1）收入模块。基本流程为：①收到订单；②信用审批；③检查存货；④编制内部订单；⑤备货；⑥准备运输单据；⑦收款。

（2）支出模块。基本流程为：①填写采购申请；②审批后交采购部门采购；③验收货物并填写收货验收单；④财务部门核对发票、采购订单、收货验收单经审批后安排付款；⑤付款。

（3）生产模块。基本流程为：①产品设计，列出材料清单和生产工序流程；②安排生产，生成主生产计划、生产工单、领料单、产出物品转移单等；③生产过程，生成材料投入报告和耗用工时报告等；④成本核算，根据企业特点可选择分批法、分步法或混合成本法，生成完工产品成本报告。

（4）人力资源模块。人力资源模块主要涵盖招聘、培训、调动、解职等，在维持员工良好精神面貌和士气，为员工提供福利，支持安全、整洁和富有成效的工作环境等方面有着重要作用。

（5）薪资模块。基本流程为：①更新主薪资数据，包括新员工报到、升值、调动、解职、保险、税金等信息；②记录工作时间，按照工作时间计算薪资；③准备薪资报告；④支付薪资；⑤支付薪资相关的税金以及其他抵扣。

（6）固定资产模块。基本流程为：①购置固定资产；②计提折旧和维护固定资产；③处置固定资产。

（7）总账和报告模块。基本流程为：①更新总账，将各种会计分录过账到明细账和总账；②对调整分录进行过账；③准备财务报表；④编制管理报告。

6. 机器人流程自动化

机器人流程自动化（RPA）是以机器人作为虚拟劳动力，依据预先设定的程序与现有用户系统进行交互，完成预期的任务。从现有技术来看，目前的RPA仅适用于高重复性、高标准化的工作中，如机器人自动开发票、自动报税等。

RPA的优点：可更快、更准确地完成重复性、标准化的工作；将员工从枯燥、重复性的工作中解放出来去做更具增值性的工作；可以不间断工作；基于明确的流程操作，无差别化，可防止人为操纵；所有操作都会留下痕迹供审计追踪。

7. 区块链

区块链（Blockchain）是对分布式账本技术、点对点网络技术、加密技术等的新型应用模式。分布式账本是一种在多个站点、不同地理位置、多个企业组成的共享数据库。分布式账本记录网络参与者之间的交易（比如资产或数据的交换等），每个参与者可以获得唯一真实账本的副本，账本里的任何变动都会在所有副本中被反映出来。网络中的参与者根据共识原则来协商确定账本记录的更新机制。这种共享账本降低了因调节不同账本所产生的时间和成本。

交易记账由分布在不同地方的多个节点共同完成，而且每个节点记录的是完整的账目，可以监督交易的合法性。

区块链最初使用在加密数字货币上，如比特币。现在区块链延伸应用到金融、物流等领域。

区块链的优点：去中心化，节省了支付给中间商的成本；增加交易的透明性，区块链的技术基础是开源的，除了交易各方的私有信息被加密，区块链数据是开放的，任何人都可以通过公开的接口查询区块链数据和开发相关应用；网络数据更安全，可避免人为的数据改变；账户身份信息是加密的，只有在数据拥有者授权的情况下才能访问，保护了个人隐私。

8. 大数据

大数据是指数据量大，在获取、储存、管理、分析方面大大超出了传统数据库软件能力范围的数据集合。处理大数据需要特殊的技术，如数据挖掘、分布式数据库、云计算平台、互联网、可扩展的存储系统等。

大数据的4V 特点：大量（Volume），即数据量大；多样（Variety），包括数字、文本、影像、音频等；高速（Velocity），数据生成和处理非常快；真实（Veracity）。也有人提出大数据的另外一个特点——价值（Value），即合理利用大数据，可低成本，创造高价值。

大数据包括结构化、半结构化和非结构化数据，其中非结构化数据占多数。大数据离不开云计算。大数据无法用单台计算机进行处理，需要众多计算机参与分析。云计算为大数据提供了弹性、可扩展的基础设施。

通过大数据分析可以发现规律、模式及趋势，帮助企业做商业决策，如对大量消费者提供产品或服务的企业可以利用大数据进行精准营销。

4.3.2 信息系统控制

1. 信息系统风险

信息是重要的资产，因此对信息的内部控制也非常重要。企业信息系统主要分为财务会计信息系统和运营信息系统两类。

企业信息系统经常会面临如下一些风险：审计追踪较困难，它不像手工账那样直观；在停电、软件缺陷、病毒感染等特殊情况下，软、硬件不能正常运转；有些原来人能够识别的错误，因系统设计问题不能被发现；数据可能会丢失；原来手工系统时的职责有可能会被减弱；因为很多交易是自动生成的，有些方面缺乏必要的审批；可能因编程缺陷发生系统性错误；使用者可能不小心更改或者删除数据；信息系统可能被恶意代码损坏；人为操纵数据的风险；蓄意破坏系统；自然灾害的影响；计算机病毒、蠕虫、木马程序等威胁。

2. 信息系统控制

信息系统控制主要分为一般性控制和应用控制。

一般性控制包括组织、人员和运营控制，系统开发控制，网络、硬件、设施控制，备份和灾难恢复控制，会计控制。应用控制包括输入控制、处理控制和输出控制。一般性控制是应用控制的基础。控制环境对信息系统控制至关重要，董事会、管理层应支持信息系统控制。

（1）一般性控制的内容。

1）组织控制和人员政策控制。IT 部门要独立于其他部门，直接对总经理负责。IT 部门内部职责也要做到相互分离：系统开发人员负责应用软件的开发或选择；系统运营人员负责输入、输出、图书馆功能等；技术支持人员负责数据交流的硬件和软件使用；数据库管理员负责数据库的管理；安全管理员负责用户使用权限的制订和控制；编程人员不能接触数据运营。

交易审批应由 IT 部门以外的人员负责。主文件或者交易文件的任何更改都必须由会计人员批准，但会计人员自己不能更改主文件或者交易文件。只有经过授权才可进入信息系统，而且要设定访问权限。

2）系统开发控制。信息系统可以自行开发或外购。开发步骤包括需求分析、规格设计、编程、测试、实施、维护等。外购步骤包括需求分析、测试、实施、维护等。

需求分析是指在开发或购买一个软件方案之前，企业必须首先确定需要什么样的系统。系统设计说明书必须包括用户界面设计、数据设计、程序设计等内容。终端用户要积极参与，提出需求或问题，以保证系统的顺利实施和应用。

对编程阶段而言，一般大型系统开发都应先建立一个原型系统，然后不断地试验改进，避免一次投入太大却最终发现系统无法使用的情况发生。编程员或者系统分析员不能一个人操作信息系统开发的全部过程。

测试包括单元测试和系统测试。单元测试是对某一模块的测试，如 ERP 中的财务模块、生产模块、材料模块等。系统测试检验不同模块是否整体有效运行。

信息系统的实施一般包括试点转换和平行转换两种方法。试点转换即先挑选一个单位试用，成功后再推广至整个公司。平行转换即让新旧系统并行一定时间，检查新系统的运营结果是否和旧系统一样，合格后再抛开旧系统。

系统维护是指需要时对硬件、软件、程序进行必要的更改。

3）硬件、设施、网络控制。硬件和设施的控制措施包括：办公区域进入控制，如设置安保人员、刷卡、设置监视器等；数据中心控制，如数据中心应远离公共办公区域、审批进入等；环境控制，如控制温度、湿度以防止火灾等；防止人为破坏；计算机设备控制，如应有电路保护器和备用电源等；备用单元控制；电脑等设备个人使用控制，如设置密码、电脑锁等。

互联网的普及造成很多安全隐患，需加强防范措施。病毒是一种损坏程序或数据的软件，其载体为免费软件、盗版软件、Email 附件等。病毒的传染性很强，可导致计算机及系统运行速度变慢甚至瘫痪。预防病毒的主要方法有：安装防病毒软件，及时发现和杀死病毒；政策控制，即公司不允许使用和任意下载盗版软件和未经批准的软件系统；及时通报新病毒的出现及如何预防。

防火墙是指一个由软件和硬件设备组合而成，在内部网与公共网之间构造的保护屏障，保护内部网免受非法用户的侵入和破坏。防火墙一般使用包过滤系统检查进入者的安全性，只有符合安全标准才放行。防火墙一般使用多层防护措施。

数据和信息加密广泛应用于文件保密、电子签名等。传输文件时的加密方法主要有对称加密和非对称加密两种。对称加密指加密与解密使用同样的密钥，密钥不对外公开，发送者将文件加密后通过互联网或虚拟专用网传送给收件人，发送者必须将密钥告诉收件人，收件人才可以在解密后阅读文件。非对称加密是指加密与解密是用 2 个不同密码，加密密钥是公开密钥，而解密密钥是保密的，只有收件人有。其他数据传输过程中减少被截取或被更改的措施还有路由验证程序和信息确认程序。

路由验证程序可以促进将交易传递到正确的计算机地址。通过网络传输的交易应该包含一个表明其目的地的标题，当交易被接收时，发送系统将验证接收计算机的身份，并与传输者的目的地编码相对照。

信息确认程序要求接收信息的计算机使用一个拖挂信息来验证信息已经完全被接收，之后向发送信息的计算机发出已经成功接收的信号。如果发送信息的计算机没有接收到反馈信息，表明发送的信息可能被截取或发错地址了。

入侵检测系统可能是一个软件，也可能是软件和硬件的结合。它分析网络中的反常或者未经授权的行为，并保持一个集中的安全事件日志，警告管理员关于违反安全的事件。

企业应该建立业务连续性计划，保证企业面临信息系统的各种威胁仍然能使企业不终止运营的计划，其中很重要的是备份和灾难恢复控制系统。

4）备份控制。备份控制是日常工作之一。有了备份工作，在遇到意外时，数据就可以及时恢复和使用，将影响降到最低．备份数据需放置在离公司有适一定距离的地方，以避免灾难同时影响两个备份地点。企业最好是实时备份数据。

灾难恢复控制程序的要素是：确定灾后数据恢复小组，获取最高管理层支持，明确其所要负责的事项；进行风险评估，分析灾难对企业运营的影响，分析数据恢复的成本及数据恢复速度对企业的影响；遇到灾难要按轻重缓急完成工作；确定灾后数据恢复程序，需要时对相关人进行紧急培训；及时与员工交流；确定数据和系统恢复的备用场所以及所需要的硬件、软件和技术支持等，然后进行数据和运营恢复（恢复地址分为热站、冷站和温站）；灾难恢复控制程序制定后，应在灾难无法波及的异地进行保存，而且要定期测试其有效性。

热站是指该地拥有和企业原运营地基本同等的计算机信息系统设备与设施，通常会和运营地的计算机信息系统同步运行。热站数据与原运营地同步。一旦发生重大灾害，企业可以立即启动热站系统，从而快速恢复运营。热站恢复运营的速度较快，对企业的影响相对较低，但其成本昂贵。公司可以自己拥有热站或者租赁热站设施。热站对需实时处理信息和数据的企业如银行等金融机构、电子商务企业等非常重要。

冷站是指该地址只有运营空间和基本设施，如空调、电力、电信线等。如果发生了灾难，公司将必要的设备和设施运送来进行安装，将备份数据传送来恢复运营。冷站恢复运营的速度较慢，成本也较低。当企业的设备损坏不严重或可以尽快较经济地得到办公设施时，使用冷站较为合适。

温站介于热站和冷站之间，一般拥有基本的软、硬件设备设施，且比原运营地的规模小。温站可能会有数据备份，但一般不够完整，且非即时同步。

5）会计信息系统控制。会计信息系统控制主要包括：批次总数，即信息输入时，通过总数的横向、纵向统计来相互核对；科目控制，即相关人员经批准后只能进入特定模块或科目；核销控制，如款项支付后，对相关发票及支持性文档及时核销，避免重复支付；反馈控制，即如果系统出现问题，会立即汇报和诊断，从而可以快速采取修正措施；预防性控制，即针对将来可能出现的问题提前采取措施，如设置热站、冷站或温站。

（2）应用控制。

信息系统的应用控制保证系统在特定的应用和交易处理方面能够正确地完成数据的记录、处理和报告功能。应用控制包括输入控制、处理控制和输出控制。

输入控制是为了保证输入数据的准确、完整及有效性，包括人工控制和非人工控制。人工控制包括输入前的双人核对，审批机制，上司审核下属提供数据的准确性机制，批次总数横向、纵向核对等。非人工控制包括：计算机屏幕控制，若没有按照指示正确操作，计算机屏幕不能向下进行；内嵌式编辑校验测试控制，如借贷必相等控制；其他控制，如冗余数据检查、未发现记录测试、期望检查、互动编辑、校验数位等。

处理控制确保系统按规定对数据进行处理，具体方法包括：验证，即和主文件配比，确定存在性；完整，信息缺失将被拒绝；顺序检查；算术控制等。

输出控制确保系统处理结果的完整性和正确性，以及将输出结果提交有权使用的人员。输出控制包括：处理结果验证控制，即通过作业报告核实输出的有效性、准确性和完整性，作业报告提供了主文件所有更改的详细信息；输出报告发放控制，如保密控制、发送人名单控制、加密控制、储存控制、报废控制；其他控制，如对账、待处理文件、定期审计、差异报告等。

4.4 成本管理与控制

成本控制帮助企业制定有竞争力的市场价格，增加利润和现金流，在困难时期抵御风险，提高企业的经济效益。传统成本控制方法只注重生产、销售及行政部门如何提高效率，效果欠佳，而新型成本控制方法可避免上述弊端。

新型成本管理与控制内容包括源头与过程把关、目标控制、建立成本责任中心机制、建立跨部门成本节约委员会、注重细节、激励措施到位、持续改进等。

4.4.1 源头与过程把关

1. 从预算开始

增量预算法很容易产生预算松弛。制订预算应该采用零基预算和持续改进预算，以强有力地治理预算松弛。

2. 并行工程法

并行工程法是指在进行产品研发和设计时要考虑对下游部门的影响。很多时候产品研发和设计会直接影响下游部门的成本，企业控制和降低成本应重视源头控制。很多成本在产品研发和设计阶段就已经锁定，不好的设计注定将来会产生较大的生产和售后服务成本，控制成本很重要的环节是在产品研发和设计阶段。如果不是产品设计出现问题，则需通过提高效率来控制成本。

3. 质量功能配置

质量功能配置是指通过积极地获取客户的意见，并将其及时转换为产品研发、设计和生产等阶段的要求，从而提高产品在顾客心中的价值，寻求成本节约。

4. 价值链分析

价值链分析是企业的一项战略工具，指通过对企业运营要素的分析，识别增值和不增值行为，通过去除不增值行为、持续改进增值行为，以及通过差异化增加产品的吸引力，最终增强企业的竞争力。

价值链的六大模块分别为研发、设计、生产、营销、分销和售后服务。

价值链分析的 3 个步骤：①确定增值和不增值行为；②确定每种行为的成本动因；③通过增加附加值形成产品的差异化，或者降低成本建立竞争优势。

增值行为是指能增加顾客对产品或服务青睐程度的行为。与此相对应，主要的不增值行为有：原材料及其他存货的占压；配件及原材料在工厂内的整理、搬运；待工、设备调试、资产闲置；质量检验；制造出废品造成客户退货或换货；不符合客户需求的产品设计。

5. 作业基础管理

作业基础管理（ABM）是将经营流程细分为同一成本属性的多个作业或活动，然后确定哪些作业或活动是不增值的、哪些是增值的，不增值的要去除，增值的持续改进，从而减少成本，提高运营效率。

作业基础成本法主要是通过成本细分，找出各自的因果关系，然后对不同产品进行成本分配，以得到更准确的单位成本，进而进行准确的产品定价、盈利分析及产品组合决策等。

为了挖掘成本动因，需要对成本进行等级划分。成本等级可划分为：①产品级别成本。指每增加一个单位的产出都会额外增加的成本，这些成本随产出量变化而呈正比例变化，如直接材料成本、直接人工成本等，相应的成本动因是产出量、机器工时、人工工时等，可以称为数量成本动因。②批次级别成本。成本的发生与产品批次有关，与同一批次的产品数量没有直接关系，例如，设备调试成本、采购订单成本等，相应的成本动因是批次数量。③产品维护成本。指维护产品及品牌而发生的成本，比如产品设计成本、广告成本等。一般来说企业产品品牌越多，产品维护成本越大。④客户水平成本。指维护客户关系所发生的成本，如拜访客户、客户服务等。这些成本与客户的数量有关。⑤企业设施维持成本。指保证企业正常运营的成本，如安保、财务、工厂设施维护管理等。这些成本一般属于固定成本。

除上述5个级别的成本外，还有两种战略级别的成本动因，即结构性成本动因和执行性成本动因。

结构性成本动因是决定企业长期经营结构、策略及经营模式的成本动因。其形成常需要较长时间，一经确定往往很难改变。结构性成本动因主要有企业规模经济、专业水平、技术优势、产品的复杂程度等。

执行性成本动因是指在结构性成本动因决定后，执行具体运营程序时发生的相关成本动因，主要有企业内部运营的改进、企业外部运营的改进、员工的工作投入程度等。

6. 流程再造

流程再造是指重新确定流程，以去除不增值和不合理的环节。其特征为：基础性的，即重新分析现有规则和相关假设；彻底的，即不是局部的调整或改善，而是彻底改变现行的做法；注重流程的各个环节。

4.4.2 目标控制

企业建立预算目标和标准成本后，需对比实际和目标之间的差异，从而达到管理和控制成本的目的。

1. 标杆成本分析

标杆（基准）成本分析是指企业在成本要素（如材料用量、直接人工、耗电量等）方面寻求标杆，确定企业哪些方面需要改进，以期望获得竞争优势。标杆分析是一个持续改进的过程。

标杆可来自行业中的企业、集团子公司、有近似业务的企业、专业协会公布的优秀企业等。

2. 最佳实物分析

最佳实物分析是找到和确认在成本管理方面最佳的实物操作案例，然后与其对比找出差距，通过价值链分析、流程再造、标杆等一系列工具达到最佳实物水平，帮助企业降低成本，改善经营业绩。

4.4.3 责任到人

企业应建立成本责任中心机制，并尽可能细化。先在职能部门基础上划分成本中心，如销售部成本中心、生产部成本中心、财务部成本中心、人事部成本中心等，然后根据成本收益原则进一步细分，如生产部成本中心可细分为制造车间成本中心、组装车间成本中心、工程师成本中心等。每个成本中心都指定专人对成本进行管控，定期进行差异分析。

4.4.4 成立跨部门成本节约委员会

在独立的成本责任中心基础上，公司可以成立跨部门成本节约委员会，集思广益，群策群力，促进成本控制与节约。跨部门成本节约委员会负责协调各个成本中心，从而补充与强化责任中心机制。

4.4.5 注重细节

企业的成本主体一般为原材料、固定资产、研发费用等。在重视成本主体的同时，企业必须同时注重其他成本细节，如打折机票、办公纸张等。注重细节能增强员工成本控制的责任感和对企业的归属感。

4.4.6 激励措施到位

及时与员工沟通成本控制的好处。在成本节约切实出现效果后，应适当对相关员工进行物质、精神上的奖励。

4.4.7 持续改进

持续改进要运用到任何成本管理与控制的行为中，每年都应有节约目标。持续改进机制须制度化。

第 5 章　核：业绩记录与报告

每个运营期间结束后，财务部门需记录企业的实际运营业绩，为业绩评估与考核提供依据。运营业绩记录主要包括损益表、资产负债表、现金流量表和平衡计分卡。

5.1 损益表

5.1.1 损益表核算内容

损益表又称利润表，是反映一段期间内经营活动的结果。损益表用来评估企业的盈利能力和投资价值，与其他财务报表一起来评估未来现金流的金额、时间和不确定性。损益表样表见表5-1。

表5-1 损益表

项目	上期金额	本期金额
销售收入		
减：销售退回/折扣/折让		
净销售收入		
减：销货成本		
毛利润		
减：经营费用		
减：销售费用		
减：管理费用		
减：研发支出		
经营利润		
加：其他业务收入		
减：其他业务支出		
税前利润		
减：所得税费用		
净利润		

损益表核算中最难的部分当属生产成本核算。生产与服务企业在损益

表编制方面差别很大，生产企业损益表的编制比服务企业复杂得多。不同行业损益表的核算内容见表5-2。

表5-2　不同行业企业损益表涉及的核算内容

企业类型	销售收入	生产成本	存货	销售管理等经营费用
生产	√	√	√	√
贸易服务	√		√	√
其他服务	√			√

注：√代表编制损益表时涉及该核算内容。

销售成本包括生产成本和产成品存货两部分。生产成本核算是计算单位产品生产成本，存货核算是指在产品销售时如何记录从产成品存货减少而转入销货成本。

销售收入确认相对简单，在确认收入时就进入损益表。而销售成本比较复杂，需要进行一系列核算，将生产成本归集分配至产成品、在制品及产成品。销售及管理费用在发生时即进入损益表。

广义的成本核算包括生产成本核算、存货成本核算和期间费用核算。生产企业的成本核算相对全面、复杂，而非生产企业的成本核算一般只包括存货成本核算和期间费用核算，有的甚至只包括期间费用核算。因此，只要学会生产型企业的成本核算，就相当于掌握了所有的成本核算。

服务行业除编制损益表外，还有可能因内部管理需要按客户或项目做盈亏分析。此类经营分析可借鉴生产成本核算中的订单法。

5.1.2　生产成本核算

生产企业的产品生产成本核算方法可以归纳为“123”方法，即：1条基本线、2个企业基本类型法（订单法、非订单法）、3个核心成本核算方法（实际成本法、标准成本法及部分标准成本法）。

1. 1条基本线

所有生产型企业的产品成本核算都要贯穿一条基本线。先确定企业有几种产品。生产成本核算最根本的核算对象是产品。每种产品的生产成本核算基本都履行下面程序：

第一步，通过产品会计科目归集每种产品当期发生的生产成本，即直接材料、直接人工和制造费用这“三大件”。生产成本核算须按不同产品分别进行。

第二步，用“三大件”除以各自产品当期的产量得出每种产品的单位生产成本。计算单位产品成本是整个成本核算的核心。随着产成品的产出，将产成品的数量乘以单位产品成本之后的金额从在产品科目结转到产成品科目，形成资产负债表产成品存货科目。期末在产品如果有余额，形成资产负债表在产品存货科目。

第三步，随着产成品的售出，将销量乘以单位产品成本后的金额从产成品科目结转到损益表的销货成本科目。

所有生产成本核算系统都贯穿这条基本路径，可简单总结为：按产品归集期间发生的总生产成本—计算单位产品生产成本—将成本结转并分配到产成品存货和在制品存货—产成品售出后将成本结转到损益表。更简单的描述为：归集成本—计算单位产品成本—结转分配成本。

注意，这条基本线针对不同企业类型、不同管理需求应进行微调。

2. 2 个企业基本类型

所有生产型企业可归纳为两大类型，从而形成两种不同的生产成本核算方法，即订单法和非订单法。订单法（或称分批法）一般适合产品定制化企业，如家具、造船等企业。每个订单代表不同的产品，不同订单单独进行生产成本核算。非订单法（或称重复批量法）一般适合产品大批量重复生产的企业，如手机、电视机、办公文具等。企业根据自身的特点只能选择一种特定的成本核算方法。

这两种方法贯彻了上述成本核算的“1 条基本线”原则，只是在成本归集方面进行了微调。采用订单法的企业，直接材料成本可通过领料单上标示的订单号准确归集，直接人工成本根据派工单上标示的订单号准确归集。制造费用是公共成本，只能通过分摊方法归集到不同产品。对于非订单企业，直接材料成本可通过领料单准确归集，但由于工人同时生产多种产品，直接人工成本只能通过直接人工工时的耗用量分配到不同产品，制造费用通过分摊归集到不同产品。

总之，对待任何类型的企业，先要想办法将生产成本的“三大件”一对一地准确归集到不同产品；如果实在无法准确归集，则应通过一定的方法分摊。只需判断企业的类型即可。

3. 3个基本核算方法

3个成本核算的基本方法为实际成本法、标准成本法、部分标准成本法。

实际成本法属于传统成本核算，但其存在如下缺陷：①影响定价决策。单位产品成本 = 期间总生产成本/产量，该式的分子中大部分为固定制造费用，但产量每期都有较大变化，因而各期单位产品成本常常也出现变化，误导定价决策。②单位产品成本不够准确。有些费用只在某期发生，如机器大修费用、暖气费等，而该期产量也有较大幅度降低，导致该期单位产品成本不能代表产品的正常生产成本。③对绩效评估、考核及成本控制不利。因为缺乏有效的参照目标，从而无法判断实际发生成本的高低。④较为费时，操作成本高。

总之，生产型企业的产品成本核算方法都可归纳为“123”方法，又称“成本树”方法，见图5-1。

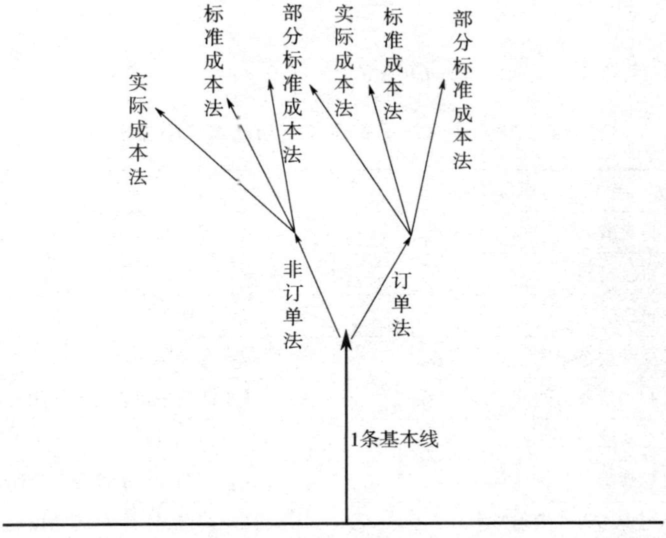

图5-1 “成本树”示意图

目前许多企业已不再用实际成本法，而选择标准成本法或部分标准成本法。

4. 完全成本法与变动成本法

（1）两种损益表编制方法的区别。生产成本核算完后，企业再通过加权平均法、先进先出法等进行销售成本核算，将其列入损益表。销售收入和期间费用的核算相对简单。损益表的编制有完全成本法（法定）和变动成本法（对内）两种。

完全成本法（吸收成本法）损益表有如下特点：①产品成本和销售成本包含直接材料、直接人工和制造费用成本（含变动制造费用和固定制造费用）。②损益表基本按职能划分，涉及生产、销售及生产部门指标，如销量、售价及生产成本等。

变动成本法（直接成本法）损益表有如下特点：①产成品和销售成本中仅包含变动生产成本，如直接材料、直接人工和变动制造费用，不包含固定制造费用与变动期间费用。②损益表按成本性态排列。变动成本在上面，包括变动销售成本与变动期间费用，进而得出边际贡献。下面是所有固定成本，其中固定制造费用当期发生额全部进入，而不是先分配进存货。

完全成本法损益表和变动成本法损益表对比见表 5-3。

表 5-3　完全成本法损益表和变动成本法损益表对比

完全成本法损益表	变动成本法损益表
销售收入	销售收入
减：直接材料	减：直接材料
减：直接人工	减：直接人工
减：变动制造费用	减：变动制造费用
减：和销量相关的固定制造费用	减：变动销售、管理费用
毛利润	边际贡献
减：变动销售、管理费用	减：当期发生的全部固定制造费用
减：固定销售、管理费用	减：固定销售、管理费用
税前利润	税前利润

两种损益表的唯一区别在于对固定制造费用的处理，完全成本法的固定制造费用计入与销量有关部分，而变动成本法是将当期发生的全部固定制造费用全部计入。

（2）两种损益表利润的差异。在不考虑在产品的情况下：

$$\text{完全成本法和变动成本法计算的利润差异} = (\text{产量} - \text{销量}) \times \text{单位产品固定制造费用}$$

若产量大于销量，完全成本法下的利润大于变动成本法的利润；若产量等于销量，则两种方法的利润相等。

当期产成品产量 - 当期销量 = 期末产成品库存 - 期初产成品库存

当期产成品库存增加，意味着当期产量大于销量；当期库存减少，意味着当期产量小于销量。

将完全成本法损益表调节为变动成本法损益表的方法为：先将完全成本法损益表中的销售成本去除固定制造费用，然后将销售和管理费用中的变动成本拆出放在销售成本下面，计算出边际贡献，再减去当期发生的全部固定制造费用和销售、管理费用中的固定费用，最终形成变动成本法的损益表。

变动成本法损益表的优点：避免发生人为操纵利润现象；对特殊订单、自产与外购等经营决策更有利；便于利用量本利分析法分析盈亏平衡点以及目标利润；区分变动成本和固定成本有助于控制成本。

变动成本法损益表的缺点：会计准则限制外部财务报告使用变动成本法损益表；变动成本和固定成本有时难以区分；人们可能对产品成本里不包括固定制造费用不理解。

5.2 资产负债表

资产负债表反映企业某个时间点（月末、季度末或年末）的财务状况，包括企业拥有多少资产，资产中有多少由负债支撑，有多少归投资者拥有。资产负债表可用于评价企业的资本结构，评估企业的流动性、偿付能力、财务弹性，和其他财务报表一起评估未来现金流的金额、时间和不确定性。

资产负债表的编制原理为：流动资产 + 非流动资产 = 流动负债 + 长期负债 + 所有者权益。

资产负债表格式见表 5-4。资产负债表的格式会因会计标准的变更而变化。

表 5-4　资产负债表

资产	本年	上年	负债及所有者权益	本年	上年
现金及现金等价物			应付账款		
应收账款			应付票据		
存货			预提票据		
其他流动资产			流动负债合计		
流动资产合计			递延所得税		
固定资产			长期负债		
减：累计折旧			长期负债合计		
净固定资产			优先股		
无形资产			普通股		
其他非流动资产			资本公积		
非流动资产合计			未分配利润		
			减：库藏股		
			所有者权益合计		
资产合计			负债及所有者权益合计		

5.3 现金流量表

现金流量表反映一定期间内（1 个月、1 个季度或 1 年）企业的现金流入与流出情况，反映经营活动、投资活动及筹资活动对现金的影响。

现金流量表帮助利益相关者评估企业未来创造现金流的能力，反映企业的流动性、偿付能力及财务弹性，评估企业是否需要外部融资，与其他财务报表一起评估未来现金流的金额、时间和不确定性。

现金流量表的编制分为直接法和间接法。直接法编制非常简单。下面讲解间接法。

间接法将现金流量按照营运现金流、投资现金流及融资现金流依次列示，以体现关注次序。

1. 营运现金流

营运现金流是指企业主营业务的现金流，如正常的生产与销售活动产生的现金流。投资和融资不属于主营业务。股利收入、利息收入及利息费从严格意义上来讲是非主营业务，而且涉及投融资行为，但由于它们是损益表中的项目，因此一直以来被当作主营业务的现金流处理。但注意，营运现金流不包括股票分红支出，它不是损益表中的科目。

营运现金流的计算以损益表中的净利润为起点，具体方法为：

第一步，确定净利润。

第二步，加损益表中不影响现金流的费用，减损益表中不影响现金流的收益。

第三步，加短期贷款、应付票据等之外的流动负债，即自发性流动负债。应付票据及短期贷款属于融资现金流。

第四步，减非现金流动资产。

第五步，加折旧、无形资产摊销，处理固定资产净损益（加损失减收益），可供出售证券出售净损益（加损失减收益），应付债券折价摊销或溢价摊销（加折价减溢价）。

第六步，加递延所得税费用，即会计上计算的所得税费用和税务计算的应付所得税的差额部分（加费用减收益）等。

2. 投资现金流

投资现金流是指长期资产（固定资产、无形资产、金融资产等）投资所涉及的现金流，包括债券、股票、信贷、固定资产投资等的现金流出，也包括本金收回、出售股票、处理固定资产等的现金流入。注意，投资交易型证券的现金流属于营运现金流，而投资可供出售或持有至到期证券的现金流属于投资现金流；处理固定资产的现金收入属于投资现金流，而固定资产处理损益属于营运现金流。

3. 融资现金流

融资现金流即筹资产生的现金流，包括债务类融资和权益类融资。债务类融资包括银行贷款、发行债券、商业票据等；权益类融资包括普通股、优先股等。

5.4 几个关键概念

5.4.1 生产成本与期间费用

一般来讲，企业成本可分为生产成本和期间费用两大类。虽然从广义上讲，成本和费用都可以称为成本，但在实际工作中，没有期间成本、销售成本和管理成本的叫法，一般称为期间费用、销售费用和管理费用。生产成本由直接材料成本、直接人工成本和制造费用组成。

直接材料成本是指能容易且较经济地追溯到单个产品的原材料成本。除了直接材料，原材料还包括间接材料。间接材料成本很难且经济地核算到每个产品。间接材料成本属于制造费用的一个明细科目，应先进入制造费用，再分摊到不同产品。

直接人工成本能直接和不同产品联系起来，可以较容易且经济地追溯到不同产品。直接人工有的可以直接追溯，有的通过人工工时追溯。除了直接人工，人工成本还包括间接人工。间接人工成本也是先进入制造费用，然后再分摊到不同产品。

制造费用是指生产部门除直接材料和直接人工之外的其他所有成本，主要有间接材料、间接人工、能源费、机器维护费、折旧、租金、保险、培训费、办公费等。

期间费用包括销售费用、管理费用、研发费用等一级科目，明细科目包括工资费用、差旅费、培训费、办公费等。期间费用也叫经营费用。

5.4.2 固定成本与变动成本

从成本性态上看，企业成本可分为固定成本和变动成本。

固定成本是指在一定范围内（时间或产量范围）成本总额保持不变，而单位固定成本与业务量呈反比例变动的成本。此处的业务量指生产量或销售量，生产成本对应生产量，销售费用对应销售量。

变动成本是指在一定范围内其成本总额随业务量呈正比例变化，而单位变动成本保持不变的成本，如直接材料、运费等。

注意，固定成本和变动成本都强调在一定业务范围内，若超出此范围，该规律就不再适用，如企业增建了一条生产线，此时的折旧费就变大了。

理论上讲，变动成本包括直接材料成本、直接人工成本、变动制造费用、销售佣金、销售运费等，但在实际工作中，需根据重要性原则定义。例如，有些企业并不把间接人工、机器维修费、间接材料看作变动成本，原因是金额太小，变动关系并不明显。另外，直接人工成本是否是变动成本也有较大的争议。现在大多数企业都不再使用计件工资，即使产量低，直接人工成本也基本保持不变。

例 5-1 M公司正在引进的一种新产品。该产品第一年的销售额预计为100 000元，销售佣金预计为销售额的8%。公司规定以销售额的0.5%奖励营销经理。编制产品宣传册会花费营销职员20小时，其工资率为每小时20元，同时花费插图人员10小时，其工资率为每小时20元。请问这种新产品的变动销售费用是多少？

判断变动营销成本要看其是否随着销售收入或销量的变化而变化。编制产品手册的成本不随销售的变化而变动，因此不是变动销售费用。因此，公司的变动成本为100 000×(8%+0.5%)=8 500（元）。

第 6 章　析：绩效评估与考核

绩效评估是指企业定期对运营业绩做出评估并对责任人（责任中心）进行考核。通过绩效评估，企业可发现问题并及时纠正，实现可持续发展。财务在绩效评估与考核中帮助企业建立平衡计分卡机制并做经营分析。

6.1 责任中心与转移定价

6.1.1 责任中心

企业的责任中心一般包括成本中心、收入中心、利润中心及投资中心。

成本中心是指该部门主要产生成本，极少或根本不产生销售收入，如维修部门、人事部门、财务部门、生产部门等。成本中心是最简单的责任中心。对成本中心的评估一定要建立在可控成本基础上。

收入中心负责产品的销售收入。收入中心不负责产品的销货成本，仅负责本部门发生的费用，如工资、办公费、差旅费等。对收入中心的绩效评估基础是销售收入和部门费用。

利润中心既负责产品的销售收入又负责产品的销货成本。利润中心是独立运营的部门、区域销售处或分店等，但不是子公司，不具备全面资本投资权。

投资中心既负责利润，又负责全面资本投资审批。投资包括对内固定资产投资、对外证券投资等。投资中心一般是独立运营的子公司或集团公司中的战略业务单元。

责任会计是指在一个组织内部对不同责任中心的一种绩效评估机制。

6.1.2 转移定价

在分权制下，子公司或部门之间买卖产品或服务需建立合理的定价机制，此定价机制被称为转移定价。

1. 转移定价的目的

（1）建立公平的业绩考核标准。

（2）促进各部门的工作积极性。

（3）促进分公司与总公司目标一致。如果某分公司有过剩产能，可通过合理的转移价格促进内部吸收，从而减少产能浪费，对整个公司有利，对买方和卖方也有利。

（4）符合税务要求。一般来讲，税务要求转移价格等同于卖给第三方的价格。

2. 转移定价制订原则

卖方转移定价应不高于外部市场价，转移定价 = 产品的增量成本 + 对内销售的机会成本。如果销售方有外部市场且不存在剩余产能，机会成本等于市场价减增量成本，意味着销售方应该使用市场价。增量成本一般就是变动成本。一般而言，市场价最能促进买卖双方的积极性且促进业绩考核公平，但如下特殊情况例外：

（1）因为内部销售节省了营销费用，转移定价应在市场价格基础上减掉这部分费用。

（2）若销售方有足够的剩余产能，转移定价只要大于产品的增量成本就可以，买方低价购入，卖方也能增加利润，对双方都有利。

（3）如果没有外部市场，转移价格应为增量成本或增量成本加一定的利润。

买方接受的转移定价应不高于外部采购价格。如果没有外面供应商存在，买方转移定价的底线是用买方最终对外部客户的销售价格减去后续加工成本。如若从内部购买后，随之发生加工成本 40 元，如对外部客户的产品卖价为 100 元，内部转移价格就不能高于 60 元。

3. 转移定价的主要方式

转移定价的主要方式有市场转移定价、协商转移定价及成本基础转移定价三种。

（1）市场转移定价。市场转移定价即以外部市场价作为转移定价，适用于公司有外部市场、销售方没有过剩产能的情形。市场转移定价的优点：对买卖双方最公平；能促进分公司和总公司目标的一致性；符合税务要求；客观、简单，不用计算。市场转移定价的缺点：有时候没有外部市场价格或外部市场价格不好获取；在产能过剩情况下，用市场价格会造成价格偏高，进而可能引发交易失败；在外汇管制或其他风险等特殊情况下，对公司整体利益不利。

（2）协商转移定价。协商转移定价即买卖双方对转移价格进行协商确定，适用于销售方没有外部市场但有过剩产能，需要合法节税、获取汇兑利益等情形。协商转移定价的优点：各分公司可以像跟外部公司一样去谈判、协商，发挥独立性；双方可相互了解到更多的信息，有助于做出更有利的决定；比较灵活；可以根据不同的税率实现利润最大化。协商转移价格的缺点：协商成本高；因为信息不对称，掌握成本信息优势的一方更主动；很多时候是谈判能力的较量，不是很公平。

（3）成本基础转移定价。成本基础转移定价的优点：公司可以避免亏损并因为能实现利润而提高卖方的积极性；简单易懂；在没有市场价格或有过剩产能的情况下是一个很好的选择；加价比较灵活，容易促成交易。成本基础转移定价的缺点：加价比例比较主观；不利于分公司与总公司目标的一致性；可能和市场价格有冲突。

成本基础转移定价中的成本使用标准成本，有利于买方计划和预算，可以有效控制卖方的成本，避免不合理成本。如果使用实际成本，容易造成卖方成本的不合理。而使用标准成本可能会对卖方不公平，因为卖方必须承担实际成本与标准成本之间的不利差异，且制订标准成本比较麻烦。

4. 转移定价与税收

考虑子公司所在国家所得税税率的不同，集团公司可在法律范围内利用转移定价策略制订有利于提升总体利润的决策。一般方法为：产品由所得税税率较低的国家卖到所得税税率较高的国家时，制定相对较高的转移价格；产品由所得税税率较高的国家卖到所得税税率较低的国家时，制定较低的转移价格。这样，更多的利润会留在所得税税率较低的国家。

例 6-1 某公司在 A 国的子公司卖给在 B 国的子公司 1 000 件商品，单位成本 10 000 元，B 国子公司购买后卖给外部客户的售价为20 000元/

件。A 国的所得税税率为 40%，B 国的所得税税率为 20%。

方案一：卖方的转移定价为 12 000 元，则 A 国子公司的所得税费用为 (12 000 − 10 000) × 1 000 × 40% = 800 000（元），B 国子公司的所得税费用为（20 000 − 12 000）× 1 000 × 20% = 1 600 000（元），公司的总税负为 240 万元。

方案二：卖方的转移定价为 15 000 元，则 A 国子分公司的所得税费用为（15 000 − 10 000）× 1 000 × 40% = 2 000 000（元），B 国子公司的所得税费用为（20 000 − 15 000）× 1 000 × 20% = 1 000 000（元），公司的总税负为 300 万元。

两个方案公司的税前利润均为 1 000 × (20 000 − 10 000) = 10 000 000 (元)，方案一的总税负较小。

5. 双价法

如果公司内部的卖方坚持用市场价格，而买方坚持用成本加价法计算的价格，那么总公司可以让他们各自用自己的转移定价，然后由总公司补差价。这样做的优点是容易促成对公司有利的交易。

6.2 平衡计分卡

6.2.1 平衡计分卡的考核维度

企业的根本目标是所有者财富最大化且可持续。要实现这一目标，企业必须在规划、运营、考核时做到标本兼治。“标”是指财务指标；“本”是指企业长期发展的根本，如产品创新、员工技能培训、客户对企业的认可度等。“本”做好了，企业自然会可持续发展，但最终要体现在财务指标上。

企业可持续发展的根本可概括为以下 5 个维度，即人才维度、产品维度、内部运营维度、市场维度和持续改进维度。这 5 个维度是企业可持续发展的关键，它们有着紧密的逻辑。而企业经营的最终目的是要实现既定的财务指标，否则一切都是空谈。而财务维度是企业发展“金字塔”的塔尖，与上述5个维度共同组成企业的战略平衡计分卡。所有维度都要有明确的标准界定，公司应将其备案、定期评估改进。下面概述每个维度。

（1）人才维度。人才是企业发展的根基，企业期望员工专业一流且态度积极主动，能长期和企业共同成长。人才维度指标包括员工满意度、员工流失率、培训时间等。

（2）产品维度。优秀的产品是企业制胜的法宝。产品维度指标包括产品竞争力排名、新产品数量、新专利数量、研发费用等。

（3）内部运营维度。这里的内部运营是狭义的内部运营，主要是指产品开发、市场运营、人才培养以外的职能。内部运营维度指标包括产品合格率，生产按时完成率，安全、健康、环保、道德等事件，生产成本，经营费用等。

（4）市场维度。企业期望拥有领先的市场份额，给客户提供优质、高效的服务，从而拥有很高的客户满意度。市场维度指标包括市场份额、市场总量、客户满意度、客户保持率、新客户数量、客户订单及时交付率、营销费用等。

（5）持续改进维度。企业须建立机制促使员工及外部人员（如客户等）为企业的持续改进献计献策，将持续改进作为核心文化写进企业员工的工作职责中。持续改进指标包括员工建议数量、外部人士建议数量等。

（6）财务维度。财务维度指标包括所有者权益回报率、运营现金流、财务风险指标（速动比率、现金比率以及资产负债率等）。

6.2.2 实施平衡计分卡的三个原则

1. 厘清因果关系

每个关键指标都要和公司战略有清晰的因果关系，能诠释如何对公司的战略目标做出贡献，如新产品专利指标对应的公司战略就是成为世界一流的科技公司。

2. 业绩衡量指标要与业绩动因紧密联系

业绩衡量指标又称为关键成功要素，它须和业绩动因紧密联系起来。

如业绩衡量指标为99%的客户满意度，业绩动因是缩短客户响应时间、提升产品质量、改善服务态度等。业绩衡量指标是滞后考核因素，如果没有业绩动因，则只是告诉了应该做什么，但没告诉如何做；业绩动因是主导因素，如果没有业绩衡量指标，则只知道短期如何做，但不知道公司战略能否成功。

3. 所有的行动都要与财务指标相联系

所有的行动都要看能否为企业带来利润或现金流。平衡计分卡的最终目的是提高财务业绩。

6.2.3 平衡计分卡的特点

平衡计分卡具备如下特点：①符合公司战略规划目标。平衡计分卡的指标应与企业战略目标有明确的因果关系。如果企业的战略目标是成为全球领先的手机公司，平衡计分卡的指标就应重点包括新产品的研发、客户满意度、研发投入等。②平衡积分卡的指标必须容易理解并可测量，目标既具挑战性又要切合实际。③强调财务与非财务、短期与长期的平衡，不能为了短期财务业绩而牺牲公司的长远利益。④能激励员工采取措施提高财务业绩，避免注重非财务指标而忽视提高财务业绩。⑤指标的数量限制在适当范围内。指标太多容易失去重点，要选择关键指标。⑥适时进行调整。⑦最高管理层的支持。

平衡计分卡的优点：可以克服财务评估的短期行为，有利于综合全面地进行绩效考核；有利于企业长期可持续发展；能有效地将组织的战略转化为绩效指标和行动；有助于员工对组织目标和战略的理解，使组织行动一致，服务于战略目标；利于组织和员工的学习成长和核心能力的培养。

平衡计分卡的缺点：一些指标不好衡量或统计，如客户满意度、员工满意度等；实施比较费时费力；更新比较麻烦。

6.3 财务分析

财务分析对于企业至关重要。对企业自身进行财务分析，能得到很多企业运营与财务方面的有用信息，帮助改善企业运营；对其他企业进行财务分析，可以有效地帮助企业做出投资、材料供应及信用政策等重大决策。

6.3.1 指标分类

企业的根本使命是使所有者财富最大化且可持续。这里有三层含义：①财富绝对值最大化，包括利润（纸面上的钱）及现金（能花的钱）；②财富创造效率最大化，即与其他公司甚至行业比是高效的；③要可持续地创造财富，而不是昙花一现。

为此，我们将财务分析指标分为以下类别：①财富绝对值创造指标。主要包括盈利分析指标、现金流分析指标及股东财富增长分析指标。此处的钱必须同时考虑利润和现金两方面。②财富创造效率指标。主要包括投资回报率、资产回报率及普通股权益回报率等。③财务风险指标。主要包括流动性指标、资本结构指标等。

财务分析中如果某指标同时涉及损益表、现金流量表和资产负债表科目，资产负债表相关科目的金额应该用年初与年末的平均值。

1. 财富绝对值创造指标

（1）利润指标。

$$毛利润=销售收入-销货成本$$

$$毛利率=(销售收入-销货成本)/销售收入$$

$$经营利润=销售收入-销货成本-经营费用$$

经营利润是指企业的主营业务利润，不包括其他业务收支。

$$经营利润率=经营利润/销售收入$$

$$息税前利润=经营利润+其他业务收支$$

息税前利润（EBIT）包括了企业的利息费用和所得税费用。在衡量经理业绩时，利息和税金一般是不可控的。利息受企业总体资本结构的影响，利息费用是财务费用，而非运营费用。

息税折旧摊销前利润 = 息税前利润 + 折旧 + 摊销

使用息税折旧摊销前利润（EBITDA）的原因：①折旧和摊销是不可控成本，它们是前期获取固定资产和无形资产所带来的后期要提取的费用。衡量业绩时 EBITDA 更合理。②EBITDA 向现金流靠拢，但有观点认为这样做不太合理，因为现金流很大程度上受运营资本等因素的影响。

净利润 = 息税前利润 - 利息费用 - 所得税

净利润率 = 净利润/销售收入

边际贡献 = 销售收入 - 所有的变动成本

边际贡献不等于边际毛利。

过去，企业更多地用会计利润来衡量企业业绩，没有考虑投入资本的成本。后来发现，很多企业尽管利润不菲，但股东财富却在缩减，导致股东认为该公司的投资回报率不如其他公司。因此，在考核业绩时需考虑资本成本，从而判断股东的财富是在增加还是在减少，指标有剩余收益（RI）和经济附加值（EVA）两个。剩余收益和经济附加值又称经济利润。

剩余收益 = 项目利润 - 投资额 × 要求回报率

上式中的要求回报率是公司对项目最低的期望回报率，可以理解为机会成本，即投资者投资此项目从而放弃其他项目获取回报的机会。若剩余收益小于 0，意味着投资该项目不如投资其他项目；若剩余收益大于 0，则结论相反。

剩余收益计算公式还可以表达为：

剩余收益 = (项目的投资回报率 - 要求回报率) × 投资额
= 项目的投资回报率 × 投资额 - 要求回报率 × 投资额
= 项目利润 - 要求回报率 × 投资额

上式中，投资回报率即资产回报率（ROA）。因此只要该项目的实际回报率大于要求回报率，剩余收益就大于 0。

利用剩余收益法的优点：使业绩评价与增加股东财富的企业目标相协

调；更加注重财富的增加绝对值而非比率；使用经济利润而非只用会计利润，能更好地评估管理人员的真实业绩；可根据项目风险的不同调整要求回报率。

利用剩余收益法的缺点：不适合不同投资规模的部门之间的比较；对要求回报率很敏感，不同的要求回报率剩余收益差异较大，而且对要求回报率的选择相对主观；企业管理层可能为了短期利益增加剩余收益而牺牲公司的长远利益，如减少长期资产及研发等必要的投入。

$$\text{经济增加值}=\text{税后经营净利润}-\text{资本加权平均成本}\times\left(\text{长期负债}+\text{股东权益}\right)$$

式中,税后经营净利润 = 息税前利润 ×(1 – 所得税)。

若无特殊说明，经济增加值要用税后利润。经济增加值同样摆脱了只用会计利润考核企业业绩存在的问题，认为资本是有成本的。

因为流动负债的融资成本很小，而且有成本的短期贷款是暂时的，所以经济增加值计算是涉及长期负债和权益类融资的资本成本，即 WACC。会计利润必须大于资本成本，即 EVA > 0 时，才可以增加股东财富。

经济增加值计算公式还可以表达为：

经济增加值 =（投资回报率 – 加权资本成本）×（长期负债 + 所有者权益）

这就意味着只要项目实际或预计的投资回报率大于加权资本成本，EVA > 0，这样会给股东增加财富。

经济增加值法的优点：使用经济利润而非仅使用会计利润，能更好地评估管理人员的真实业绩；考虑了资本成本，和增加股东财富的目标一致；更加注重财富的增加绝对值而非比率。

经济增加值法的缺点：EVA 是短期财务指标，管理层可能会为了追求高的 EVA 而故意减少资产和费用，从而影响企业的长期可持续发展；EVA 是一个绝对量指标，不容易比较不同投资额的项目。

股息收益率 = 年度每股股利/每股市价

高股息收益率可能预示着公司没有太多向上增长的空间，因为一般来讲，公司若有很好的发展空间和机会，是不会发放太多股息的。

$$\text{股利发放率}=\text{普通股每股股利}/\text{每股收益率}=\text{普通股股利总额}/\text{普通股股东收益总额}$$

普通股股东收益总额 = 净利润总额 − 优先股股利

影响销售收入稳定性和质量的因素有产品的需求弹性、竞争程度、客户的集中程度、市场多样化程度、对少数销售代表的依赖程度、新产品的研发能力等。

销售收入的增长一般会带来存货的增加，因为企业需要准备更多的存货来满足销售。存货是否合理可以通过存货周转天数等指标来监控。

盈余质量即利润的可靠性与可持续性。影响盈余质量的主要因素有：会计政策及准则；经营杠杆与财务杠杆；利润结构，若主营业务利润占主导，此盈余质量高；流动性，即现金流偿付负债的能力；行业因素、经济环境、税收政策等。

（2）现金流指标。企业经营效果不能仅看利润，更要看现金创造能力，否则企业有倒闭风险。现金创造能力的主要指标是月运营现金流。

月运营现金流 = 净利润 ± 不影响现金的损益表中的费用/收益 + 非人为流动负债净额 − 非现金的流动资产净额

人为负债一般是指银行贷款和应付票据。

下面着重分析存货、应收账款、应付账款等主要流动资产和流动负债对现金流的影响。

存货周转天数 = 平均存货/日销售成本

存货周转天数应与企业过去的水平、行业水平或企业标准进行比较，从而发现问题。存货周转天数不一定越小越好，太小会因缺货而影响生产与销售。

存货周转率 = 年销售成本/平均存货

如果给出几个月的销售成本，在计算存货周转率时一定要年化，因为存货周转率是指 1 年周转的次数。如第一季度 3 个月的销售成本分别为 200 万元、200 万元、500 万元，平均存货是 600 万元，假设后 3 个季度的销售成本和第一季度相同，则应先年化销售成本，即：（200 + 200 + 500）× 4 = 3 600（万元），存货周转率为 3 600 /600 = 6。存货周转天数和存货周转率反映了资金占压的情况。不合理的存货占压会给企业带来严重后果，影响企业的现金流及利润。

$$\text{应收账款周转天数}=\text{平均应收账款}/\text{日赊销销售收入}$$

$$\text{应收账款周转率}=\text{年赊销销售收入}/\text{平均应收账款}$$

应收账款周转天数和应收账款周转率是反方向的，应收账款周转率越大，应收账款周转天数越小。应收账款余额是未减去坏账准备的应收账款额，否则通过提取坏账准备就可以提高应收账款周转率。坏账准备也是应收账款的一部分。应收账款周转天数不一定越低越好，因为太低了意味着给客户的信用天数太少，可能会失去市场竞争力。应收账款周转天数和应收账款周转率也反映了资金占压情况。

$$\text{应付账款周转天数}=\text{平均应付账款}/\text{日赊账采购额}$$

如果赊账采购额数据不容易获取，而且采购额和赊账采购额相差无几，可以使用采购额数据。在实际工作中，很多企业使用日销售成本来计算应付账款周转天数，即：应付账款周转天数 = 平均应付账款/日销售成本。企业应像应收账款周转天数一样编制每个供应商的过期天数报告，按时支付款项，从而第一时间发现资金周转问题。

$$\text{应付账款周转率}=\text{年赊账采购额}/\text{平均应付账款}$$

应付账款周转天数和应付账款周转率是反方向的，应付账款周转率越大，应付账款周转天数越小，反之则越大。应付账款周转天数和应付账款周转率反映了通过延迟支付供应商货款从而增加企业现金的程度。

$$\text{经营周转天数}=\text{存货周转天数}+\text{应收账款周转天数}$$

$$\text{现金周转天数}=\begin{matrix}\text{存货周}\\\text{转天数}\end{matrix}+\begin{matrix}\text{应收账款}\\\text{周转天数}\end{matrix}-\begin{matrix}\text{应付账款}\\\text{周转天数}\end{matrix}$$

$$\begin{matrix}\text{运营资本}\\\text{周转率}\end{matrix}=\begin{matrix}\text{年销售}\\\text{收入}\end{matrix}\Big/\left[\left(\begin{matrix}\text{年初流}\\\text{动资产}\end{matrix}-\begin{matrix}\text{年初流}\\\text{动负债}\end{matrix}+\begin{matrix}\text{年末流}\\\text{动资产}\end{matrix}-\begin{matrix}\text{年末流}\\\text{动负债}\end{matrix}\right)\Big/2\right]$$

$$=\begin{matrix}\text{年销售}\\\text{收入}\end{matrix}\Big/\left(\begin{matrix}\text{年平均}\\\text{流动资产}\end{matrix}-\begin{matrix}\text{年平均}\\\text{流动负债}\end{matrix}\right)$$

运营资金周转率可衡量运营资本的使用效率，即每投入 1 元钱的运营资本能带来多少元的销售收入。运营资本是产生销售收入的基础因素。此指标高还反映运营资本的净额相对较小，因而企业短期债务的偿债能力较差，流动性较差。若此指标较低，即使流动性不错，也反映了运营资本的过度占压。

运营资本周转天数 = 365/运营资本周转率

2. 财富创造效率指标

财富创造效率指标是以利润除以投资额，具体有以下指标。

（1）投资回报率（ROI）。

投资回报率 = 净利润/投入资本

上式中的资产指投入资本，包括净运营资本与长期资产，即总资产减流动负债，或表达为长期负债加所有者权益。因为流动负债很多是自发性负债，是没有成本的，如应付账款等，即便存在非自发性负债，如短期贷款等，一般利率较低，而且是短期的，故可忽略。如果资产包括不可控资产，则应该把这部分资产减去。至于是否包括闲置资产没有统一规定，关键看该资产是否可控。

资本是有成本的，如长期负债需支付给债权人利息，权益资本有最低回报率要求。如果投资回报率大于资本成本，说明股东财富增加；如果投资回报率小于资本成本，说明企业在缩减股东财富。

投资回报率的优点：不同投资额的项目及部门之间更具可比性；可作为投资的依据，即看是否大于资本成本，从而优化资源配置；反映投资的综合盈利能力。

投资回报率的缺点：企业可能为了自身利益而放弃低于本企业期望的投资回报率但大于公司整体要求的回报率的项目，因而会使公司整体财富遭受损失；企业可能为了短期利益而牺牲公司的长远利益；可能存在投资回报率很高而净利润很低的情况；没考虑投入资本的机会成本；不适合资产平均年限有很大差异的项目之间的比较。

（2）资产回报率（ROA）。

和投资回报率很接近的一个指标是资产回报率。

资产回报率 = 净利润/总资产

ROA 侧重于衡量企业投入资产的回报率，即资产赚取利润的效率。ROA 也经常用于对不同公司的比较。

净资产回报率 = 净利润/普通股权益

净资产回报率（ROE）源于杜邦分析法。

$$\text{净资产回报率}=\left(\text{利润}\Big/\text{销售收入}\right)\times\left(\text{销售收入}\Big/\text{总资产}\right)\times\left(\text{总资产}\Big/\text{所有者权益}\right)$$

$$=\text{销售利润率}\times\text{资产周转率}\times\text{权益乘数}$$

只要企业有负债,总资产肯定大于所有者权益，权益乘数大于1；如果企业没有负债，总资产 = 所有者权益，权益乘数为1。因此，权益乘数总是大于等于1。当利润是正数时，权益乘数越大，ROE 相对 ROA 增幅也越大；若净利润是负数，ROE 比 ROA 降幅也更大。比如净利润为 -100 万元，资产为1亿元，则 ROA = -1%，即每投入100元资产的回报为亏损1元，假设权益乘数为2，则 ROE = -2%，即每投入100元亏损2元。权益乘数越大，企业负债额越大，财务风险也越大。企业需确定一个合理的平衡点。当企业没有负债时，ROE = ROA。

净资产回报率并不能反映当下的投资回报率，因为股本回报率中的股本用的是股票发行成本。衡量当下投资回报率可以用股票收益率这个指标。股票收益率 = 每股收益/每股市价 = 净利润/企业市值。股票收益率是市盈率的倒数。在某种意义上来讲，ROA 比 ROE 更客观，因为 ROE 可以通过负债比例来调整。

ROA 相比 ROI、ROE 的优点是，计算 ROI 和 ROE 时，二者计算公式中的分母在一定程度上可以被操纵。比如计算 ROI 时多计入流动负债，少计入长期负债和权益，计算 ROE 时少计入权益而多计入负债等。而 ROA 一般不容易被操纵，因为总资产是不能不合乎情理地减少。当然 ROA 也有不足之处，它不能反映企业投入资本的回报，也不能反映普通股股东投资的回报。但 ROA、ROI、ROE 可以相互补充。

按照杜邦分析法思路，ROA 可以拆分为

资产回报率 = 净利润/平均总资产

= (净利润/销售收入) × (销售收入/平均总资产)

= 销售利润率 × 资产周转率

ROA 是企业追求的目标之一，杜邦分析法指明了提高 ROA 的路径，即想方设法提高销售利润率和资产周转率。企业应该通过提高销售价格，控制成本等来增加销售利润率；提高资产使用效率，审慎对待对资产的投资，使资产尽可能多地带来销售收入。一般来讲，ROA 应该大于或等于总资产的机会成本，这样会增加股东财富。ROA 可用于不同企业的比较。

杜邦分析法的局限：对短期财务结果过于重视，有可能助长公司管理层的短期行为而忽略企业长期的价值创造；没有反映非财务要素如顾客满意度、技术创新等对企业经营业绩的影响；只反映资产的历史成本而没有反映市值；没有涉及现金流这一企业重要的运营要素。

$$资产周转率 = 总销售收入/平均总资产$$

$$固定资产周转率 = 总销售收入/平均固定资产净额$$

普通股每股收益率（EPS）又称每股盈余，其计算公式为

$$\text{普通股每股收益率} = \left(\text{净利润} - \text{已宣布的非累积优先股的股利} - \text{累积优先股应得的股利}\right) \Big/ \text{加权平均普通股数量}$$

上式中的股利是权责发生制的股利而不是指现金流。加权平均普通股数量计算是在年初普通股数量基础上，加上新发行的股票，再减去公司回购股票数量、拆股/并股全年数量和全年股票股利。

例 6-2 20××年年初 D 公司有普通股 2 600 股。2 月 1 日，股票期权履约增加了 400 股。5 月 1 日，发放 10% 的股票股利。9 月 1 日，发行股票 1 200 股。11 月 1 日回购股票 400 股。12 月 15 日，按照 3∶1 股票拆股。请计算加权平均股票数量。

先对事件按时间进行排序，然后依次计算。见表 6-1。

表 6-1 D 公司加权平均股票数量计算

时间	事件	累计加权股票数量增加数量/股
20××年年初	公司有普通股	2 600
2 月 1 日	股票期权履约增加 400 股	2 600 + 400 × 11/12 = 2 966. 67
5 月 1 日	发放 10% 的股票股利	2 966. 67 × (1 + 10%) = 3 263. 33
9 月 1 日	发行股票 1 200 股	3 263. 33 + 1 200 × 4/12 = 3 663. 33
11 月 1 日	回购股票 400 股	3 663. 33 − 400 × 2/12 = 3 196. 66
12 月 15 日	按 3∶1 股票拆股	3 596. 66 × 3 = 10 789. 99

结论：20××年 D 公司的加权平均股票数量为 10 790 股。

注意，拆股、并股以及股票股利无论是在哪个月发生，计算时都不考

虑时间比例，而按整年计算。

稀释每股收益率（DEPS）是指计算最低的EPS，即假设过去一年中的期权、可转换证券等若转换成普通股后的EPS是多少。具体计算步骤为：①计算EPS。②分别计算股票期权、可转换债券或可转换优先股对EPS的影响。③试算中间EPS。④确定DEPS。

$$\text{股票期权对EPS的影响}=0\Big/\left(\text{期权转换成普通股的数量}-\text{期权转换成普通股的数量}\times\text{期权的履行价格}\Big/\text{平均股票市价}\right)$$

上式中分子为0表示股票期权对损益的影响为0。

$$\text{可转换债券的影响}=\text{节省的债券利息}\times\left(1-\text{企业所得税税率}\right)\Big/\text{债券转换为普通股的数量}$$

注意,节省的债券利息费用以及普通股数量需按照日期进行调整。

例6-3 A公司20××年5月1日发行800万元可转换债券，利率8%，可转换为普通股60万股。A公司前年发行可转换债券100万元，利率10%，可转换为普通股20万股。所得税税率为40%。假设20××年的公司EPS是3.1，则100万元可转换债券的影响为100×10%×(1－40%)/20＝0.3（元/股），而800万元可转换债券的影响为［800×8%×(1－40%)×8/12)］/(60×8/12)＝0.64（元/股）。因为800万元的可转换债券于20××年5月1日才发行，因此到年底有8个月，所以分母要乘以8/12，而100万元的债券是在本年前发行，所以按全年计算。

$$\text{可转换优先股的影响}=\text{可累积优先股的应得股利或非累积优先股宣布的股利}\Big/\text{优先股转换成普通股的数量}$$

对影响EPS的变量进行从小到大排序。期权的影响往往排在第一个，因为期权的分子是0；按照从小到大顺序试算，试算的方式是分子加分子，分母加分母。每试算一次都要看该变量值是否大于上轮值，如果大就停止，这时的EPS就是最终的DEPS。因为DEPS代表最低值，再继续试算EPS值会增大。

例6-4 某公司有可转换债券与可转换优先股。可转换债券A对EPS的影响为1 340/1 000＝1.34；可转换债券B对EPS的影响为1 365/500＝2.73；可转换优先股A对EPS的影响为1 485/750＝1.98；可转换优先股B

对 EPS 的影响为 3 410/ 1 000 = 3. 41。公司的 EPS 是 35 000/10 000 = 3. 5。计算如下。

先按照影响大小排序：可转换债券 A 的影响值为 1. 34 = 1 340/1 000；可转换优先股 A 影响值为 1. 98 = 1 485/750；可转换债券 B 影响值为 2. 73 = 1 365/500；可转换优先股 B 影响值为 3. 41 = 3 410/1 000。

然后依次进行试算：①可转换债券 A 的影响为（35 000 + 1 340）/（10 000 + 1 000）= 36 340/11 000 = 3. 3，而下一个影响因素可转换优先股 A 的影响值 1. 98，比 3. 3 小，则继续。②（36 340 + 1 485）/（11 000 + 750）= 37 825/11 750 = 3. 22，而下一个影响因素可转换债券 B 的影响值为 2. 73，比 3. 22 小，则继续。③（37 825 + 1 365）/（11 750 + 500）= 39 190/12 250 = 3. 199，而下一个影响因素可转换优先股 B 的影响值为 3. 41，大于 3. 199，不再继续。④3. 199 就是最终的 DEPS。

如果简单地用所有分子相加除以所有的分母相加，即（35 000 + 1 340 + 1 365 + 1 485 + 3 410）/（10 000 + 1 000 + 500 + 750 + 1 000）= 3. 22 > 3. 199。显然 3. 22 错了，3. 22 不是 DEPS，而 3. 199 是 DEPS。试算是最保险的。在实际工作中，企业需要试算的变量也就几个，计算很简单。

例 6-5 M 公司股票的基本情况见表 6-2。20 × 5 年间，公司发放股利，普通股每股 1 元，优先股每股 2. 4 元。优先股可转换为 20 000 股普通股。可转换债券可转换为 30 000 股普通股。公司 20 × 5 年有未履行股票期权 30 000 股，履行价格是 10 元，20 × 5 年平均市价为 30 元。20 × 5 年公司净利润为 285 000 元，所得税税率为 30%，请计算 20 × 5 年 DEPS。

表 6-2 M 公司股票的基本情况

类别	20 × 4 年 12 月 31 日	20 × 5 年 12 月 31 日
普通股/股	90 000	90 000
可转换优先股	10 000	10 000
可转换债券（10% 利息）/元	1 000 000	1 000 000

EPS = (285 000 − 2. 4 × 10 000）/90 000 = 261 000/90 000 = 2. 9（元/股）

调整期权影响后的 EPS = 0/（30 000 − 30 000 × 10/30）= 0/20 000 = 0

可转换债券的影响为 10% ×1 000 000 ×（1 −30%）/30 000 = 70 000/30 000 = 2.33

可转换优先股影响为 2.4 ×10 000/20 000 = 1.2

将上述结果按照影响大小排序：期权 0；可转换优先股 1.2；可转换债券 2.33。

试算：（261 000 +0）/（90 000 +20 000）= 261 000/110 000 = 2.37 < 1.2；（261 000 +24 000）/（110 000 +20 000）= 2.19 > 2.33。因此，DEPS = 2.19。

EPS 和 DEPS 的具体算法实际工作中请参照所在证券交易所的规定。

3. 财务风险指标

财务风险指标旨在衡量企业偿还负债方面的风险。债务风险过高可能会导致企业破产，因此要分析和把控财务风险。

（1）流动性指标。流动性指标是衡量公司的短期偿债能力。

1）净营运资本。

$$净营运资本 = 流动资产 - 流动负债$$

很多时候人们将净营运资本称为营运资本。流动资产是指现金或其他可以在 1 年以内转换成现金的流动投资，流动资产主要包括现金及现金等价物、有价证券、应收账款、存货、预付及待摊费用等。流动负债是指在 1 年内需要支付的负债，流动负债主要包括应付账款、预收账款、预提费用、应付票据、银行贷款等。

$$净营运资本与总资产比率 = 净营运资本/总资产$$

2）流动比率。

$$流动比率 = 流动资产/流动负债$$

流动比率较大意味着用流动资产来偿还流动负债的能力较强，但此比率不是越大越好，过大暗示着存货和应收账款等占压太多，要参照行业特点。

流动比率用于衡量公司的短期偿债能力需要进一步研究其组成要素，看流动资产能否很容易地转换为现金。若流动资产里大多是预付款项、待摊费用，因为其不能转换为现金，企业的流动性就不如该指标反映得那么好。存货也不容易及时转换为现金，尤其原材料和半成品存货。流动比率不能预测未来现金流，也不能衡量未来流动性的充足程度。若应收账款很大，且由少量大客户支撑，企业的短期流动性将大打折扣。

3）速动比率。

速动比率 =（现金 + 有价证券 + 应收账款）/流动负债

因为存货和预付及待摊费用变现能力较差，而应收账款相对容易变现，因为其有销售协议保护其收款，并且还可以让售，故使用速动比率指标。速动比率又叫酸性比率。

4）现金比率。

现金比率 =（现金及现金等价物 + 有价证券）/流动负债

在宏观经济低迷、政治动荡等特殊时期，应收账款也很难在短时间内收回，因此更好地衡量短期偿债能力的指标是现金比率，即流动资产还要去除应收账款。

现金比率也有局限，比如一般来讲企业不会保留足以覆盖流动负债的现金和有价证券，因此用此比率评估时很难有一个参考标准。另外，此比率太高可能意味着企业没有更有效地使用现金及有价证券。有价证券的市价会不断变化，因此流动比率也会不断变化，从而过去的某个时间点的现金比率容易失效。

5）现金流比率。

现金流比率 = 当期营运现金流/流动负债

现金流比率用于衡量企业自身业务生成的现金用以偿付短期债务的能力。从某种程度上来讲，此指标更可靠，因为其他流动性指标里的现金有可能是通过长期融资得到的。

（2）偿付能力指标。现金流比率又称为长期偿债能力指标、财务杠杆指标、资本结构指标等。

1）利息保证倍数。

利息保证倍数 = 息税前利润/利息费用

利息保证倍数衡量企业用利润偿还利息的能力。该指标太小的话就意味着企业只在为银行打工。银行非常关注企业的利息保证倍数，它关系到银行的风险。

2）固定支出保障倍数。

固定支出保障倍数衡量公司利润保障固定支出的能力。固定支出包括利息、租赁费等。

$$固定支出保障倍数 = (息税前利润 + 固定支出)/固定支出$$

例 6-6 息税前利润为100万元，公司有两项固定支出，即利息费用10万元和租赁费15万元。假设租赁费全额进入损益表，则：固定支出保障倍数 = (100 + 15)/(10 + 15) = 4.6。因为息税前利润包括利息费用，但不包括租赁费，因此分子中把15万元的租赁费加回。

3）固定支出现金流保障倍数。

$$\begin{matrix}固定支出现金\\流保障倍数\end{matrix} = \left(\begin{matrix}经营\\现金流\end{matrix} + \begin{matrix}所得税\\支出\end{matrix} + \begin{matrix}固定\\支出\end{matrix}\right) \Big/ \begin{matrix}固定\\支出\end{matrix}$$

固定支出现金流保障倍数衡量运营现金流满足企业固定要发生的支出的能力。固定支出是指利息和租赁费。

4）负债资产率。

$$负债资产率 = 总负债/总资产$$

负债资产率衡量的是总资产有多大比例靠负债得来，揭示债权人的风险。此指标越低，债权人的风险越低。此指标越高，说明财务杠杆利用程度越高，但企业的风险也越大。

（3）经营杠杆和财务杠杆。

1）经营杠杆。只要企业存在固定经营成本就会产生经营杠杆（DOL）。固定经营成本是指企业的固定经营费用，如折旧、租金等，但不包括利息支出和优先股股息两类固定财务费用。经营杠杆是指销售收入变动1%引起息税前利润变动的百分比。

$$经营杠杆系数 = 息税前利润的变化百分率/销售收入变化百分率$$

或者

$$\begin{aligned}经营杠杆系数 &= 边际贡献/(边际贡献 - 固定经营费用)\\ &= 边际贡献/息税前利润\end{aligned}$$

只要存在固定经营费用，上式的分子就比分母大，经营杠杆系数就会大于1。假设DOL = Y。当销售收入增长A%时，企业经营利润的增幅等于

A% ×Y，增幅肯定更大；但当销售收入下降 B% 时，经营利润下降的降幅等于 B% ×Y，降幅肯定也越大。因此，企业经营杠杆系数越大，则企业经营利润对于销售收入的变化更为敏感。企业的经营风险经常用经营杠杆系数来衡量。企业固定经营费用越大，经营杠杆系数越大，企业的经营风险就越大，经营利润的不确定性也越大。

例 6-7 企业 20××年销售收入为 2 亿元，变动成本率为 60%，则：边际贡献 =20 000×(1 −60%) =8 000（万元）。假设固定运营成本（不包含利息）为 6 800 万元，息税前利润为 1 200 万元，则：DOL =8 000/(8 000 −6 800) =6.67。如果未来一年销售收入增加 5%，则息税前利润增幅为 5% ×6.67 =33.3%。可做如下验证。下一年销售收入为 2×(1 +5%) =2.1（亿元），边际贡献为 21 000×(1 −60%) =8 400（万元），息税前利润为 8 400 −6 800 =1 600（万元），因此增幅为（1 600 −1 200)/1 200 =33.3%。假设未来一年销售收入下降 10%，则息税前利润降幅为 10% ×6.67 =66.7%。同样可做验证。下一年销售收入为 2×(1 −10%) =1.8（亿元），边际贡献 =18 000×(1 −60%) =7 200（万元），息税前利润为 7 200 −6 800 =400（万元），因此增幅为（400 −1 200)/1 200 =−66.7%。

总之，经营杠杆系数越大，当企业销售业绩上升时，获得的经营利润会有更大比例的增长；但当企业销售业绩下降时，损失的风险也越大。因此，企业在销售业绩上升时，经常会用机器代替人工，从而产生更多的固定经营费，用以加大经营杠杆。不喜欢风险的企业应该减少固定经营费用，不买过多的机器设备或厂房等。

2）财务杠杆。财务杠杆（DFL）因企业存在的固定利息的债务及固定股息的优先股而产生。财务杠杆系数是指息税前利润（EBIT）变动 1% 所引起的企业每股收益或净利润变动的百分比。

$$财务杠杆系数 = 净利润变化百分率/息税前利润变化百分率$$

或者

$$\text{财务杠杆系数} = \text{息税前利润} \Big/ \left[\left(\text{息税前利润} - \text{利息费用} - \text{优先股股息} \right) \Big/ (1 - \text{所得税税率}) \right]$$

只要存在固定利息或优先股股息，上式中的分子就比分母大，财务杠杆系数就会大于1。假设DFL = Y。当未来经营利润增长A%时，企业的净利润增幅为A% ×Y，净利润增幅也越大；当未来经营利润下降假设B%时，净利润降幅为B% ×Y，净利润降幅肯定也越大。因此，企业财务杠杆系数越大，企业净利润对经营利润的变化更为敏感。企业的财务风险经常用财务杠杆系数来衡量。财务杠杆系数可以预测未来的净利润的变化，假设条件为企业的负债额、利息率及流通的普通股数量等保持不变。

例 6-8 20××年12月31日，企业的流动资产为2 000万元，固定资产8 000万元，则资产合计为1亿元。企业负债（产生利息类）为3 000万元，普通股（200万股）股本4 000万元，资本公积1 000万元，留存收益2 000万元，则负债与所有者权益合计为1亿元。

20××年企业息税前利润为1 200万元。利息年利率8%，因此年利息费用为3 000×8% =240（万元），企业所得税税率为40%，则净利润为（1 200 －240）×（1 －40%）=576（万元），EPS =576 /200 =2.88（元/股），ROE =576 /7 000 =8.23%。DFL =1 200 /（1 200 －240）=1.25。假设下一年息税前利润预计增加10%，且负债权益率没有发生变化，则净利润增幅为10% ×1.25 =12.5%。可做如下验证。下一年的息税前利润为1 200×1.1 =1 320（万元），净利润为（1 320 －3 000 ×8%）×（1 －40%）=648（万元），净利润增幅度为（648 －576）/576 =12.5%。EPS变为648 /200 =3.24元/股，EPS增幅为（3.24 －2.88）/2.88 =12.5%。假设下一年利润下降15%，且负债权益率没有发生变化，则净利润降幅为15% ×1.25 =18.75%。同样可做验证。下一年的息税前利润为1 200 ×（1 －15%）=1 020（万元），下一年净利润为（1 020 －3 000 ×8%）×（1 －40%）=468（万元），净利润增幅为（468 －576）/576 = －18.75%，每股收益率为468 /200 =2.34元/股，因此降幅为（2.34 －2.88）/2.88 = －18.75%。

注意，ROE的增降幅相对于EBIT并不等于财务杠杆系数的倍数。如上例中EBIT增长了10%，则ROE =648/（7 000 +648）=8.47%，增幅为（8.47% －8.23%）/（8.23%）=2.9%，并不是10% ×1.25 =12.5%。

企业债务利息费用及优先股股息越大，财务风险也越大。如果企业走向低谷，可以暂时不支付普通股股息，但必须支付利息费用及本金，企业的风险加大。注意，虽然优先股股息不必当期支付，但要不断累加，在未来支付普通股股息时须先支付积欠的优先股股息。

总之，财务杠杆系数越大，企业的财务风险就越大；而企业负债太少，即财务杠杆太小，可能失去利润增长的机会。企业需把握一个平衡。

3）总杠杆系数。总杠杆系数（DTL）是指销售收入变动1%导致企业净利润变动的百分比。

$$总杠杆系数=净利润变化百分率/销售收入变化百分率$$

$$总杠杆系数=经营杠杆系数\times财务杠杆系数$$

$$总杠杆系数=边际贡献/[(息税前利润-利息-优先股股息/(1-税率)]$$

只要企业存在固定经营费用及固定利息费用等，总杠杆系数肯定大于1。销售收入增长A%，企业的净利润增加的比例肯定大于A%；销售收入下降B%，企业的净利润下降的比例也肯定大于B%。

虽然财务杠杆可以在企业向好时扩大EPS或净利润的增长幅度，但由于负债的存在，净利润的绝对值会相对减少。但对于投资者来讲，相对于净利润与EPS，EPS更重要，因为他们更在意净利润的绝对值。如果负债减少了，企业势必增加权益类融资，从而可能降低EPS。

（4）其他财务分析指标。

1）市值。

$$市值=普通股数量\times每股市价$$

2）市盈率。

$$市盈率=每股市价/每股收益$$

市盈率一般受下面几个因素影响：①公司未来发展机遇。未来有不错发展机遇的公司一般会有较高的市盈率，很好的发展前景就意味着股票可增值。②风险。低风险的股票往往市盈率高。

3）市净率。

$$市净率=每股市值/每股账面价值$$

6.3.2 财务报表分析

1. 比率分析

比率分析包括垂直式和横向式两种。

（1）垂直比率分析。对于资产负债表而言，一般是计算其他资产占总资产的百分比；对于损益表而言，一般是计算其他科目占销售收入的百分比。垂直比率分析常用于对比同一行业不同规模的公司。

例 6-9 某公司的资产负债表与损益表的垂直式比率分析见表 6-3 和表 6-4。

表 6-3　资产负债表垂直比率分析

项目	金额/万元	比率（%）	项目	金额/万元	比率（%）
流动资产	350	70	负债	300	60
固定资产	150	30	所有者权益	200	40
资产合计	500	100	负债和所有者权益合计	500	100

表 6-4　损益表垂直比率分析

项目	金额/万元	比率（%）
销售收入	300	100
销售成本	150	50
销售与管理费用	45	15
息税前利润	105	35

利用垂直比率分析可以很容易地进行跨年比较，根据比率变化发现成本控制等问题等。垂直比率分析对于固定费用分析会产生一定的问题，因为固定费用不随销售收入的变化而变化。固定费用分析用下面的横向比率分析比较好。

（2）横向比率分析。横向比率也称同基分析、差异分析或趋势分析，是将某年度指标值除以基年数值得出百分比数值。

例 6-10 对比计算 M 公司 20×1、20×2、20×3 年的损益表，以 20×1

年为基年，横向比率分析见表 6-5。

表 6-5　M 公司损益表横向比率分析

项目		20 × 1 年	20 × 2 年	20 × 3 年
销售收入	金额/万元	200 000	210 000	260 000
	增长比率（%）	100	105	130
销售成本	金额/万元	100 000	210 000	150 000
	增长比率（%）	100	110	150

横向比率分析不容易进行不同规模公司或不同行业的比较，适用于进行成本分析，尤其对于固定费用而言。横向分析要注意以下几点：①基年数据的大小。若基数很小，可能会产生较大的增幅，但绝对增长额并不大。②如果数据为 0 或负数，该分析会失去意义。③增长比率需考虑通货膨胀率的因素。

2. 经济利润与会计利润

经济利润是指会计利润减去投入资本机会成本后的利润，它也等于企业总资产乘以要求回报率（加权平均资本成本）的值。

3. 表外融资

资产负债表外的融资是指在资产负债表外隐藏的负债。表外融资的主要手段：①非合并报表子公司的投资。对于控股小于 50% 或没有实际控制权的子公司，母公司的合并报表中不体现子公司的负债，只体现长期投资科目，但实质上母公司最终还要对负债负责。②有特殊目的投资。比如 A 企业委托 B 公司建厂房购设备，建成后 A 企业承诺购买 B 公司的产品，这样 A 企业的报表中就不体现这笔融资。

4. 可持续增长率

可持续增长率是指在保持目前权益负债率的情况下企业最大的增长率。可持续增长率 = 权益回报率 × 留存收益率 = 权益回报率 ×（1 – 股利发放率）。如果企业发展速度超过了可持续增长率，企业需额外融资。

从企业可持续增长率的计算可以看出，提高可持续增长率的措施有提高销售利润率、提高总资产周转率、合理提高权益乘数、降低股利分配比率。

5. 财务报表分析的局限

（1）采用不同的会计处理方法（如折旧及存货计价方法等）会使财务指标对比不太客观。

（2）对集团公司分析较为困难，因为集团公司有很多不同的业务单元，如农业、房地产、快速消费品等。

（3）不同的会计估计形成的不同财务指标会使分析不太客观。

（4）当存在粉饰财务数据和财务指标时会出现问题。

（5）无法应对季节性变化。

（6）财务指标只反映过去的绩效结果，不能完全反映公司全貌。

6.3.3 弹性预算方法下的利润差异分析

公司经常需要对经营结果与期初预算的差异进行分析。此时，不能直接比较实际损益表与预算损益表，而应该使用弹性预算差异分析法，即将经营结果分为两部分进行分析，实际损益表先与弹性预算损益表做差异分析，然后弹性预算损益表与静态预算损益表做差异分析。

弹性预算差异是指对实际损益表和弹性预算损益表做弹性预算差异。该差异是在实际销量基础上计算的，揭示售价差异、生产成本差异、销售及管理费用的差异。

销量差异。弹性预算等于实际销量乘以单位产品的标准售价或标准成本，而静态预算等于静态预算销量乘以单位产品的标准售价或标准成本。由于标准售价、标准成本、经营费用三者与弹性预算相同，因此，销量差异 =（实际销量 - 静态预算销量）× 单位标准售价 -（实际销量 - 静态预算销量）× 单位标准产品成本；或者，销量差异 =（实际销量 - 静态预算销量）× 单位标准毛利。

大公司一般都编制两种损益表，即完全成本法损益表和变动成本法损益表。变动成本法损益表多用于企业内部绩效考核。期末对两种损益表都需要做实际和预算对比分析。

1. 完全成本法损益表的差异分析

结合标准成本会计核算系统进行差异分析，因为标准成本系统对现代企业而言是非常好的会计核算及运营管理工具。

标准成本系统下的经营结果的差异分为弹性预算差异和销量差异两部分。弹性预算差异包括销售价格差异和生产成本差异。销量差异包括销售组合差异和销售量差异（包括市场份额差异与市场总量差异）。生产成本差异的构成见表6-6。

表6-6　生产成本差异构成

差异类别	一级分类	二级分类
直接材料成本差异	直接材料价格差异	
	直接材料用量/效率差异	直接材料组合差异
		直接材料产出差异
直接人工成本差异	直接人工工资率差异	
	直接人工效率/用量差异	直接人工组合差异
		直接人工产出差异
制造费用差异	变动制造费用差异	变动制造费用开支差异
		变动制造费用效率差异
	固定制造费用差异	固定制造费用开支差异
		固定制造费用产量差异

如果企业销售单一产品，则：销售价格差异＝(实际售价－标准售价)×当期实际销量。若企业销售多种产品，则按上述公式逐一计算每个产品的销售价格差异，然后加总。

如果公司销售单一产品，则：销量差异＝(实际销量－预算销量) 预算单位毛利。若企业销售多种产品，则销量差异等于每种产品按上述公式计算后加总。

例 6-11 M公司20××年预计销售汽车20万辆，其中：A级车3万辆，售价33万元；B级车8万辆，售价15万元；C级车9万辆，售价7万元，即预算总销售收入282亿元，平均销售价格14.1万元。3种产品的预计毛利率分别为A级车60%、B级车50%、C级车45%。

该年实际销售情况如下：总计销售汽车30万辆，其中：A级车6万辆，售价35万元；B级车14万辆，售价12万元；C级车10万辆，售价6万元。实际总销售收入438亿元，平均售价14.6万元。

可以看出，20××年，M公司实际销量比预算增长了50%，实际销售收入比预算增长了55.3%，实际平均售价比预算增长了3.5%，净利润增长了158%。公司绝大多数高层管理者为此欢欣鼓舞，而管理会计师却神情黯然。管理会计师的分析如下。

A级车的销量差异为（60 000－30 000）×33×60%＝594 000（万元），是有利差异；B级车的销量差异为（140 000－80 000）×15×50%＝450 000（万元），是有利差异；C级车的销量差异为（100 000－90 000）×7×45%＝31 500（万元），是有利差异。合计销量差异为594 000＋450 000＋31 500＝1 075 500（万元），是有利差异。

如果企业销售多种产品而且不同产品的毛利率不同，总体销量增多未必带来利润的增多，总体销量减少也未必带来利润相应的减少。这是因为不同的产品组合对利润会产生不同的影响，毛利润高的产品在销售中所占比例增加会对利润产生有利影响，相反会产生不利影响。因此销量差异需进一步分解成产品组合差异和纯销量差异。

每种产品的组合差异＝(该产品的实际销量权重－该产品的预算销量权重)×所有产品的实际总销量×该产品的预算单位毛利。销量权重＝该产品的销量/所有产品的总销量。根据上述公式计算M公司的产品组合差异。

A级车的组合差异为（60 000/300 000－30 000/200 000）×300 000×19.8＝297 000（万元），B级车的组合差异为（140 000/300 000－80 000/200 000）×300 000×7.5＝150 750（万元），C级车的组合差异为（100 000/300 000－90 000/200 000）×300 000×3.15＝－110 570（万元）。组合差异合计为297 000＋150 750－110 570＝337 180（万元）。

纯销量差异有两种计算方法，一种是分产品计算，另一种是合并计算。

分产品计算的销量差异＝(所有产品的实际总销量－所有产品的预算总销量)×该产品预算的销量权重×该产品的预算单位毛利。根据上述公式计算 M 公司的产品销量差异。

A 级车的销量差异为（300 000 - 200 000）×15% ×19.8 = 297 000（万元），为有利差异；B 级车的销量差异为（300 000 - 200 000）×40% ×7.5 = 300 000（万元），为有利差异；C 级车的销量差异为（300 000 - 200 000）×45% ×3.15 = 141 750（万元），为有利差异。销售量差异合计为 297 000 + 300 000 + 141 750 = 738 750（万元），为有利差异。

合并计算的销量差异 =（所有产品的实际总销量 - 所有产品的预算总销量）×预算单位产品加权平均毛利。根据上述案例，单位产品加权平均毛利为 19.8 ×15% +7.5 ×40% +3.15 ×45% =7.39（万元）。在实际工作中，可用财务报表上的总毛利除以总销量计算出单位产品加权平均毛利。根据上述公式计算 M 公司的产品销量差异。

销售量差异为（300 000 - 200 000）×（19.8 ×15% +7.5 ×40% +3.15 ×45%）=739 000（万元），是有利差异。

销量差异合计 = 销售组合差异 + 销售数量差异 = 337 180 + 738 750 = 1 075 930（万元），为有利差异。

而销售量差异需进一步分解成市场份额差异和市场总量差异。继续前面案例，上年末预计 20 × ×年汽车需求总量为 200 万辆，公司预期市场份额为 10%，由于政策利好及经济增长等因素，市场实际总量达 750 万辆。

市场份额差异 =（实际市场份额 - 预计市场份额 ×实际市场总量 ×预算加权平均单位产品毛利。M 公司的市场份额差异为（30/750 - 10%）×7 500 000 ×7.39 = -3 325 500（万元），为不利差异。

在实际工作中，市场份额很容易统计，可以先通过行业协会、统计局以及其他出版物等渠道得到市场总量数据，然后用本公司的销售量除以该数据就计算出了市场份额。如果确实无法得到公司产品的市场总量数据，可以通过搜集其下游产品的市场总量数据推算。

市场总量差异 =（实际市场总量 - 预计市场总量）×预算市场份额 ×预算单位产品平均毛利。M 公司市场总量差异为（7 500 000 - 2 000 000）×10% ×7.39 = 4 064 500（万元），为有利差异。

M公司合计销售量差异为 -3 325 500 + 406 450 = 739 000（万元），为有利差异。与上一级的销售量差异739 000万元吻合。

现在总结下M公司的利润差异。表面上看，M公司在20××年销量与销售收入增长都在50%以上，净利润增幅达到157%，平均售价也有一定的涨幅。但实际上企业已濒临倒闭。通过差异分析，发现企业的增长主要是因为该年整体市场的井喷，而企业的市场份额为300 000/7 500 000 = 4%，比预期的10%下降60%。另外，平均单价上涨是因为产品组合的影响，其实售价出现了40亿元的不利差异，其中B级车和C级车这两个企业销量最大的车型售价降幅明显。因此可见，传统的经营结果差异分析和弹性预算经营结果差异分析会得出截然不同的结论，传统的经营结果的差异分析会发生严重错误，企业必须使用弹性预算差异分析。弹性预算差异分析通过ERP软件可自动完成，而且可以自动出具相关差异图示报告。

2. 变动成本法经营结果差异分析

很多先进企业都使用变动成本法编制的损益表作为绩效考核的工具，利用变动成本法下的预算损益表与期末实际损益表进行经营结果差异分析。

与完全成本法下的损益表不同，在用变动成本法编制的损益表里，销售成本不含固定制造费用部分，把其放入期间费用，全额进入损益表；而把销售管理费用的变动部分，如销售运费、销售佣金等，计入变动销售成本，然后得出边际贡献（而不是完全成本法的毛利）。

因此在变动成本法下，在弹性预算差异分析中，固定制造费用只是产生实际发生金额和预算金额的花费差异，而不产生产量差异；生产成本差异不再包含固定制造费用差异；销量差异不再用标准毛利而是用标准边际贡献，即：每种产品的销量差异 =（实际销量 - 预算销量）× 预算单位边际贡献，然后相加即可。

第 7 章　控：风险管理与内部控制

7.1 风险管理

风险管理对于企业非常重要。企业若想可持续发展，必须对相关的风险进行有效的管理和控制。本章主要讲述企业对经营风险的控制，投资风险控制前面章节已有讲述。

7.1.1 风险的定义

风险大小可以用下式衡量：

$$R = P_t P_f W$$

式中，R 代表风险；P_t 代表威胁事件发生的概率；P_f代表控制失败的概率；W 代表损失金额。因此，管理层为了将风险减少到最低，就会预防威胁的发生，增强控制系统，降低可能发生的损失。

7.1.2 企业风险的种类

企业风险可分为：

（1）危害风险，指对人、环境、物品等造成物理伤害的风险，比如身体受伤、自然灾害、物品损坏等。

（2）运营风险，指企业成本中固定经营成本所占的比例。固定经营成本所占比例越大，运营风险越大。运营风险还与内部流程失败风险、信息系统失败风险、人员风险、法律和合规风险有关。

（3）财务风险，指企业的债务融资带来的债务违约风险。财务风险可以通过足够资金储备来控制。相对于运营风险，财务风险仅涉及企业局部。

（4）战略风险，指影响企业整体发展的不确定性，涉及企业并购、战略业务单元及国外投资等。

（5）资本充足率风险，衡量金融机构保护存款人利益以及保护该机构在全球金融系统的能力。资本充足性的评估指标为资本充足率。资本充足率 =（一级资本 + 二级资本）/风险加权资产。一级资本是指金融机构在不至于停业的基础上分解及吸收风险的资本。二级资本是指只有在资产清算时才能分解及吸收风险的资本。风险加权资产是指金融机构的每项资产以风险为权数的加权平均和。资本充足率是很重要的评估金融机构流动性风险、债务性风险以及资本充足性风险的指标。

7.1.3 企业风险管理

企业风险管理的目标是通过管理影响企业实现其既定目标的不确定性因素，从而创造、提高股东的价值。企业风险管理是整体、全面地管理企业面临的风险，而不是采用零散处理的方式。

企业风险管理包括八大要素：

（1）内部环境。包括：董事会及高层管理者对内控的支持；企业对待风险的态度，即对风险的容忍或敏感程度；职业道德操守规则制订情况；企业风险管理的范围和基础框架等。

（2）目标建立。企业应有成熟、规范的目标建立机制。企业目标应和企业使命保持一致而且符合企业对待风险的态度，如风险厌恶、风险中立、风险追求。

（3）事项确定。确定影响运营目标实现的事项。若公司的运营目标之一是研发更有竞争力的科技新产品，那么影响该目标的事项可能有人才、设备设施、资金、技术变革等。企业应有合理的流程来确认影响企业实现既定目标的内部以及外部事项。公司应建立相关的标准来区分风险还是机遇，并采取相应的应对措施。

（4）风险评估。风险评估是指要逐一分析事项，判断其是风险还是机遇。风险评估受企业对待风险的态度的影响。企业管理层越厌恶风险，则企业越愿意花钱、花精力减少风险。

风险评估是一个连续的过程，一般每年一次。风险评估应由公司董事会和审计委员会驱动，他们需将其坚定的承诺和支持及对风险的态度传递给企业员工，带动员工参与风险评估活动。

在进行风险评估时，要确定风险发生的可能性以及重要程度。风险主要分为内在风险和剩余风险。内在风险又称固有风险，是指如果企业不采取相应的内控措施会面临的风险。剩余风险是指即使公司采取相应内控措施后还可能面临的风险。企业先要评估内在风险，再评估剩余风险。

风险评估一般使用概率方法。比如企业遭受100万元损失的概率为40%，遭受到200万元损失的概率为60%，则损失的期望值为$40\% \times 100 + 60\% \times 200 = 160$（万元）。

风险评估人员应该从下列因素识别可能存在的威胁：内部风险因素，包括运营风险、财务风险、战略风险、风险评估活动等；外部风险因素，包括管制变更、行业竞争、国际风险、政治风险等。

协助风险识别的工具有：检查清单、情景分析、价值链分析、业务流程分析、预测每股收益分布图、预测利润分布图等。

另外，企业应该对风险评估做事后的“审计性”评估，即检查风险评估机制和过程有没有问题，是否有重复出现的风险并未在风险评估过程中识别，或者识别出了风险但评估不当（将较严重的风险评估为低重要性风险等）。需要时，企业应改善风险评估机制和方法。

风险评估不仅要做定量分析，比如在险价值、在险现金流、在险盈余、盈余分布等，必要时也需要做定性分析，比如风险确认、对风险的重要性排序、通过风险地图观察等。

（5）风险反应。风险反应是要将风险减少到可接受的范围内。减小风险可以用下列方法：①风险规避，即避免做有风险的活动。注意，风险规避是拒绝做某事并且不采取任何举措。如果拒绝做某事时还采取了其他举措，就会被列为风险缓解。②风险分担，即和别人一起承担风险，从而减少自身的风险，常见的如买保险、建立合资公司、购买期货、购买期权、外包等。风险分担也称风险转移。③风险缓解，即通过相应的方法将某特定风险降低。④风险利用，即用低风险来对冲高风险，以使整个企业的平均风险降低，比如高科技手机行业进军日用品行业。⑤风险接受。对于发生概率小且后果较轻的风险，公司可以采取接受态度，将主要精力放在更重要的事情上。⑥风险追逐，目的是为了追求更高的回报。

降低经营风险可以通过减少固定成本，相应增加变动成本的方式，比如企业可以通过外购半成品或成品而非自己生产，遇到经济不景气时，企业没有太多的固定成本必须支付，容易减轻企业在困境时的压力。财务风险可以通过优化资本结构来降低，即合理地减少负债，从而降低企业因债务违约而倒闭的风险。

企业认定的每项风险一般都要从两方面进行评估，即风险对企业影响的程度和风险发生的可能性，然后按照轻重缓急次序绘制风险地图（类似于 SWOT 分析），从而列示出风险的 4 种类型：高影响程度、高可能性风险；高影响程度、低可能性风险；低影响程度、高可能性风险；低影响程度、低可能性风险。

所有内在风险都被认为高影响程度、高可能性风险。这是因为没有实施适当的内部控制系统，所以企业必须建立合理的内部控制系统以应对这些内在风险。剩余风险的评估主要是评估控制活动的有效性，即哪些控制活动是有效的，哪些控制活动可能不会起到应有的作用。企业应及时修正不会发挥应有效果的内部控制活动，以使内控活动及时到位。

预防性控制活动是用来减少风险发生的可能性，而侦查性控制活动和改正性控制活动是用来降低风验对企业的影响。企业应首先预防风险的发生，如果有的风险没有预防成功，则企业应立即在破坏发生前实施侦查性控制活动和改正性控制活动。预防性控制活动成本收益最大，而改正性控制成本收益最小。

（6）控制活动。企业要有相应的政策和程序来规避可能的风险，具体的内控主要方法有：确定从公司总经理到普通职员的工作权限和工作职责，并制定合理的薪酬水平；职责分离；业务交易履行审批程序；独立核对核查；资产保护；足够的文件留档等。

（7）信息与交流。公司应将内控制度和程序放置在信息管理系统如内部网等方便员工查阅，并给予员工必要的培训，教育员工如何履行工作职责。交流内控制度和程序时需用“销售”的方式进行沟通而不是强压执行。

（8）监控。审查监控的方法包括管理层监控、员工评估、内审、外审、经理会、公司治理等。为了保证内审的独立性，内审人员应直接向审计委员会汇报。

7.1.4 企业风险管理的意义

（1）减少运营损失和意外。企业通过风险管理系统可以识别影响企业运营的潜在事件并采取相应的措施，减少运营损失和意外。

（2）有利于抓住机遇。企业通过对各种事件的风险评估，可及时发现经营中的各种机遇。

（3）让投资者放心。一个拥有强大风险管理能力的公司会增强投资者信心，降低资本成本。

（4）促进风险反应决策。企业风险管理系统提供了应对风险的策略，如避免风险、减少风险、风险分担、风险接受等。

（5）有利于识别和管理企业内部跨部门风险。企业风险管理系统不仅促进了企业对风险的及时反应，而且促进了对内部相互关联风险的整体反应。

7.2 内部控制

内部控制对企业来讲至关重要，它可以让企业提高效率、管控风险，保证企业可持续发展。若企业没有很好的内控系统，风险突发时可就会遭受重创甚至倒闭。

7.2.1 内部控制的定义

内部控制（简称“内控”）是由董事会及公司高层管理者发起并支持，为实现企业如下事项提供合理保障的系统：有效运营、合法合规运营、财务报告可靠、保护企业资产、完成经营目标等。

建立内控系统需权衡成本与收益。没有任何内控系统是绝对有效的。内控可以减少风险，但很难彻底清除风险。建立内部控制程序不应该对企业运营效率或者营利能力造成不利影响，但这绝对不能作为不尽全力进行内控的理由。

内部控制及内部审计涉及企业的各个职能，要摈弃“内控和相关内部审计是财务部的事情、其他部门没有责任”这一错误观念。一般而言，总经理是企业内控的第一责任人，财务部经理经常被委托为内控总协调人。内控一旦出问题，不只公司财务会遭受直接损失，也会严重影响公司的声誉。

7.2.2 COSO 内控五要素

COSO 是美国反虚假财务报告委员会下属的发起人委员会（The Committee of Sponsoring Organizations of the Treadway Commission）的英文缩写。COSO 内控五要素即控制环境、风险评估、控制活动、信息与交流、监控，用于指导内控系统的设计和评估，由 COSO 建立，现被广泛使用。

1. 控制环境

控制环境是指公司的管理理念以及对风险的容忍度。控制环境主要包括如下原则：①公司必须展示出对道德操守的承诺。公司必须建立道德操守准则，并向全员传达以及与外部的商业伙伴沟通。管理层必须以身作则遵守道德操守准则。公司须对违反职业操守的事件进行治理。②董事会必须独立于管理层并监督内部控制的执行。其中包括关于董事会对于管理层的独立性和董事会对内控监管责任的清晰的声明，董事会成员需具备相应的能力，以履行对内控的监管。③在董事会的监管下，管理层须建立相应的组织架构、职权划分、汇报机制等，以实现企业经营目标。这也要涉及外包的一些服务商。④胜任能力。公司需建立相应的政策和程序以吸引、发展和留住有能力的员工。公司应定期评估员工的能力，若发现能力不足需进行相关培训。公司应建立员工继任、离职的方案。⑤划定责任。公司要将维护内控的责任划定到个人。公司制定的运营目标不要过高，不要过分地注重短期目标而牺牲长远发展。

控制环境的要素：①公司最高管理层要发出声音强调道德操守的重要性，并在公司范围内建立高标准职业道德操守的企业文化和相关准则并且以身作则。②公司须有明确的相关政策和准则来管理和控制企业风险。③企业须有健全的内控政策及程序并将其归档，以备日后的培训和审计等需要。经理和职员都要有清晰的职责分配以及工作说明书。④公司要有明确的职责分离制度。

2. 风险评估

确定风险发生的可能性以及重要程度。

风险评估的原则：①企业应建立清晰的经营目标。②进行风险评估以及制定相应的风险反应。③评估欺诈的可能性，包括“欺诈三角形”中的压力、机会、借口三要素。④对变化的管理。企业应评估企业的一些变化，比如外部环境的变化、企业管理层的变化及企业产品线的变化等对内控产生的影响。

3. 控制活动

企业要有相应政策和程序来规避可能产生的风险。控制活动的原则：减少风险；对技术的控制，比如对技术的购置、研发和维护等的控制；政策，包括建立内控政策和程序，定期评估和修改相关政策和程序等。

4. 信息与交流

公司将内控制度和程序放置在信息管理系统如内部网等，方便员工查阅。信息与交流的原则：要保证信息的相关性、准确性、及时性和安全性；公司内部要进行有效的交流；和公司外部相关机构和人员，比如客户、供应商、政府、股东等进行有效的沟通。

5. 监控

监控的方法包括管理层监控、员工评估、内审、外审、经理会、公司治理等。监控的原则：公司持续、定期监控内控机制的运行；公司发现内控不足，及时解决问题。

7.2.3 对控制活动的进一步介绍

1. 职责分离

职责分离属于预防性控制。下面的几种职责需要独立：①交易批准人。②交易执行人，如销售、生产、采购等。③记账人。④资产保管人，如出纳保管现金，仓库保管员保管存货，固定资产监管人保管固定资产，信用控制员监管应收账款。⑤调节核对人，如盘点核对存货及固定资产实物数量和账簿数量。

在采购和付款环节，职责分离要做到：采购由采购部执行；记账由应付账款会计执行；资产的保管归仓库保管员；定期账实核对由总账会计执行；采购的批准应按照公司的审批权限书，由相应的经理审批。

在销售和应收账款环节，职责分离要做到：销售业务执行归销售部；记账由应收账款会计执行；资产的保管归仓库保管员或司库，如出纳负责现金保管，信用控制人员负责应收账款监管；总账会计定期进行和客户对账；销售的批准应按照公司的审批权限书，由相应的经理审批。

在薪金环节，职责分离要做到：人事经理负责批准人员的雇用与解雇、薪金的制定；记账由工资会计或应付会计执行；资产由出纳或者司库保管；总账会计负责银行调节表对账。

2. 业务交易审批系统

业务交易审批系统是指公司的业务流程需有适当的审批，以使工作流程既有效率又可降低风险，如采购控制程序、销售及信用控制程序、信息系统使用程序等。

（1）采购付款控制程序。采购付款控制程序为：①有合理的采购需求。②需求人填写采购申请，说明采购事项、理由、估计成本等。③按照审批权限书递交相应的经理进行审批。④采购申请审批后交采购部门进行采购。采购部准备采购订单，需事先连续编码，加强重要单据保管。采购订单根据审批权限书进行审批。⑤货比多家。公司应建立供应商目录，要有一个跨部门的评估团队。如果出现特殊情况，要进行额外批准。供应商要定期审核。⑥采购订单审批后正式发给供应商，并通知申请人、财务和库管。⑦货到后由采购部以外的部门如库房或申请人进行验收，填写收货验收单，然后交财务、采购部门各一联。⑧财务应付账款会计需进行三方核对，即发票、采购订单、收货验收单，然后经审批后安排付款。⑨出纳付款。

（2）销售及信用控制程序。赊账客户要经过信用部门审核后才可授予信用期。信用审查包括客户的财务状况、信用情况等。客户发来采购订单，公司据此准备销售订单，销售订单审批后通知库房发货。客户收货后要签字确认。坏账核销应由信用部门而非销售部门批准。

（3）对重要文档进行预先连续编号。公司应对重要文档，比如银行支票、采购订单、发票等预先进行连续编码。这些预先连续编码的文档必须严格妥善保存。一旦编码不连续应引起警觉，并对此进行调查。

（4）双线汇报制度。例如，某子公司的财务经理在业务方面向总公司的财务总监汇报，在行政上向子公司的总经理汇报。这样可以相互牵制、相互监督。

（5）职业道德操守。定期进行员工职业道德操守培训是内控的一个很重要的方法。公司都应建立健全职业道德操守制度，职业道德操守制度的内容涉及可信准则、保密准则、利益冲突准则等。

3. 内部控制的种类和方法

（1）内控种类：①预防性控制，即事前控制，比如职责分离、双重审批。②核查性控制，即进行事后核查，如定期做银行调节表、对账、存货盘点等。③改正性控制，用于改正和解决核查控制时发现的问题。④指向性控制，即为公司创造积极结果或提升公司形象进行的控制，如向本地供应商及员工发出指令等。⑤缓和性或补充性控制，即对内部控制系统不完善的地方进行补充性控制，如规模很小的公司很难做到所有相应岗位的职责分离，这时可以通过高层检查、内审等方式进行控制。

（2）内部控制的方法。内部控制的方法分为组织控制、运营控制、人力资源控制、审核监督控制、设施和设备控制 5 种。其中，组织控制是指合理的组织结构图和职责分离；运营控制主要包括计划、预算、业务交易控制、归档和会计及信息系统控制等。下面重点讲解人力资源管理控制。

人力资源管理控制的方法包括：①招聘和挑选合适的员工。称职、值得信赖的员工，加上及时、有效的培训指导能减少改正性内控的发生概率。人员招聘应由人事部门和用人部门一起进行，用人部门不能自行招人，否则容易产生利益冲突，比如将自己的亲朋好友招进来。招聘时，公司应规定各岗位的资格要求。招聘员工的资格包括教育背景、工作经验、资格证书等。招聘应进行相应的背景调查。再好的内控系统也怕员工的人为破坏，因此招聘员工属于源头控制。②新员工入职培训、持续员工培训与员工发展。员工入职后，应首先进行新员工培训，使其知晓公司的文化、政策及程序等。另外，企业应持续培训员工以及发展员工，员工因能力不合格或得不到发展会对内控产生不利的影响。③监督。对员工进行合理的监督，如对其工作过程、工作结果等进行监督。④对特殊员工进行行为约束。对负责公司财务的员工要进行相应的约束和控制，如采取岗位轮换、定期休假制度等。⑤欺诈与人力资源管理控制。再完备的内控系统也不能完全阻止欺诈行为。欺诈行为是员工不顾公司的控制制度要求而故意做不应该做的事情。因此公司要重视人力资源控制，严把招聘关，及时给予相应的培训并明确发展计划，这样可减少欺诈行为的发生。

4. 《萨班斯 · 奥克斯利法案》

《萨班斯 · 奥克斯利法案》（*Sarbanes-Oxley Act*，简称 SOX）是 2002 年 7 月 30 日美国签署实施的一项法案。该法案推出的背景是诸多大公司包括会计师事务所发生了会计丑闻，如安然、安达信、MRI 等。萨宾法案包含了影响上市公司及其高管和审计师的有深远意义的条款。由此，美国成立了上市公司会计督查机构——公众公司会计监督委员会（PCAOB），监督审计师事务所以及负责建立上市公司审计准则。

（1）对审计师事务所的要求。①SOX 201 条款禁止注册公共会计师事务所从事一些非审计的业务，比如代记账、会计系统设计、公司内审外包等，以保持审计的独立性。允许注册公共会计师事务所从事其他一些非审计的业务，比如税务服务等，但这须先得到公司审计委员会的同意。②SOX 203 条款规定会计师事务所的主审计师、主审合伙人或复核审计项目的合伙人为同一客户连续提供审计服务不得超过 5 年，即应 5 年轮换一次。注意这里不是更换整个审计师事务所。③审计师直接向被审计公司的董事会层面的审计委员会汇报，而不是向公司管理层汇报。因为对管理层进行审计然后再向管理层汇报存在着明显的利益冲突。④审计要同时对公司财务相关的内控和财务报表发表意见。

（2）SOX 301 条款对审计委员会的要求：①至少有 1 位财务专家，每个成员都须是报告发布公司董事会的独立董事，即独立于报告发布公司。这些独立董事不允许接受报告发布公司以及附属子公司和关联公司的咨询报酬、顾问报酬等。如果审计委员会不包括财务专家，必须对此进行披露。②直接负责选择和监督审计事务所以及制定审计费，审计事务所直接向被审计公司的审计委员会汇报而不是向被审计公司的管理层汇报。

（3）SOX 302 条款规定公司对财务报告的责任。证监会要求上市公司定期发布财务报告，一般是季报和年报，要求公司主要管理人员在报告中核实确认以下事项：①在报告上签字的人员已经审阅了报告。②此报告不包括重大不真实的内容或没有遗漏重大事实。③此报告公允地反映了公司的财务状况及经营结果。④管理层负责建立和维护内控系统，以保证可靠的财务报告，在财务报告前评估了公司财务报告相关的内控系统并出具评估报告，向公司审计委员会及外审通报了重大内控缺陷或欺诈（如果有）及评估后是否有重大的控制改变。

（4）SOX 404 部分条款对内控的要求：①要求公司管理层建立内控程序，在年报中出具，财务报告相关的内控报告，此报告包括管理层负责建立和维护的内控系统的声明、管理层对最近财务年度关于财务报告相关的内控效果进行了评估、关于评估后是否有控制方面重大改变（包括纠正措施）的声明等。②外审必须鉴定并报告管理层的内控评估，叙述任何内控方面的重大薄弱事项。外审对内控的评估不是另外一次单独的审计，而是和财务报表审计一起进行，只是要发表两方面的意见。